Mindmapping für Kids

Peter Schnoor

Mindmapping für Kids

bhv

Bibliografische Information Der Deutschen Bibliothek –
Die Deutsche Bibliothek verzeichnet diese Publikation in der Deutschen Nationalbibliografie;
detaillierte bibliografische Daten sind im Internet über <http://dnb.ddb.de> abrufbar.

ISBN 978-3-8266-8643-6

Printed in Austria

www.bhv-buch.de

Lektorat: Katja Schrey
Korrektorat: Petra Heubach-Erdmann
Satz und Layout: DREI-SATZ, Husby

Inhalt

3 So geht es: Programme für Mindmaps auswählen 37

4 Das Beste aus dem Netz 53

5 Das Wesentliche merken: Erstelle eine elektronische Mindmap 81

12

So bereitest du dich optimal vor 261

13

Mindmap persönlich 273

14

Clustering 287

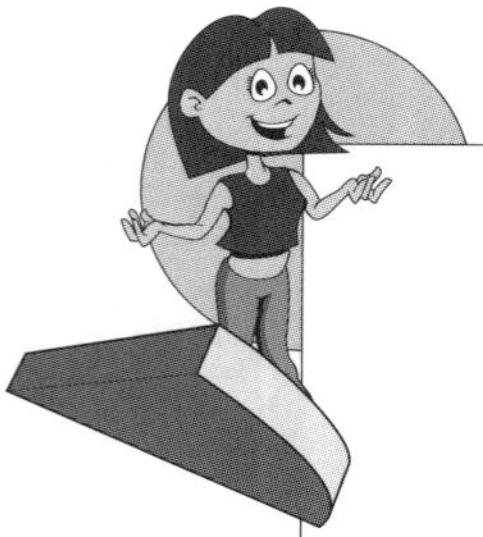

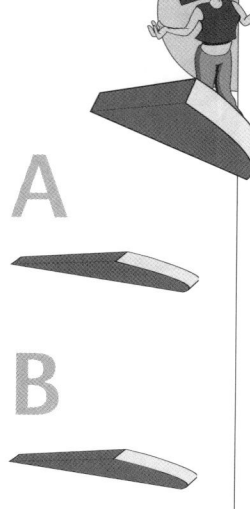

Vorwort

Willkommen in der Welt der Mindmaps.

Ich hoffe, dir bringt das Lesen des Buches genauso viel Spaß wie mir das Schreiben.

Leider wird die Mindmap-Technik in vielen Schulen zu spät oder gar nicht gelehrt. Das ist schade, denn mit Mindmaps kannst du viel effektiver lernen und dich besser an Gelerntes erinnern.

Aber es ist nie zu spät, sich das Mindmappen anzugewöhnen. Also auch, wenn du kein Kid mehr bist, bringt dir diese Technik viele Vorteile.

Lasse dich einfach darauf ein und probiere das Mindmappen aus. Du wirst die Vorteile dieser Technik schnell zu schätzen wissen.

Grundsätzlich brauchst du zum Erstellen von Mindmaps kein Programm.

Ich stelle dir trotzdem detailliert zwei Programme vor, die für diese Technik geeignet sind. Sie bieten gegenüber dem manuellen Mindmaping einige Vorteile.

Die Programme und alle Beispieldateien befinden sich auf der beiliegenden CD.

Vorkenntnisse

Vorkenntnisse sind nicht hinderlich, aber auch nicht erforderlich. Wenn du einen PC hast, kannst du auch die Programme erproben.

Was du für dieses Buch brauchst

Den Mut, aus den eingefahrenen Lernmethoden auszubrechen und mal etwas anderes auszuprobieren.

Papier und Bleistift, Buntstifte.

Für die Programme: einen PC.

Kennzeichnungen im Buch

Damit das Lesen etwas einfacher wird, sind Arbeitsschritte extra gekennzeichnet:

≫ Dieses Zeichen kennzeichnet einen Arbeitsschritt. Es geht schrittweise dem Ziel entgegen.

◇ Des Weiteren findest du Aufzählungspunkte.

◇ Diese werden nacheinander abgearbeitet.

Wichtige Informationen sind mit einem Achtungszeichen versehen. Auf diese Hinweise solltest du besonders achten.

Unser Hund Buffi gibt dir zusätzliche Informationen und verrät dir so manchen Trick.

Danksagung

An dieser Stelle bedanke ich mich bei meiner Frau und meinem Sohn, die eifrig die Seiten gelesen und meine Fehler korrigiert haben. Und bei meiner Lektorin, Katja Schrey, die es mir ermöglicht hat, dieses Buch zu schreiben.

Danksagung

Wenn du weitere Anregungen zum Mindmappen hast, darfst du dich gerne bei mir melden:

peter.schnoor@ps-beratung.de

Viel Spaß beim Lesen und Ausprobieren wünscht dir

Peter Schnoor

1

Am Anfang war die Idee: Ursprünge des Mindmappings

Willkommen in der Welt des *Mindmappings*. Mit dieser Technik wird etwas bewegt, nämlich dein Gehirn.

Mindmapping hilft dir bei vielen Gelegenheiten. Mit der Hilfe von Mindmaps ist das Lernen viel einfacher, und es bringt auch wesentlich mehr Spaß.

Das Mindmapping entstand in den frühen siebziger Jahren aufgrund einer Idee des Gehirnforschers *Tony Buzan*. Tony Buzan hat festgestellt, dass das normale Lernen und Lesen, das in einer linearen Technik erfolgt, nicht gehirngerecht ist. Das Gehirn arbeitet mit einem logischen Bereich und einem visuellen Bereich. Mit der Mindmap-Technik versucht Tony Buzan, beide Gehirnhälften anzusprechen. Und logischerweise werden das Lernen und das Behalten so wesentlich einfacher, da unser geistiges Potenzial besser genutzt wird.

Egal, ob es um das Lernen von Unterrichtsstoffen geht, um die Vorbereitung auf eine Prüfung oder die Vorbereitung und das Halten eines Vor-

trags, mit dieser Technik ist das alles wesentlich einfacher. Auf fast spielerische Weise werden Denkprozesse angeregt.

Mindmapping kannst du auch als die *Landschaft der Gedanken* betrachten.

In diesem Kapitel

- lernst du, wie das Gehirn arbeitet
- wird etwas ausführlicher beleuchtet, wie der visuelle und der logische Teil deines Gehirns angesprochen werden

Genug der Vorrede, fangen wir an.

Umdenken ist angesagt: Die Landschaft der Gedanken

Vergiss alles, was du bist jetzt über Lerntechniken gehört und dir angeeignet hast. Denn mit dem Mindmapping wird das alles viel einfacher.

Beim Mindmapping geht es darum, deinen Gedanken zunächst einmal freien Lauf zu lassen. Durch die anschließende Verknüpfung deiner Gedanken und Vorstellungen kommst du zu neuen Kombinationen und Einsichten.

Mindmaps führen dich weg vom linearen Denken und hin zum vernetzten Denken. Dadurch wird der Umgang mit komplexen Sachverhalten wesentlich erleichtert.

Das Mindmapping besteht im Prinzip aus einem *zentralen Thema*, von dem mehrere Zweige abgehen. Formal gesehen bestehen Mindmaps aus beschrifteten Baumdiagrammen.

> Ein *Baumdiagramm* ist eine grafische Darstellung, die die Beziehungen zwischen einzelnen Elementen eines Netzwerkes zueinander durch Verbindungslinien darstellt.

Anstatt mit langen Sätzen und Erklärungen zu arbeiten, werden in der Mindmap *Schlüsselworte* verwendet. Du bist also gezwungen, ein Thema nach Möglichkeit mit einem einzigen Wort zu beschreiben. Das geht natürlich nicht immer, aber du kannst dich kurzfassen und vor allen Dingen brauchst und solltest du keine langen Sätze schreiben.

Das Baumdiagramm

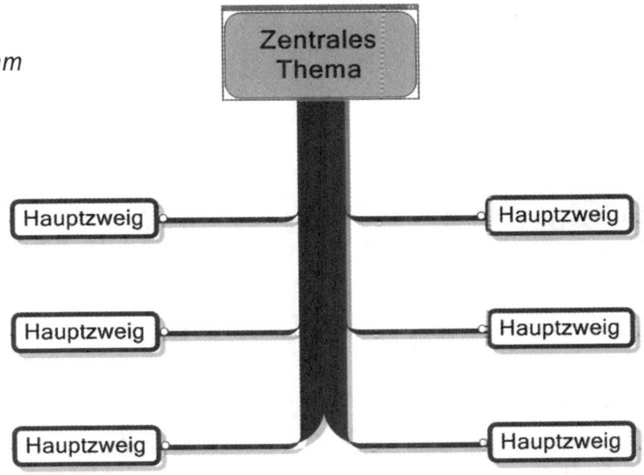

Durch dieses Vorgehen bleiben deine Mindmaps übersichtlich.

Für den obigen Satz könntest du zum Beispiel das Schlüsselwort

ÜBERSICHTLICH

verwenden. Mehr brauchst du nicht.

Zusätzlich zu den Schlüsselworten zeichnest du noch ein hübsches Bild zu dem Schlüsselwort auf. Dieses Bild sollte das Schlüsselwort gut charakterisieren. Deiner Fantasie sind hier keine Grenzen gesetzt.

Dadurch, dass du dich so intensiv mit dem Schlüsselwort beschäftigst, bleibt es auch sehr gut in deinem Gehirn haften. Später brauchst du nur einen Blick auf deine Mindmap zu werfen, und du wirst aufgrund der Grafik und des Schlüsselwortes sofort erkennen, worum es geht. Das heißt, dir wird alles wieder einfallen, was es zu diesem Schlüsselwort an Inhalten gibt.

Du brauchst also keine langen Sätze aufzuschreiben und dir diese dann zu merken.

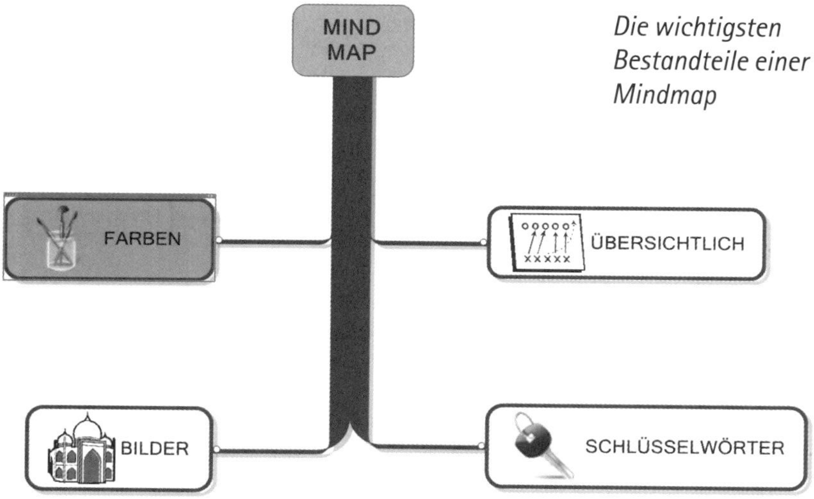

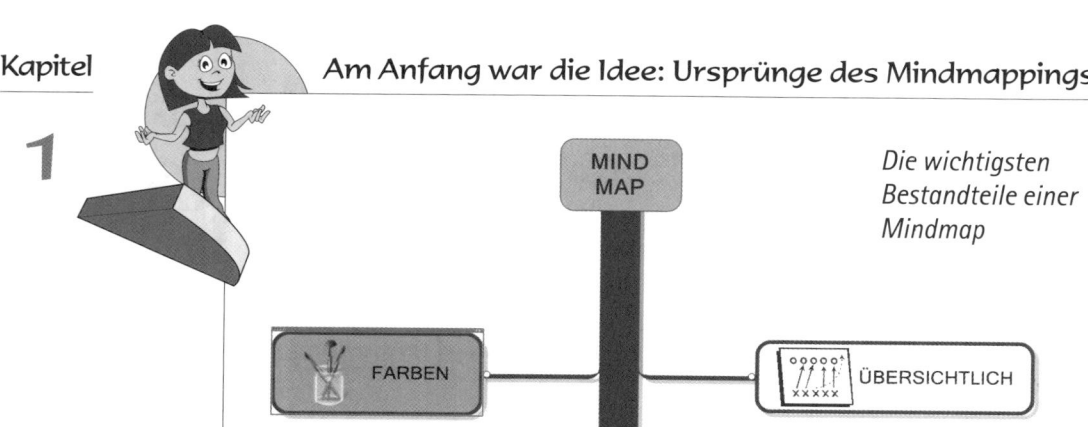

Die wichtigsten Bestandteile einer Mindmap

Wenn deine Mindmap fertig ist, werden dir bestimmt noch ein paar zusätzliche Ideen kommen. Zeichne diese neuen Ideen gleich in deine Mindmap mit ein.

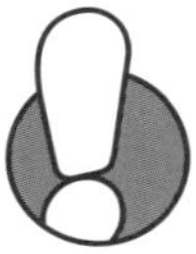

Sonst gehen wertvolle Ideen ganz schnell verloren.

Wenn deine neue Idee doch nicht so gut war, kannst du sie immer noch streichen. Aber das ist auf alle Fälle besser, als Gefahr zu laufen, sie zu vergessen.

Und du wirst den Wunsch haben, bestimmte Schlüsselwörter an anderer Stelle zu platzieren. Auch wenn du viel radieren oder neu zeichnen musst, mach es. Denn:

Du beschäftigst dich schon wieder mit dem Thema, und dadurch wird dein Wissen aufgefrischt.

Wenn deine Mindmap daher etwas unübersichtlich aussieht, ist das nicht tragisch. Hauptsache, du erkennst noch, was du eigentlich meinst.

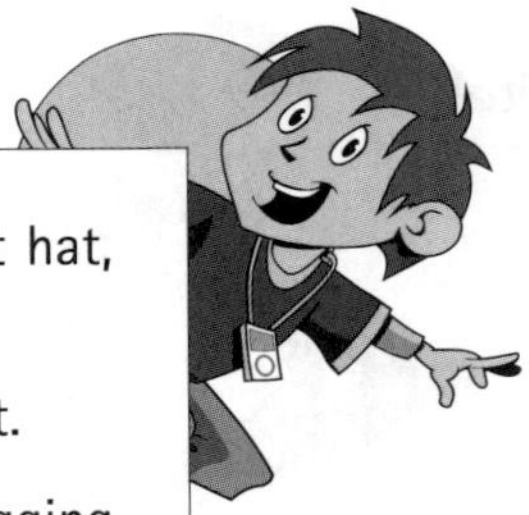

Und wenn deine Mindmap dann einen gewissen Reifegrad erreicht hat, kannst du sie ja noch einmal neu und sauber zeichnen.

Auch das ist eine gute Wiederholung, die dein Gedächtnis auffrischt.

Wer braucht da noch Gehirnjogging? Diese Methode ist Gehirnjogging pur.

Probiere es auf einem Stück Papier aus.

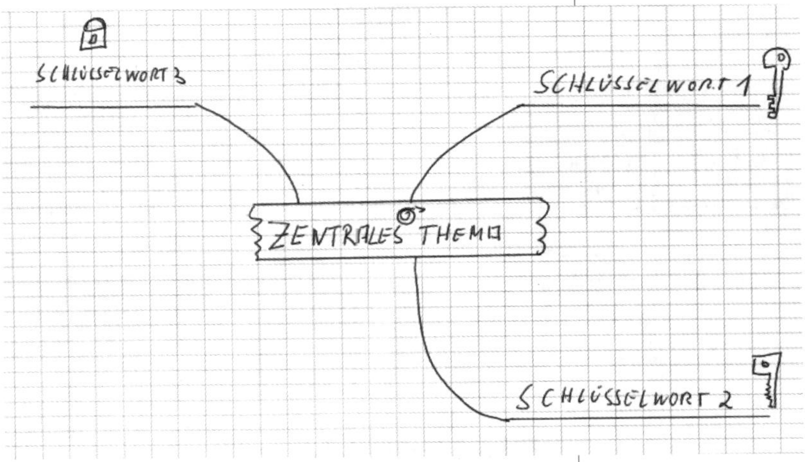

Diese Mindmap zeigt die Grundidee des Mindmappings.

Zuerst das Gehirn einschalten

Bevor man etwas sagt oder tut, sollte man sein Gehirn einschalten. Und das tust du wunderbar mit einer Mindmap.

Lege den Schalter um und schalte dein Gehirn ein. Und nutze es optimal aus.

Das duale Konzept

Das Gehirn besteht aus zwei Hälften.

Die *linke Gehirnhälfte* kümmert sich hauptsächlich um das rationale Denken (Logik und Wörter). Außerdem ist sie für analytische und mathematische Prozesse zuständig.

Die *rechte Gehirnhälfte* ist für deine Kreativität und deine Intuition ausschlaggebend. Hier werden Symbole erkannt und Gefühle erzeugt. Auch Melodien finden hier Platz. Gerüche und Bilder werden in der rechten

Gehirnhälfte ganzheitlich verarbeitet. Wenn deine Fantasie erblüht, passiert das in der rechten Gehirnhälfte.

Diese Darstellung ist natürlich stark vereinfacht. Sie hilft aber zu verstehen, dass du dir Dinge wesentlich besser merken kannst, wenn beide Gehirnhälften zusammenarbeiten. Und dabei unterstützt dich das Mindmapping.

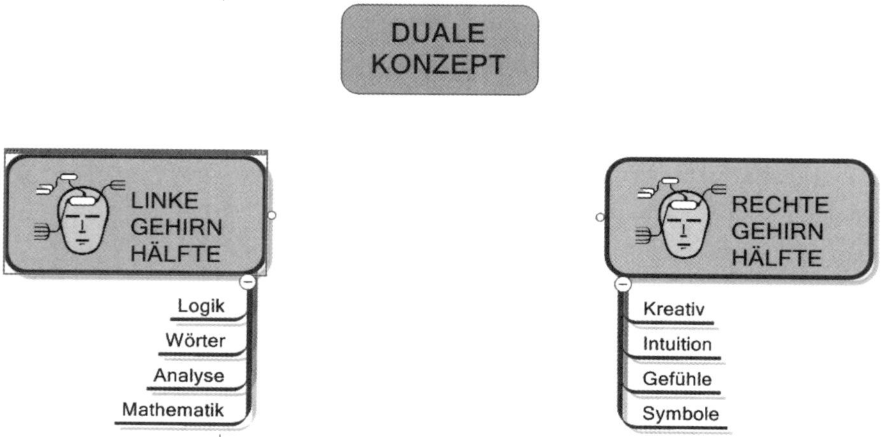

Das duale Gehirnkonzept

Die Methode

Dadurch, dass du ein Thema mit einer Mindmap aufzeichnest, kannst du viele Dinge wesentlich einfacher durchschauen.

Komplexe Themen werden plötzlich verständlich.

Anstatt seitenlangen Text zu verdauen, erkennst du alle Zusammenhänge auf einen Blick. Bis dahin ist es zwar etwas Arbeit, da du den gesamten Inhalt erst einmal durcharbeiten und in eine Mindmap umwandeln musst. Aber anschließend hast du jede Menge Vorteile.

Steinzeit: Linear

Bisher kennst du Texte aus Fachbüchern ja nur in linearer Form. Du fängst irgendwo links oben an zu lesen und hörst unten rechts auf. Wenn das Lehrbuch gut gemacht ist, wird es immerhin einige Bilder enthalten. Je mehr Grafiken und Bilder, desto besser. Denn ein Bild sagt mehr als tausend Worte.

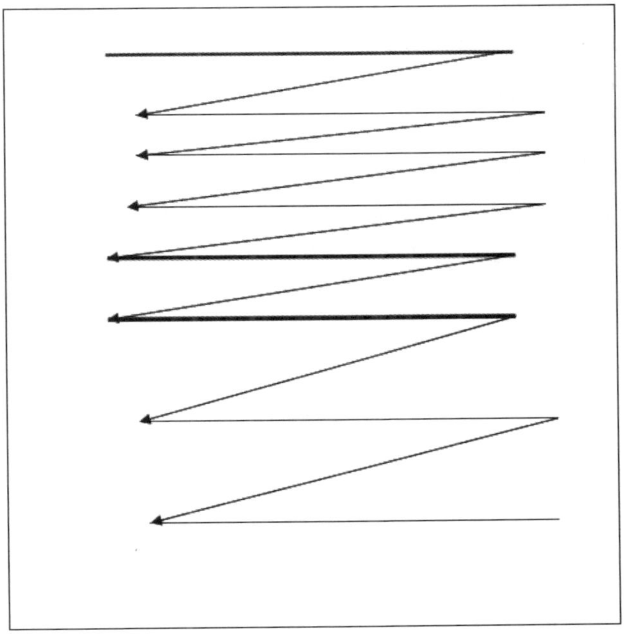

So sieht eine lineare Struktur aus.

Aber das Lernen solcher Inhalte ist verdammt schwer. Verlass daher die Steinzeit und wandele den Inhalt deiner Lehrbücher so um, dass du gehirngerecht damit arbeiten kannst. Natürlich nicht alle auf einmal.

So kannst du gehirngerecht lernen

Was auf mehreren Seiten geschrieben ist, kannst du mit Hilfe von Schlüsselwörtern bequem auf einer Seite darstellen. Dadurch kannst du Zusammenhänge wesentlich besser erkennen.

Damit dein Gehirn mit dem Lehrstoff optimal etwas anfangen kann, gehe folgendermaßen vor:

Logisch

Arbeit ist angesagt.

Nimm dir doch einfach ein Lehrbuch, aus dem du ohnehin gerade etwas lernen musst.

≫ Lies dir den Inhalt durch.

- Jedes Mal, wenn du ein zusammenhängendes Thema erkannt hast, bilde daraus ein *Schlüsselwort*.
- Schreibe das Schlüsselwort auf ein Blatt Papier.

So hast du nach relativ kurzer Zeit alle Schlüsselworte zu deinem Thema zusammengeschrieben.

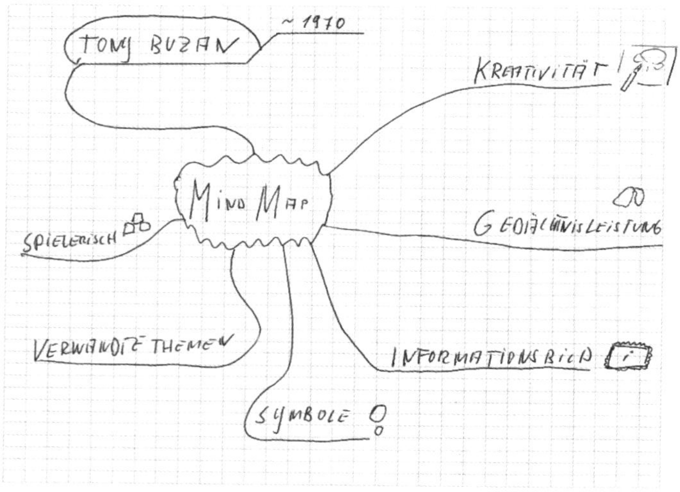

Aus linear wird visuell.

Bringt das nicht Spaß? Plötzlich siehst du das Thema übersichtlich dargestellt. Dieses Vorgehen fördert deine Kreativität und deine Gedächtnisleistung. Du findest durch diese Methode auch sehr leicht Verknüpfungen zu verwandten Themen.

Visuell

Wenn das erledigt ist, denke dir zu den Schlüsselworten ein paar schöne Bilder aus. Die können ganz ausgefallen sein. Hauptsache, sie passen zu dem Thema und du erinnerst dich dadurch an den Inhalt.

Du brauchst dazu kein Zeichenkünstler zu sein, denn du willst deine Mindmaps nicht präsentieren, sondern sie sollen dir helfen, Dinge wesentlich besser zu lernen und zu behalten.

Schau dir das Ergebnis an.

Jetzt brauchst du, wenn du den Stoff benötigst, nicht noch einmal in deinem Buch zu blättern und zu lesen, sondern du brauchst nur auf deine Mindmap zu schauen, und dir wird alles Wesentliche sofort wieder einfallen.

Benötigst du die Inhalte für eine Prüfung, so merke dir einfach die Schlüsselworte und die Grafiken, und du bist fit.

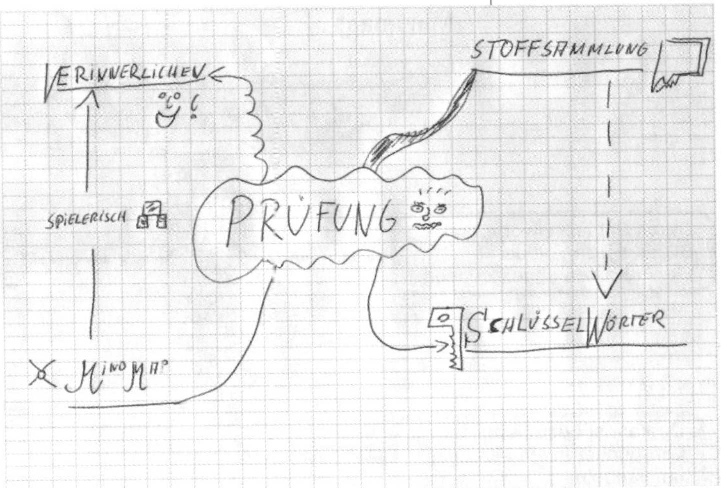

Auf eine Prüfung vorbereiten

Wichtig bei den Mindmaps ist die Freiheit, die du bei ihrem Erstellen hast. Es gibt nur wenige Vorgaben, an die du dich halten solltest. Welche das sind, erfährst du im folgenden Kapitel.

Besonders das Zeichnen von Symbolen, die zu den Schlüsselbegriffen passen, bringt Spaß und trainiert den visuellen Teil des Gehirns.

Wende Mindmapping bei jeder Gelegenheit an.

Je häufiger du die Mindmapping-Methode anwendest, desto deutlicher werden dir die Vorteile im Vergleich zu linear strukturierten Konzepten.

Im folgenden Kapitel wollen wir uns einmal ansehen, wie du Schritt für Schritt an einem praktischen Beispiel vorgehst.

Zusammenfassung

- Lineares Lesen und Lernen ist nicht gehirngerecht.
- Mindmaps revolutionieren das Lernen.
- Du kannst bestehende Lehrbücher in eine Mindmap umwandeln.
- Durch Schlüsselworte und Bilder werden beide Gehirnhälften angesprochen.

Da wir beim Mindmapping sind, hier die Zusammenfassung als kleine Mindmap:

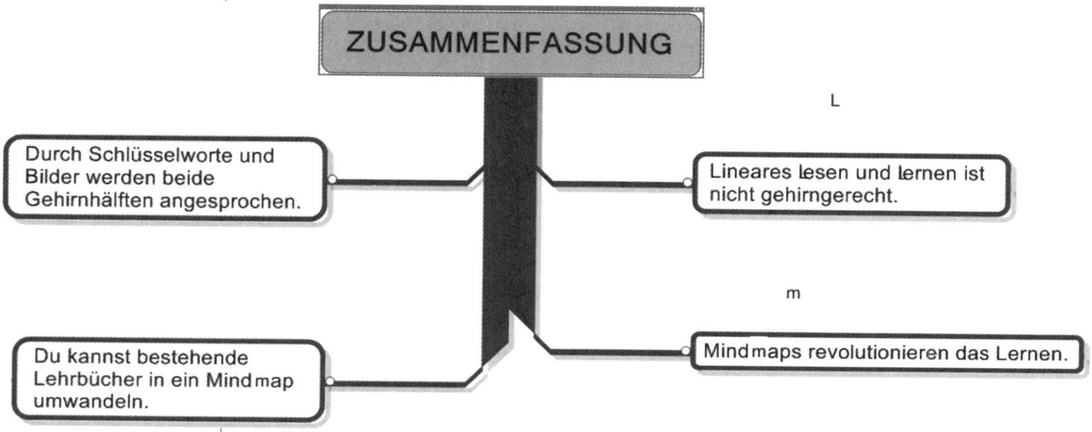

Ein paar Fragen ...

Frage 1: Warum sind lineare Darstellungen nicht gehirngerecht?

Frage 2: Was benutzt du in einer Mindmap anstelle von ganzen Sätzen?

Frage 3: Wie kannst du dir deine Schlüsselworte noch besser merken?

Frage 4: Wer ist der geistige Vater der Mindmap-Methode?

... und eine Aufgabe

- Erstelle mit Bleistift und Papier eine Mindmap zum Thema »Tagesablauf«. Schreibe dazu in Schlüsselworten auf, was du heute planst.

2

Es geht auch ohne Programm: Manuelles Mindmapping

Du kannst deine Mindmaps auch ohne die Hilfe eines Programms erstellen.

Der Vorteil: Ein Bleistift und ein Stück Papier reichen dazu ohne Weiteres aus. Besser ist es jedoch, wenn du einen DIN-A4-Block und ein paar Farbstifte hast. Dann kannst du gleich eine farbige Mindmap erstellen. Das kommt der visuellen Verarbeitung der Gedanken in deinem Gehirn noch näher.

Der Nachteil: Bei Änderungen in deiner Map leidet irgendwann die Sauberkeit und damit die Übersichtlichkeit. Früher oder später musst du deine Mindmap dann noch einmal ins Reine zeichnen.

Bevor du dich aber an ein Programm wagst, solltest du dir die Mindmap-Techniken erst einmal mit Bleistift und Papier ansehen.

In diesem Kapitel lernst du

- die Regeln für das Mindmapping
- was Brainstorming ist

- wie du Gruppen bildest
- was eine Stoffsammlung ist
- wozu Bilder in einer Mindmap gut sind

Überall machbar: Mit Bleistift und Papier

Jetzt geht es los. Du brauchst zunächst nur einen Bleistift und Papier. Und ein paar Maximen.

Ohne ein paar Regeln geht es nicht

- Damit du genug Platz für deine Schlüsselworte hast, lege ein DIN-A4-Blatt *quer* vor dich hin.
- Schreibe das Thema ins *Zentrum* des Blattes. Benutze dazu *Blockschrift.*
- Um die Assoziationsfähigkeit zu erhöhen, solltest du *Farben*, *Bilder*, *Symbole* und *Icons* verwenden. Dadurch wird das Thema optisch anschaulich dargestellt.

> Assoziation ist die Annahme, dass der menschliche Geist lernt, indem er einfache Dinge nach bestimmten Prinzipien miteinander verknüpft.

- Sorge für eine klare *Raumaufteilung*. Jedes Schlüsselwort bekommt einen *eigenen Zweig* zugeteilt.
- Zeitliche Abhängigkeiten kannst du mit einer *Nummerierung* versehen und im Uhrzeigersinn darstellen.
- *Abhängigkeiten* zwischen einzelnen Verästelungen kannst du mit zusätzlichen freien Verbindungen versehen.
- Ein *schlagkräftiger Begriff* an einem Zweig ist besser als ein Halbsatz.
- Verwende nur *eindeutige Abkürzungen.*
- Entwickle deinen eigenen Mapping-Stil.

So, genug der Worte. Jetzt sollen Taten folgen. Zum Üben fasse die Regeln doch gleich in einer Mindmap zusammen. Ein Beispiel siehst du hier:

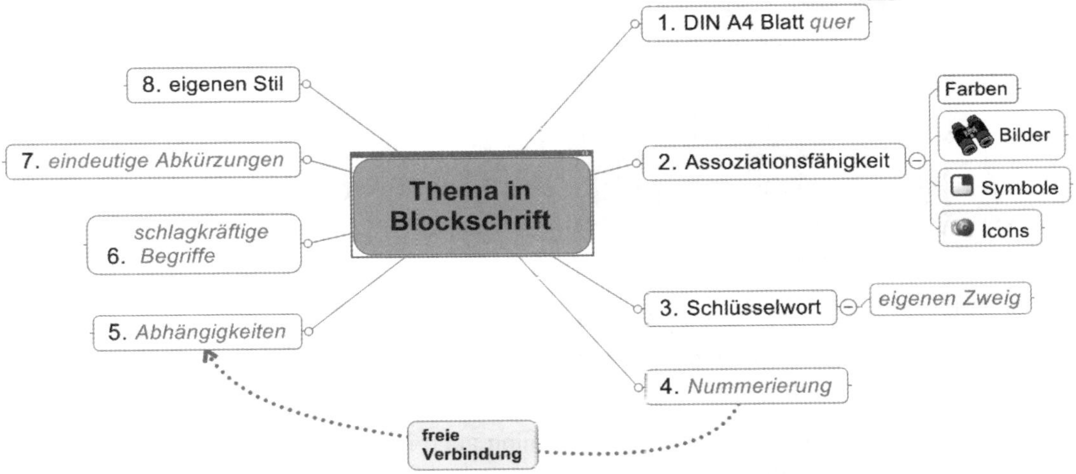

Die Regeln des Mindmappings

Bericht über die Klassenfahrt: Bereite deinen ersten Vortrag mit Mindmapping vor

Du sollst einen Vortrag über eure letzte Klassenfahrt halten. Keine Angst, mit einer guten Vorbereitung kann nichts schiefgehen. Erarbeite dir »dein Recht, zu reden«. Und genau das machst du mit einer guten Vorbereitung.

Als Erstes sammle deine Gedanken zu diesem Thema zusammen. Und das ohne Wenn und Aber.

Das Ganze nennt sich auch *Brainstorming*.

Brainstorming ist ein »Gehirnsturm«.

Brainstorming

Schreibe auf dein Blatt Papier zunächst völlig ungeordnet alles auf, was dir zu deiner Klassenfahrt einfällt. Die Kunst des Brainstormings liegt darin, zunächst *alles* ungefiltert aufzuschreiben. Auch wenn dir zunächst einige Schlüsselwörter absurd vorkommen.

Lasse in dieser Phase noch keine Bewertung oder Kritik zu.

Später kannst du immer noch streichen. Und gewöhne dir gleich hier an, nicht in ganzen Sätzen zu schreiben, sondern lediglich *Schlüsselbegriffe* aufzuschreiben.

Du kannst dein Brainstorming auch im Team mit Klassenkameraden vornehmen. Der Vorteil der Teamarbeit liegt darin, dass die Kreativität durch andere Sichtweisen noch erhöht wird.

Beim Brainstorming machst du noch keine Zuweisungen und erstellst auch keine Abhängigkeiten.

Das passiert erst im nächsten Schritt.

Hier ein Beispiel für das Brainstorming, das bei dir natürlich ganz anders aussehen kann.

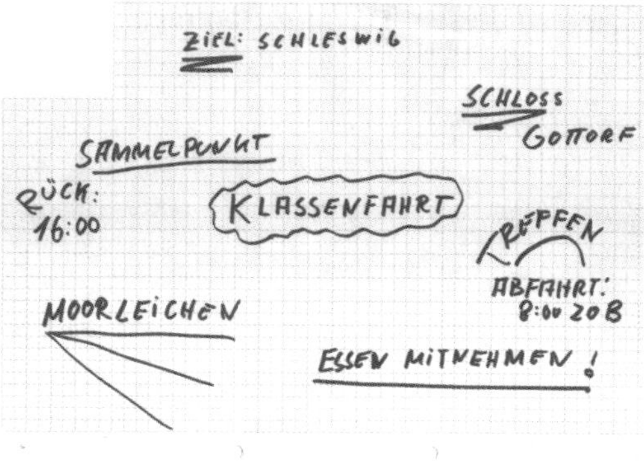

Ergebnis eines Brainstormings zu einer Klassenfahrt nach Schleswig

Überflüssiges streichen

Wenn alle Schlüsselwörter aufgeschrieben sind, geht es ans Streichen.

Aber bitte nicht sofort. Sinnvollerweise ist erst mal eine kleine Pause angesagt. Lege dein Blatt Papier beiseite und beschäftige dich mit etwas ganz anderem. Vielleicht ein kleiner Spaziergang? Der tut immer gut.

Hallo, bist du wieder da? Okay. Dann kannst du dir dein Brainstorming noch einmal ansehen und tatsächlich nicht passende Schlüsselworte streichen oder, wenn du mit einem Bleistift gearbeitet hast, wegradieren.

Gruppenbildung

Damit ist das Brainstorming fast beendet. Falls du Schlüsselwörter hast, die thematisch zusammenpassen, kannst du für diese eine Gruppierung durchführen. Dadurch erhöhst du die Übersichtlichkeit.

Falls die Schlüsselwörter zu den Gruppen nicht zusammenstehen, und nach dem Gesetz der konstanten Gemeinheit tun sie das nicht, ist es an der Zeit, die Schlüsselbegriffe – jetzt schon im Hinblick auf die Gruppierung – auf ein neues Blatt Papier zu übertragen.

Und das ist keine unnütze Arbeit, denn dabei handelt es sich schon um die erste Wiederholung der Schlüsselwörter. Aber auf spielerische Art und Weise.

Gruppenbildung sorgt für Übersichtlichkeit.

Stoffsammlung

Jetzt musst du den Stoff für deinen Vortrag sammeln.

Du meinst, dieser Punkt gehört an den Anfang? Aber was willst du dann sammeln? Besser ist es, wenn du erst einmal stichwortartig weißt, worüber du reden willst, und anschließend die Informationen dafür besorgst.

Eine große Hilfe bei der Informationsbeschaffung ist das *Internet*. Hier findest du bestimmt auch Bilder vom Ziel deiner Klassenfahrt.

Probiere das doch einmal aus, indem du die Internetadresse

www.google.de

ansurfst und dort auf den Hyperlink BILDER klickst.

Dann tippst du in das Suchfenster den Namen deiner Suche ein, zum Beispiel »Schleswig« oder »Schloss Gottorf«.

Anschließend klickst du auf die Schaltfläche BILDER-SUCHE.

Suche dir aus dem Suchergebnis die besten Bilder aus.

Da wir noch mit Bleistift und Papier arbeiten, kannst du die gewünschten Bilder ausdrucken und später in deine fertige Mindmap kleben.

Oder du wartest, bis wir mit einem Mindmap-Programm arbeiten.

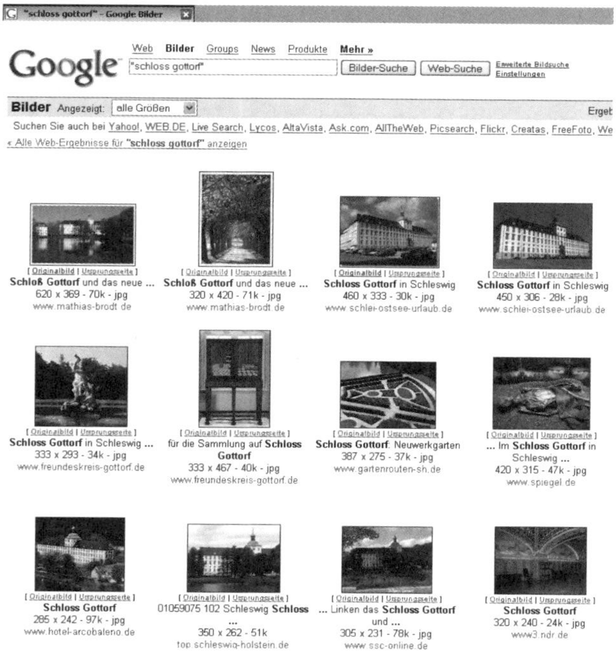

Die Bildersuche von Google bringt dich schnell zum gewünschten Bild.

Jetzt wird es bunt: Die Mindmap entsteht

Nachdem das Brainstorming beendet ist, kannst du es zu einer Mindmap umbauen. Und hierzu solltest du gleich am Anfang mit *Farben* arbeiten. Dadurch wird die Mindmap nicht nur bunter, sondern auch übersichtlicher.

Wenn du genügend Farben zur Verfügung hast, *wähle für jeden Hauptzweig eine eigene Farbe.*

Verbinde *vom Zentrum aus* zu den einzelnen Gruppen oder, wenn du nicht alles gruppieren konntest, zu den Schlüsselwörtern.

Weitere Gedanken werden wiederum mit den vorherigen Schlüsselwörtern verbunden.

> Je weiter du in die äußeren Bereiche kommst, desto detaillierter werden die Schlüsselwörter.

Bei dieser Arbeit fällt dir vielleicht noch das eine oder andere Schlüsselwort zu deinem Vortrag ein. Immer her damit.

Schaffe dir ruhig Reserven für deinen Vortrag.

Was du später zeitlich nicht mehr in deinem Vortrag unterbringst, lässt du einfach weg. Es weiß ja keiner (bis vielleicht auf ein paar Eingeweihte, die an der Mindmap mitgewirkt haben, aber die werden nichts ausplappern), was du alles erzählen wolltest.

> Dieses Vorgehen ist besser, als wenn dir der Stoff ausgeht, und du vor dem geplanten Vortragsende nichts mehr zu sagen hast.

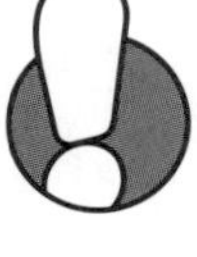

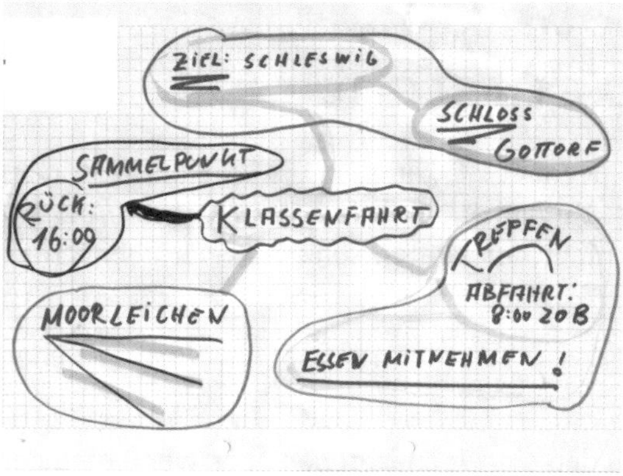

Ein Bild sagt mehr als tausend Worte

Diesen Satz hast du schon häufig gehört? Das macht nichts, man kann ihn nicht häufig genug wiederholen.

Zeichne zu den Schlüsselwörtern jeweils eine kleine Grafik. Und zwar direkt am Schlüsselwort.

Auch als Nichtkünstler brauchst du keine Scheu vor Bildern zu haben. Anderen brauchst du sie ja nicht zu zeigen. Hier entstehen deine persönlichen Vortragsunterlagen, und nur du selbst sollst mit den Bildern zurechtkommen.

Je ausgefallener ein Bild zu einem Schlüsselwort ist, desto besser kannst du dich in deinem Vortrag daran erinnern.

Bilder eignen sich besonders gut zur Verankerung im Langzeitgedächtnis. Das Gehirn verarbeitet Bilder ohne Anstrengung. Mit Texten hat es wesentlich mehr Arbeit. Bilder werden vom Gehirn ganzheitlich aufgenommen.

So lernst du wesentlich schneller, als wenn du Texte auswendig lernen musst.

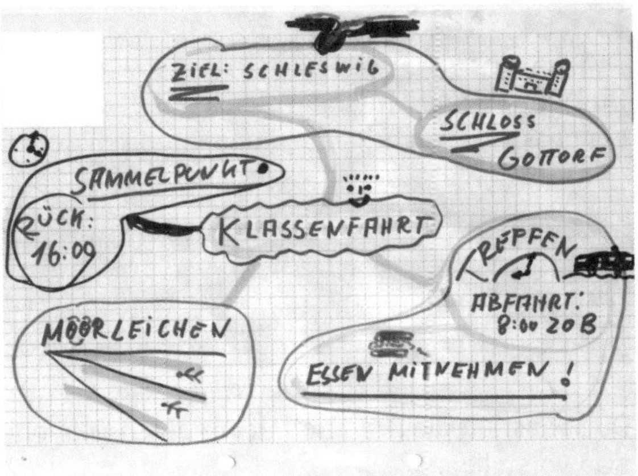

Mit Bildern unterstützt du dein Gedächtnis optimal.

Zeitliche Abfolge

Für deinen Vortrag musst du auch auf die Reihenfolge der Vortragspunkte = Schlüsselwörter achten. Mit dem Ende der Klassenfahrt zu beginnen, ist nicht so prickelnd. Am Anfang sollte schon eine kleine Einleitung erfolgen. Und dann geht es in chronologischer Reihenfolge weiter.

Nummeriere dazu die Hauptzweige. Dann ist die zeitliche Abfolge klar geregelt.

Selbst wenn du im Vortrag einmal zu einem anderen Inhaltspunkt springst, kannst du immer wieder in deine ursprüngliche Reihenfolge zurückspringen.

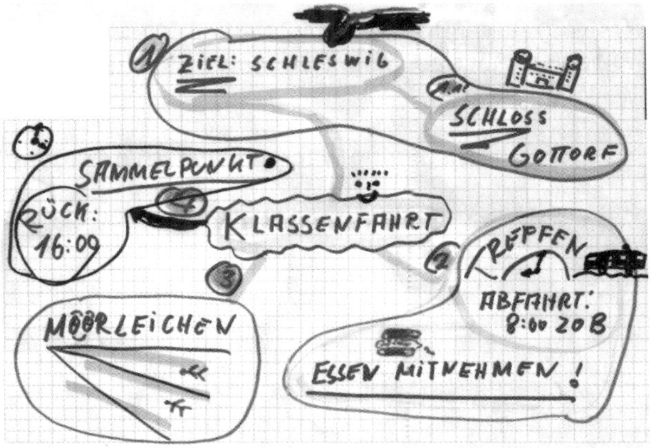

Mit einer Nummerierung kommst du nicht aus dem Konzept.

Dramaturgie

Du kannst deine Mindmap gleich mit etwas *Dramaturgie* versehen. Durch ein paar zusätzliche Anmerkungen und Bilder wird es noch lebendiger.

Ein gelungener Vortrag lebt, wie ein gutes Theaterstück auch, von einer spannenden Dramaturgie.

Du kannst dir die Dramaturgie als einen Spannungsbogen für deinen Vortrag vorstellen.

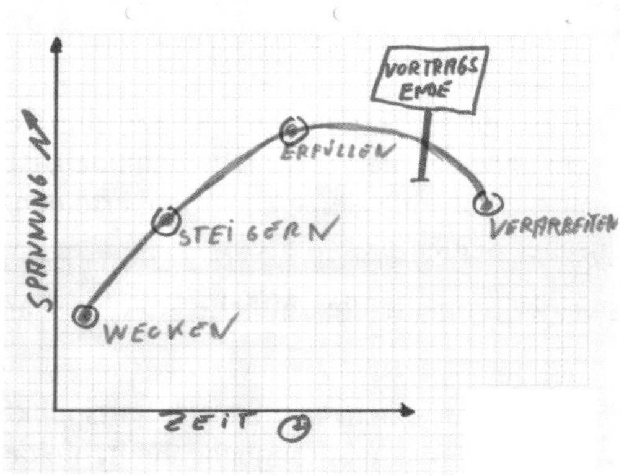

Der Spannungsbogen stellt deutlich die Dramaturgie deines Vortrags dar.

Gleich am Anfang kannst du die Aufmerksamkeit deiner Zuhörer *wecken.*

Wenn es dir liegt, wage einen markanten Einstieg. Das kann ein passender Witz sein. Aber auch ein freundliches Lächeln (kein Grinsen) an die Zuhörer kommt gut an.

Versuche, die Spannung während deines Vortrags noch weiter zu *steigern.*

Am Ende des Vortrags muss die Spannung noch einmal geschürt und dann die Erwartungen *erfüllt* werden.

Und ganz wichtig: Schließe deinen Vortrag mit dieser Phase ab.

Sonst fällt der Spannungsbogen dramatisch. Die Spannung darf erst nach deinem Vortrag im Rahmen der Verarbeitung des Gehörten abflachen.

Zeichne diese Dramaturgie mit in deine Mindmap ein. Du wirst sehen, dann bringt die Vorbereitung auf deinen Vortrag noch mehr Spaß.

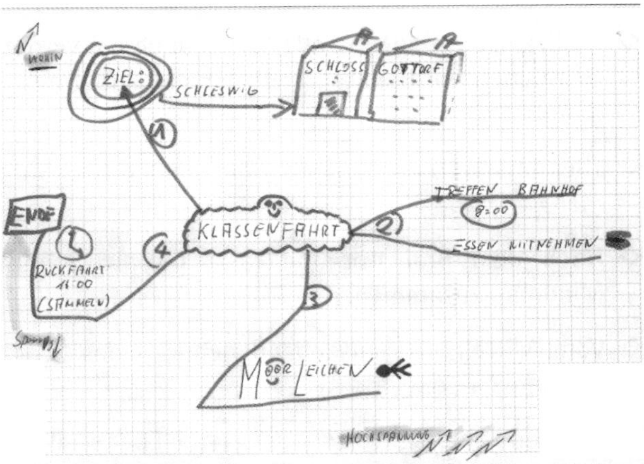

Mit Dramaturgie wird es spannend.

Die letzten Vorbereitungen

Es ist geschafft. Deine Mindmap ist fertig. Durch das intensive Beschäftigen mit dem Stoff hast du schon ordentlich geübt.

Schaue dir die restlichen Tage bis zum Vortrag jeden Tag die Mindmap einmal an. Dazu reichen meistens ein paar Minuten.

Wenn dir noch das eine oder andere zum Thema einfällt, zeichne es mit auf.

Mehr ist nicht nötig. Du wirst deinen Vortrag im Kopf haben.

Probiere es aus. Wenn dir ein Schlüsselwort entfällt, riskiere noch einen Blick auf deine Mindmap. Und schon bist du wieder im Fluss.

Auch im Vortrag solltest du deine Mindmap bei dir haben. Aber nicht zum Ablesen, denn das brauchst du nicht mehr. Sondern nur, weil dir das Gefühl, nachschauen zu können, mehr Sicherheit gibt.

Und wenn du wirklich mal nachsehen musst, was soll's? Du findest den roten Faden mit Hilfe deiner Mindmap sofort wieder und kannst flüssig weitererzählen.

Zusammenfassung

- Vor dem Erstellen einer Mindmap ist ein Brainstorming zu empfehlen.
- Im Brainstorming sind alle Ideen, auch die verrücktesten, zugelassen. Gestrichen wird später, nach einer Inkubationsphase (hier: Spaziergang).
- Thematisch zusammengehörige Themen fasst du zu Gruppen zusammen.
- Nach dem Brainstorming fasst du die Schlüsselwörter zu einer Mindmap zusammen.
- Vom Mittelpunkt ausgehend gehört jedes Schlüsselwort auf einen eigenen Zweig.
- Von den Schlüsselwörtern der ersten Ebene können weitere Schlüsselwörter verzweigen.
- Nach außen hin gehen die Schlüsselwörter immer mehr ins Detail.
- Verwende für die Zweige unterschiedliche Farben.
- Ergänze deine Mindmap mit Bildern und Grafiken.
- Baue für deinen Vortrag zusätzlich etwas Dramaturgie ein.

Ein paar Fragen ...

Frage 1: Warum sollst du in der ersten Phase des Brainstormings nichts streichen?

Frage 2: Wie gehst du mit thematisch zusammengehörenden Inhalten um?

Frage 3: Warum solltest du zu deinen Schlüsselwörtern zusätzlich Bilder verwenden?

Frage 4: Welchen Vorteil bringt es dir, wenn du etwas Dramaturgie in deinen Vortrag einbaust?

... und eine Aufgabe

- Fasse in einer Mindmap zusammen, was du in diesem Kapitel gelernt hast.

3

So geht es: Programme für Mindmaps auswählen

In diesem Kapitel

- erfährst du, warum es sinnvoll ist, Mindmaps mit einem Programm anstatt manuell auf Papier zu erzeugen
- erhältst du eine Übersicht, welche Mindmap-Programme es auf dem Markt so gibt. *Kostenlose Programme* sowie eine Version vom *Mind-Manager 7* findest du auf der CD.
- stelle ich dir außerdem einige spannende Internetseiten vor, auf denen du Programme und beispielhafte Mindmaps finden kannst

Viel Spaß beim Entdecken deiner neuen Gedächtnis-Programme.

Die Vorteile: Darum ein Programm

Wie eine Mindmap manuell auf Papier erstellt wird, hast du schon gelesen. Der Vorteil der manuellen Technik besteht unbestreitbar in der universellen Einsetzbarkeit. Egal, wo du dich gerade befindest, es reicht zur Not ein Fetzen Papier und ein Bleistift, um deine Gedanken gehirngerecht auf ein Blatt Papier zu bekommen.

Wenn du etwas geübter bist, kannst du sogar in Mindmaps denken. Fasse deine Gedanken in Form einer Map zusammen. Nach etwas Übung wirst du merken, es geht.

Um dein Gehirn zu entlasten, solltest du deine Gedanken aber doch recht bald zu Papier bringen. Dadurch ist dein Gehirn frei für neue Gedanken.

Egal ob im Gehirn gespeichert oder zu Papier gebracht, wenn du deine Landschaft der Gedanken weiterpflegen willst, solltest du diese einem *Mindmap-Programm* anvertrauen.

Dadurch wird deine Mindmap nicht nur schöner, sondern du kannst sie auch mit zusätzlichen Informationen versehen und jederzeit schnell anpassen, ohne große »Radierungen« vorzunehmen.

Statt mit Bleistift und Papier geht die Entwicklung von Mindmaps mit der passenden Software also noch leichter. Mindmap-Programme helfen dir dabei, schnell übersichtliche Mindmaps zu erstellen.

Elektronische Mindmaps machen es möglich, deine Ideen in visueller Form mit Hilfe von Mindmapping-Techniken zu organisieren, zu generieren und zu präsentieren.

Durch den Einsatz spezieller Symbole, Farben und Bilder werden Mindmaps deinem Denkvorgang ähnlich gemacht und helfen dir dadurch, Informationen besser zu verstehen und mitzuteilen.

Was der Markt so bietet

Der Markt bietet dir eine große Anzahl an Mindmap-Programmen an. Du unterscheidest die Programme am besten in zwei grobe Kategorien:

- Kategorie 1: Programme, die Geld kosten
- Kategorie 2: Programme, die kostenlos sind

Was der Markt so bietet

Es gibt eine Vielzahl von Programmen, mit denen du völlig kostenlos Mindmaps erstellen kannst.

Falls du aber eine Integration mit *Microsoft-Office-Programmen* benötigst, musst du etwas Geld ausgeben. Aber auch für andere Programme im professionellen Bereich kannst du durchaus Geld loswerden.

> Dabei unterscheiden sich nicht professionelle kostenlose Programme in den Grundfunktionen gar nicht so stark von kostenpflichtigen Programmen.

Wenn du also kein Geld für ein Mindmap-Programm ausgeben willst, ist das völlig in Ordnung.

Hier gebe ich dir eine kleine Marktübersicht der wichtigsten Programme.

Name	Kosten	Bemerkungen
FreeMind	–	erfordert Java-Runtime; umfangreiche Funktionen
ThinkGraph	–	stark grafikorientiert
ViewYourMind	–	RichText-Noteeditor
I2Brain	49,50 €	Filterfunktionen
MindMapper	von 49 bis 180 €	MS-Office-Integration
MindManager	ca. 240 € Pro: ca. 350 €	komplette MS-Office-Integration; zahlreiche Styles und Vorlagen
MindGenius	42 bis 217 €	umfangreiche Office-Unterstützung
OpenMind	349 €	Darstellung von Gantt-Diagrammen

Die Auswahl erschlägt dich?

Dabei handelt es sich nur um eine kleine Auswahl. Wenn du mit einer Suchmaschine im Internet nach Mindmapping-Programmen suchst, wirst du bestimmt noch weitere Programme finden.

Ich habe die Auswahl auf die zurzeit wichtigsten Programme beschränkt. Und aus dieser Auswahl filtern wir noch die Crème de la Crème heraus.

Da die Grundidee des Mindmappings immer gleich ist, wirst du dich zur Not auch mit hier nicht aufgeführten Programmen zurechtfinden.

Und hier die Übersicht als Mindmap.

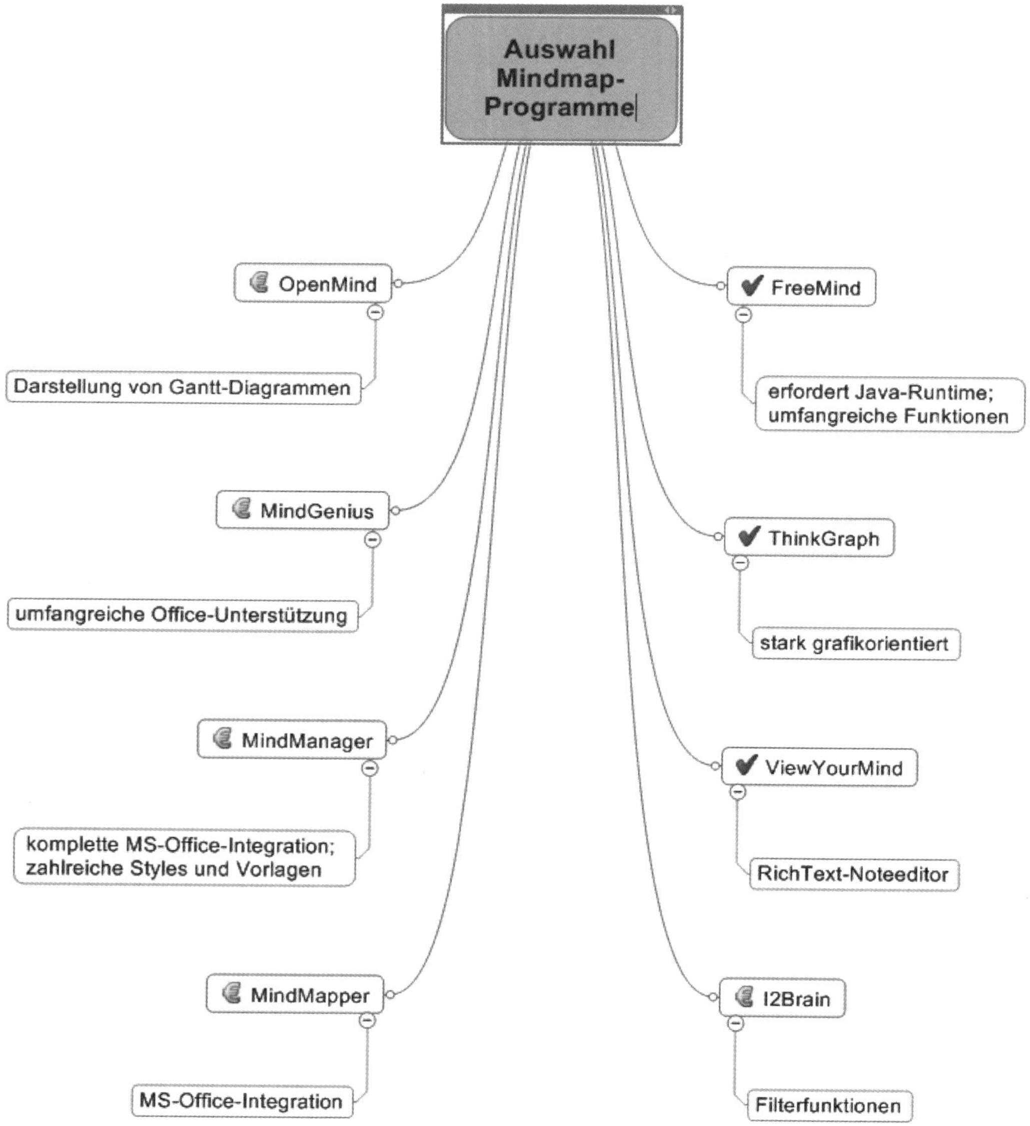

Die Favoriten

Damit du nicht alle Programme ausprobieren musst, beschränken wir uns auf die wichtigsten Programme. Ein kostenpflichtiges (keine Angst, eine kostenlose, allerdings zeitlich beschränkte Version liegt vor) und **ein paar** kostenfreie Programme.

Die anderen Programme kannst du dir bei Bedarf natürlich auch gerne ansehen und ausprobieren. Deiner Kreativität sind hier keine Grenzen gesetzt.

Im professionellen Bereich ist der Quasistandard der *MindManager*, mittlerweile in der Version 7. Die Pro-Version dieses Programms bietet dir die volle Microsoft-Office-Integration:

- Synchronisation mit Outlook
- Datentransfer nach und von Word
- Datentransfer nach PowerPoint
- Einbinden von Excel-Tabellen
- Datentransfer von und nach MS-Project

Außerdem kannst du mit diesem Programm deine Mindmap als PDF-Datei abspeichern.

Nicht zu vergessen, du kannst deine Mindmap auch als *Bild* abspeichern und dadurch praktisch jeder Anwendung zugänglich machen.

Last but not least hast du die Möglichkeit, aus deiner Mindmap eine Internetpräsentation zu erstellen.

Der MindManager ist ohne Frage das am meisten ausgereifte Produkt unter den Mindmap-Programmen. Er bietet von Haus aus bereits eine große Sammlung an Mapvorlagen:

- Aufgabenplanung
- Entscheidungsfindung

- Meeting
- Geschäftsstrategie

Dieses Programm hat einen speziellen Modus für Brainstorming, in dem du ohne jegliche Struktur deine Gedanken sammeln kannst. Auch die Möglichkeit der *Gruppierung* ist gegeben. Und wenn du mit dem Brainstormingmodus fertig bist, verwandelst du das Brainstorming ohne Aufwand in eine Mindmap. Das ist genial.

Du kannst deine Mindmap über den Präsentationsmodus direkt präsentieren. Ein Umweg über PowerPoint ist nicht nötig.

Sogar eine Aufgabensteuerung ist mit dem MindManager ohne großen Aufwand möglich.

Du bist neugierig geworden? Auf der CD befindet sich eine zeitlich befristete Originalversion, die du innerhalb der Testzeit ohne jegliche Einschränkungen benutzen kannst.

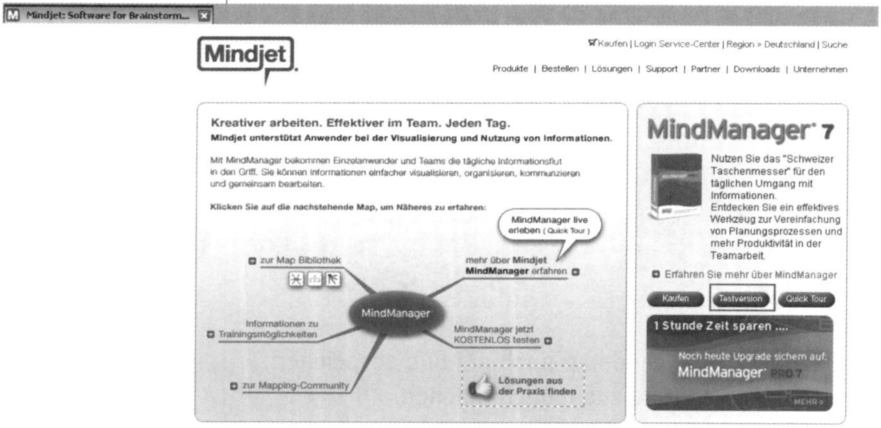

Die Startseite des MindManagers im Internet. Hier kannst du eine kostenlose Testversion herunterladen.

Im kostenlosen Bereich empfehle ich dir das Programm *FreeMind*. Es bietet dir alle Möglichkeiten, die ein gutes Mindmap-Programm haben muss.

Mit diesem Programm lässt sich ohne viel Mühe eine Mindmap erstellen.

> Du benötigst, wenn noch nicht vorhanden, die ebenfalls kostenlose Runtimeversion von Java, damit das Programm läuft. Mehr dazu erfährst du im nächsten Kapitel.

Der Leistungsumfang von FreeMind ist schlichtweg umwerfend. Verzweigungen lassen sich zentral um eine Ebene auf- und zuklappen. Du kannst sogar blinkende Verzweigungsknoten erzeugen.

Wenn es geheim wird, verschlüsselst du deine Mindmap ganz einfach.

Falls du auch mit dem MindManager arbeitest, kannst du MindManager-Grafiken importieren.

Auch das Erzeugen von Hyperlinks funktioniert problemlos.

Wenn du nicht mit Microsoft-Produkten arbeitest, hast du hier eine Verbindung zur anderen Liga:

Du kannst deine Mindmaps zum Open-Office-Writer-Dokument exportieren. Auch ein Export in die gängigen Formate:

- JPG
- PNG
- SVG
- PDF
- HTML
- XHTML

ist möglich.

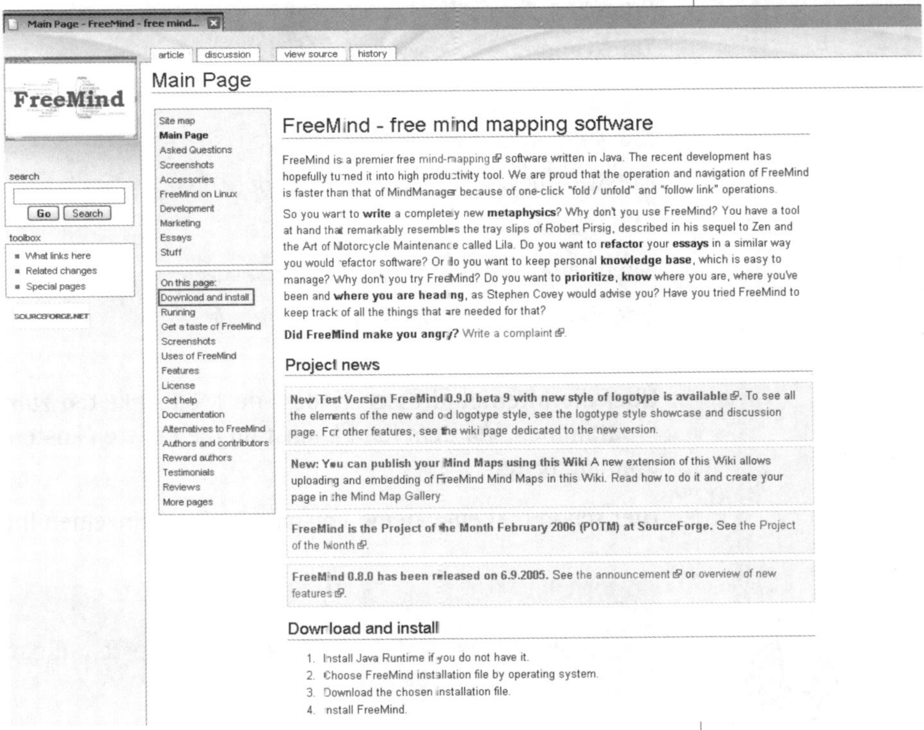

Auf dieser Website findest du alle Informationen und die Downloadmöglichkeit von FreeMind.

Beschaffungsquellen

Wir haben dir an Mindmap-Programmen auf die CD gepackt, was möglich war.

Zusätzlich bekommst du hier die Internetseiten der einzelnen Programme. Also auch der Programme, die aus rechtlichen Gründen nicht mit auf die CD durften.

Du erhältst über diese Seiten auch weitere Hinweise zu den Programmen. Egal, für welches Programm du dich entschieden hast, ein Besuch dieser Seiten lohnt sich immer.

Außerdem sind Mindmap-Programme sehr innovationsfreudig. Es ist also gut möglich, dass du auf den entsprechenden Internetseiten neuere Updates findest.

In vielen Fällen stehen dir auch gleich Beispieldateien für die Mindmaps zur Verfügung.

Name	Internetadresse
FreeMind	*freemind.sourceforge.net*
ThinkGraph	*www.thinkgraph.com*
ViewYourMind	*www.insilmaril.de/vym*
I2Brain	*www.i2brain.de*
MindMapper	*www.mindmapper.de*
MindManager	*www.mindjet.de*
MindGenius	*www.mindgenius.com*
OpenMind	*www.matchware.de*

Über die Internetadressen findest du Möglichkeiten zum Download von Programmen. Vor dem Kauf kannst du die meisten kostenpflichtigen Programme testen.

Hier schon mal eine kleine Vorschau auf die einzelnen Internetseiten.

Pass aber etwas auf, manchmal stehen kostenpflichtige Versionen neben den kostenfreien Versionen.

Hin und wieder musst du auch etwas suchen, um auf die kostenfreien Programme zu kommen. Aber die Mühe lohnt sich.

ThinkGraph:

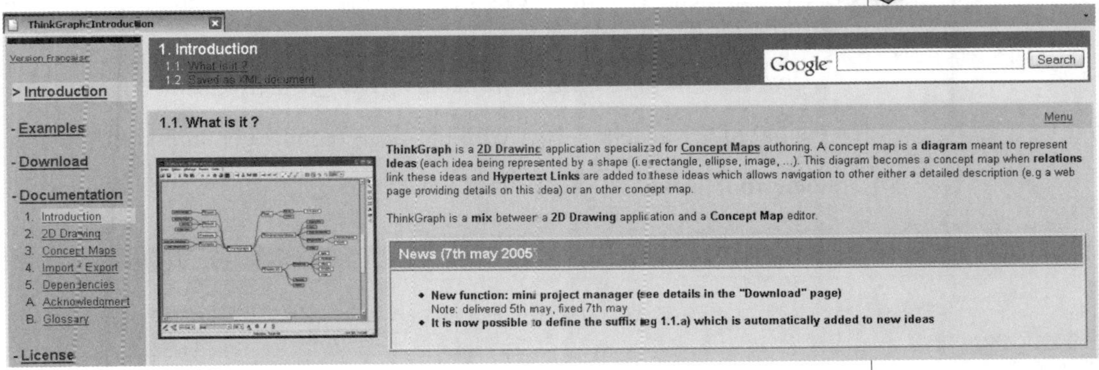

Info: Hierbei handelt es sich um ein kleines, aber feines Programm zum Erstellen von Mindmaps. Die Besonderheit bei diesem Programm: Es erinnert an vielen Stellen an ein Grafikprogramm. Dieses Grafikprogramm beinhaltet aber Tools zum Erstellen von Mindmaps. Wenn du ein unkompliziertes Programm suchst, ist diese Wahl die richtige für dich.

Du kannst auch Mindmaps aus dem MindManager importieren und exportieren. Dafür benötigst du allerdings ein Plugin für den MindManager, das du auch von dieser Website laden kannst.

Zusätzlich ist ein Export in die Bildformate:

- JPG
- BMP
- PNG

möglich.

Als Besonderheit kannst du auch eine *ImageMap* erzeugen.

> Eine ImageMap ist so etwas wie eine aktive Grafik. Sobald du auf einen bestimmten Bereich in deiner ImageMap klickst, wird im Hintergrund ein Hyperlink aktiviert, auf dessen Adresse dann gesprungen wird.

Das Ganze nennt sich auch *verweissensitive Grafik*. Ein schreckliches Wort. Bleiben wir lieber bei ImageMap.

Mit einer ImageMap kannst du auf alle Fälle wesentlich intuitiver und schneller zu Informationen gelangen als durch lange verbale Verweislisten.

Wenn du dich näher mit dieser Technik auseinandersetzen möchtest, solltest du dir die Internetseite:

http://de.selfhtml.org/html/grafiken/verweis_sensitive.htm

einmal näher ansehen. Hier wird dir diese Technik genau erklärt.

View Your Mind:

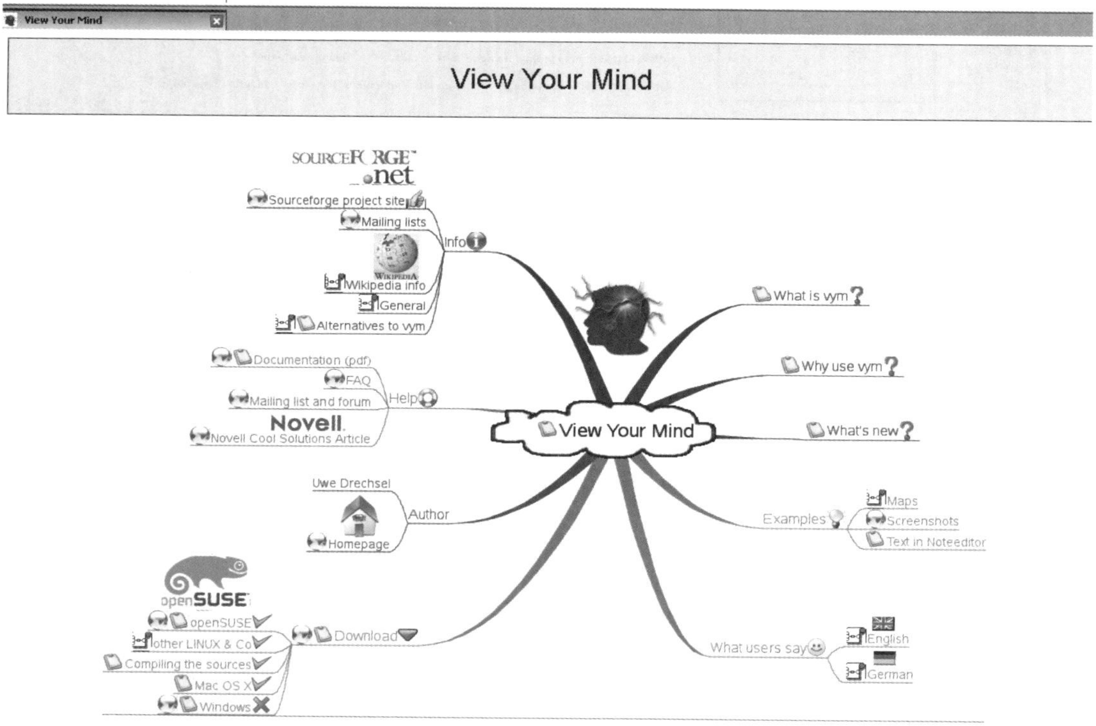

Info: Dieses Programm setzt Ideen in Mindmaps um. Dabei hilft ein RichText-Noteeditor weiter. Es gibt allerdings bei Windows-Betriebssystemen Schwierigkeiten mit dem Programm. Schau bei Interesse an diesem Programm doch einfach von Zeit zu Zeit auf die Webseite. Sobald du ein Häkchen vor dem Eintrag *Windows* im Bereich *Download* findest, kannst du dich an das Herunterladen des Programms machen.

Solange sich das Kreuz nicht vor dem Eintrag befindet, lass die Finger lieber davon.

I2Brain:

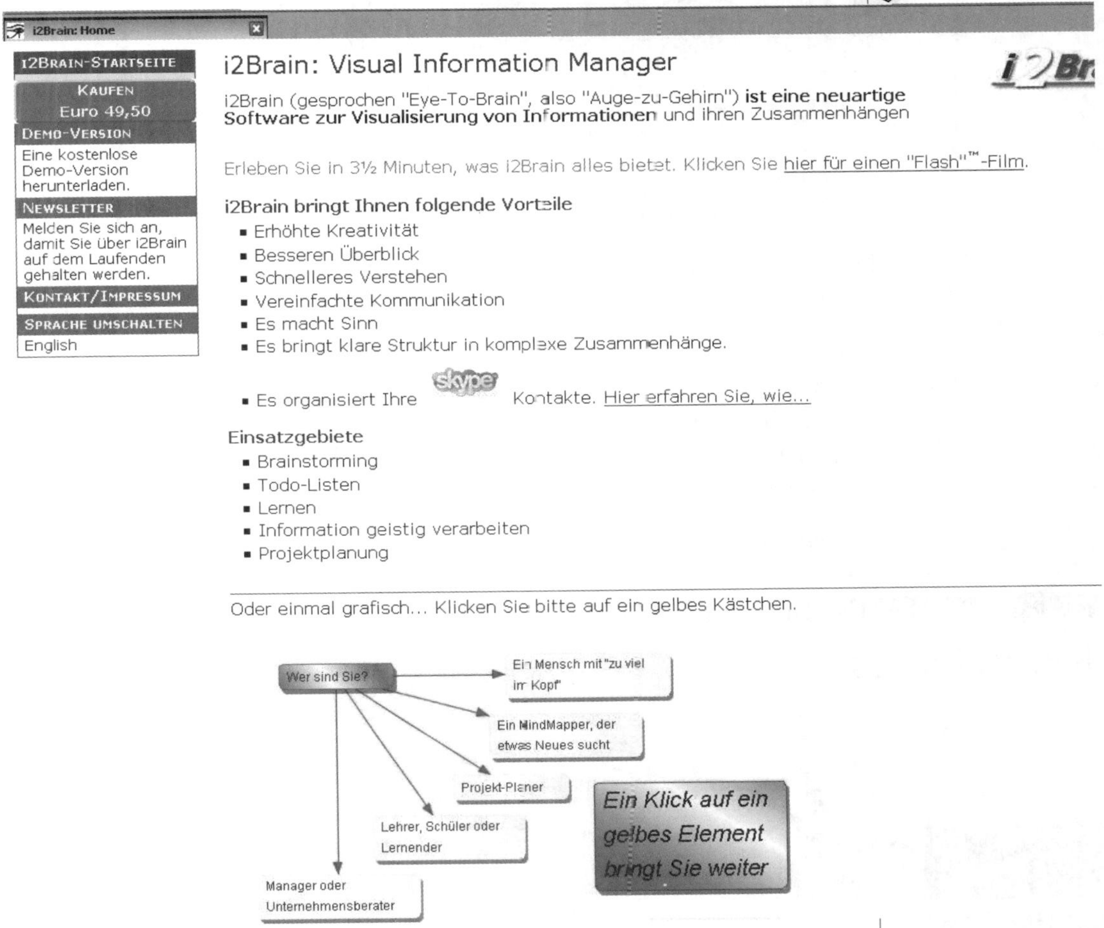
i2Brain: Home
I2BRAIN-STARTSEITE
KAUFEN
Euro 49,50
DEMO-VERSION
Eine kostenlose Demo-Version herunterladen.
NEWSLETTER
Melden Sie sich an, damit Sie über i2Brain auf dem Laufenden gehalten werden.
KONTAKT/IMPRESSUM
SPRACHE UMSCHALTEN
English
i2Brain: Visual Information Manager
i2Brain (gesprochen "Eye-To-Brain", also "Auge-zu-Gehirn") ist eine neuartige Software zur Visualisierung von Informationen und ihren Zusammenhängen
Erleben Sie in 3½ Minuten, was i2Brain alles bietet. Klicken Sie hier für einen "Flash"™-Film.
i2Brain bringt Ihnen folgende Vorteile
Erhöhte Kreativität
Besseren Überblick
Schnelleres Verstehen
Vereinfachte Kommunikation
Es macht Sinn
Es bringt klare Struktur in komplexe Zusammenhänge.
Es organisiert Ihre skype Kontakte. Hier erfahren Sie, wie...
Einsatzgebiete
Brainstorming
Todo-Listen
Lernen
Information geistig verarbeiten
Projektplanung
Oder einmal grafisch... Klicken Sie bitte auf ein gelbes Kästchen.
Wer sind Sie?
Ein Mensch mit "zu viel im Kopf"
Ein MindMapper, der etwas Neues sucht
Projekt-Planer
Lehrer, Schüler oder Lernender
Manager oder Unternehmensberater
Ein Klick auf ein gelbes Element bringt Sie weiter

Info: i2Brain steht für den Ausdruck »Eye-To-Brain«, also eingedeutscht etwa: »Auge-zu-Gehirn«. Erfreulicherweise gibt es eine kostenlose Demoversion von diesem ansonsten kostenpflichtigen Programm.

Du kannst dir durch ein paar Mausklicks auf dieser Webseite sehr schnell einen Überblick über die Funktionalität dieses Programms verschaffen.

Neben den klassischen Mindmaps bietet dieses Programm auch spezielle Ansichten über den derzeitigen Status einer Aufgabe.

Es lohnt sich auf alle Fälle, einen näheren Blick auf dieses Programm zu werfen.

MindMapper:

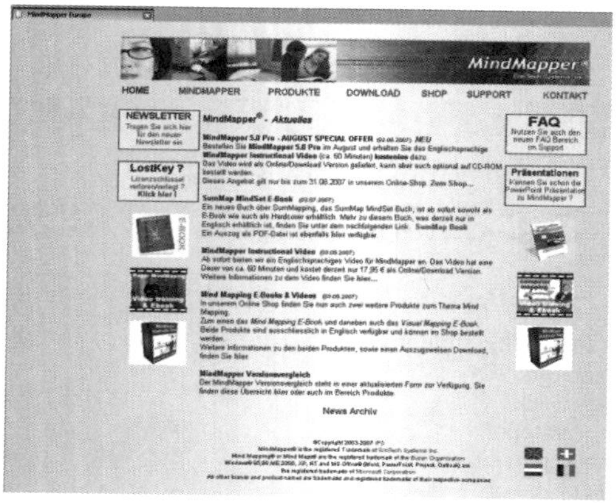

Info: Der MindMapper verfügt über eine effektive Integration zum Microsoft-Office-Paket. Als Höhepunkt bietet dieses Programm die Möglichkeit des Imports und der Visualisierung von Projektstrukturplänen und Terminmanagement.

MindGenius:

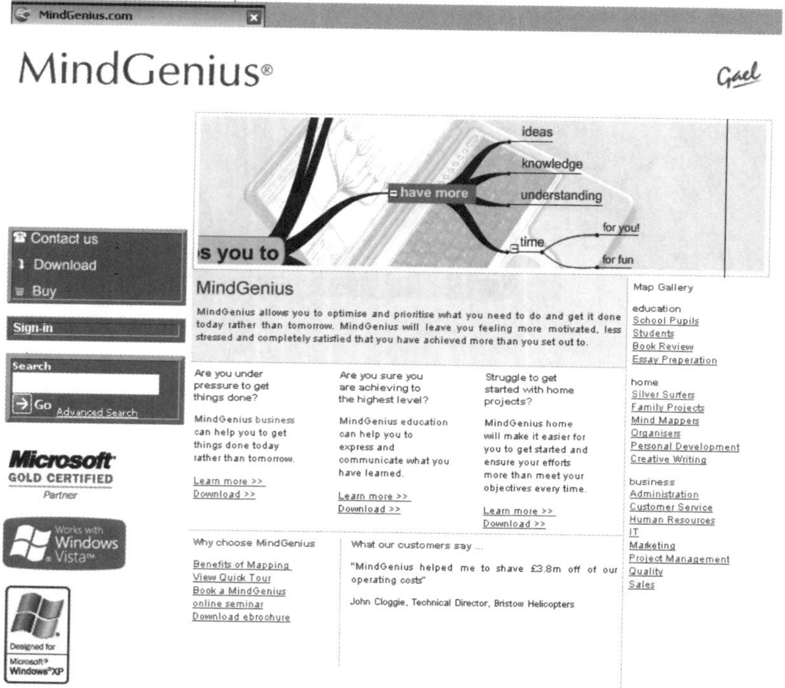

Info: Auch der MindGenius bietet dir eine umfangreiche Office-Integration. Viele Beispielmaps sind über die Hilfe-Funktion zu finden.

Das Hauptfenster ist dreigeteilt:

Rechts im größten Bereich befindet sich die Mindmap, links oben die Gliederung und darunter der Eigenschaftenbereich, in dem zwischen Editorfenster mit Notizen zu den verschiedenen Einträgen, Farb- und Bildauswahl umgeschaltet werden kann.

Die Symbolleisten zum Gestalten der Mindmaps kannst du schwebend auf der Arbeitsfläche platzieren.

Zweige kannst du verschiedenartig umranden und farblich hervorheben. Dabei lässt sich immer nur eine Farbe wählen, die als Verlauf dargestellt wird.

OpenMind:

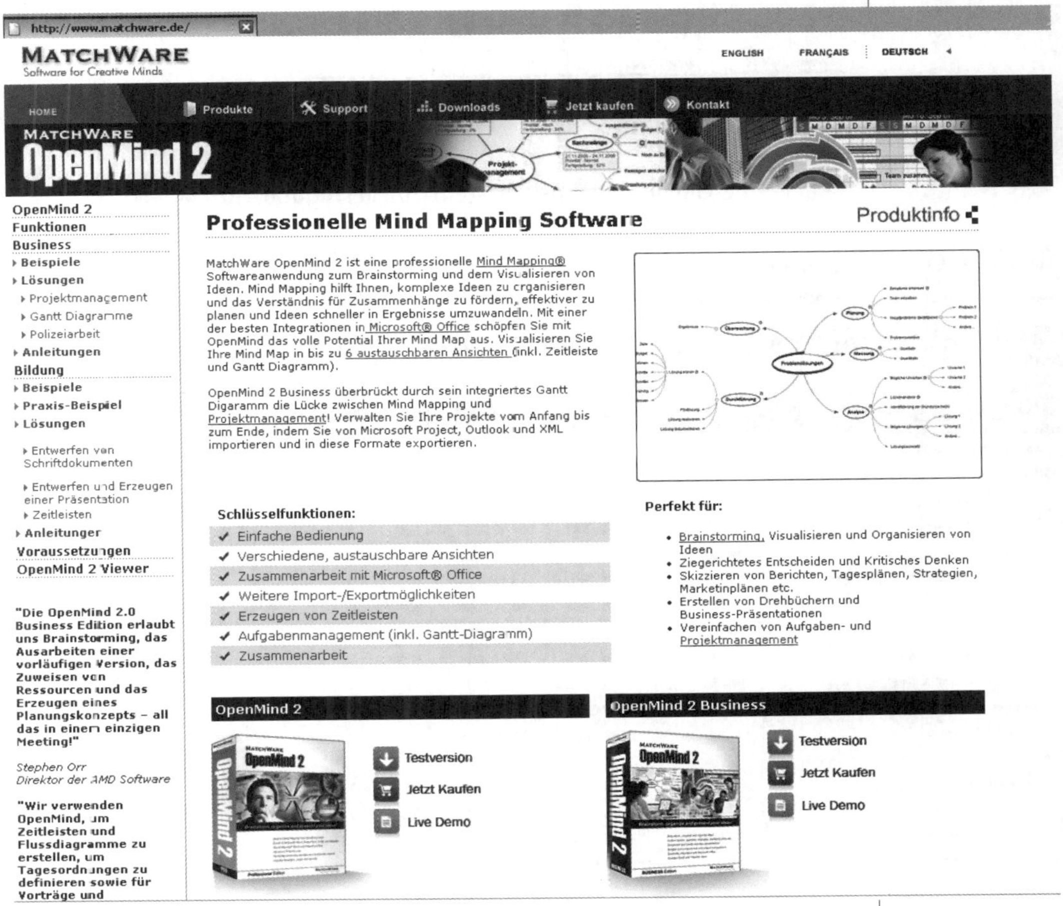

Info: Microsoft-Office-Einbindung über Import/Export ist möglich. Das Programm bietet eine gute Benutzerführung.

Du kannst mit diesem Programm unterschiedliche Ansichten auf deine Mindmap erhalten. Neben den klassischen Ansichten gibt es eine Organigrammansicht, mit der sehr gut Hierarchien abgebildet werden können.

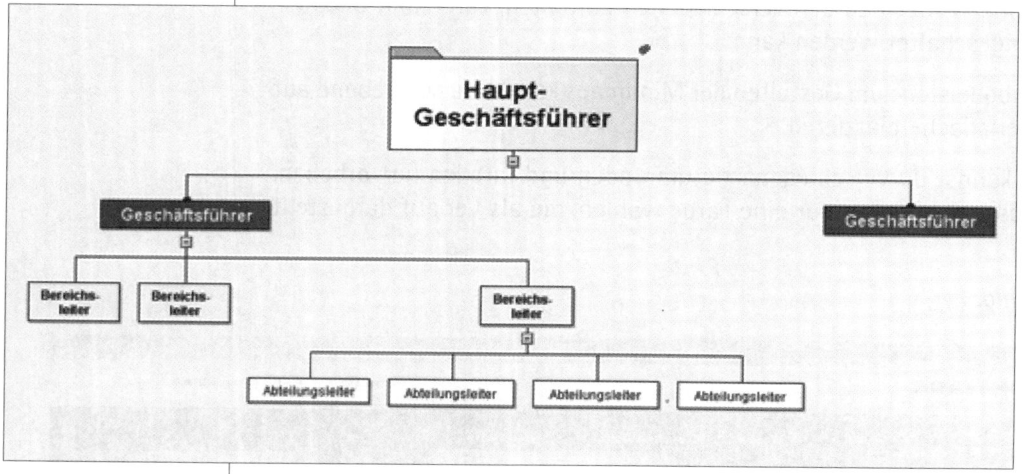

Auch eine Gliederungsansicht steht zur Verfügung.

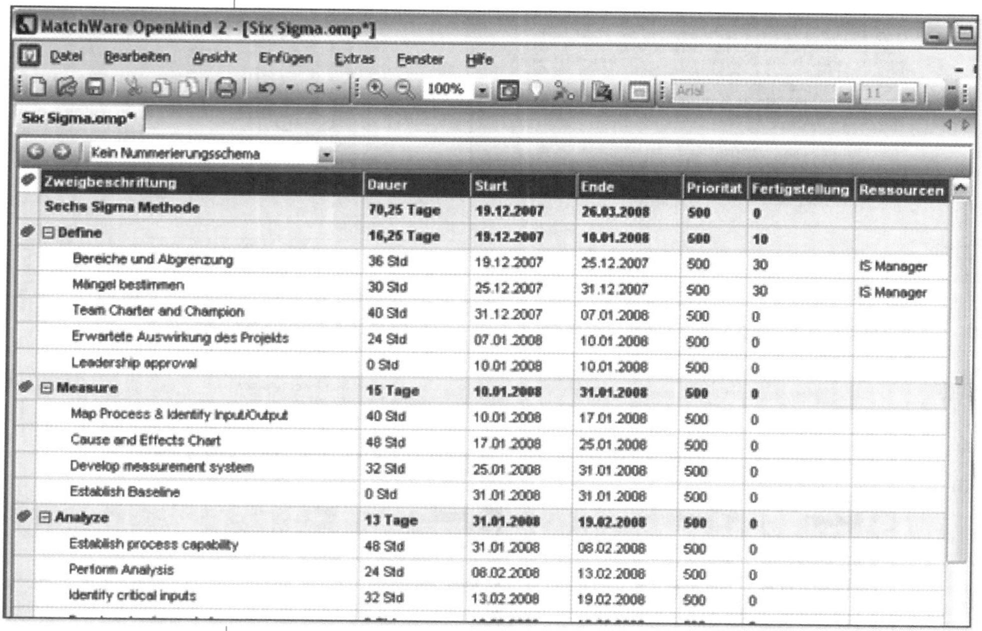

Zweigbeschriftung	Dauer	Start	Ende	Priorität	Fertigstellung	Ressourcen
Sechs Sigma Methode	**70,25 Tage**	**19.12.2007**	**26.03.2008**	**500**	**0**	
⊟ Define	**16,25 Tage**	**19.12.2007**	**10.01.2008**	**500**	**10**	
Bereiche und Abgrenzung	36 Std	19.12.2007	25.12.2007	500	30	IS Manager
Mängel bestimmen	30 Std	25.12.2007	31.12.2007	500	30	IS Manager
Team Charter and Champion	40 Std	31.12.2007	07.01.2008	500	0	
Erwartete Auswirkung des Projekts	24 Std	07.01.2008	10.01.2008	500	0	
Leadership approval	0 Std	10.01.2008	10.01.2008	500	0	
⊟ Measure	**15 Tage**	**10.01.2008**	**31.01.2008**	**500**	**0**	
Map Process & Identify Input/Output	40 Std	10.01.2008	17.01.2008	500	0	
Cause and Effects Chart	48 Std	17.01.2008	25.01.2008	500	0	
Develop measurement system	32 Std	25.01.2008	31.01.2008	500	0	
Establish Baseline	0 Std	31.01.2008	31.01.2008	500	0	
⊟ Analyze	**13 Tage**	**31.01.2008**	**19.02.2008**	**500**	**0**	
Establish process capability	48 Std	31.01.2008	08.02.2008	500	0	
Perform Analysis	24 Std	08.02.2008	13.02.2008	500	0	
Identify critical inputs	32 Std	13.02.2008	19.02.2008	500	0	

Mit der Businessversion des Programms kannst du sogar Gannt-Diagramme (sonst nur aus Programmen für Projektbearbeitung bekannt) erzeugen.

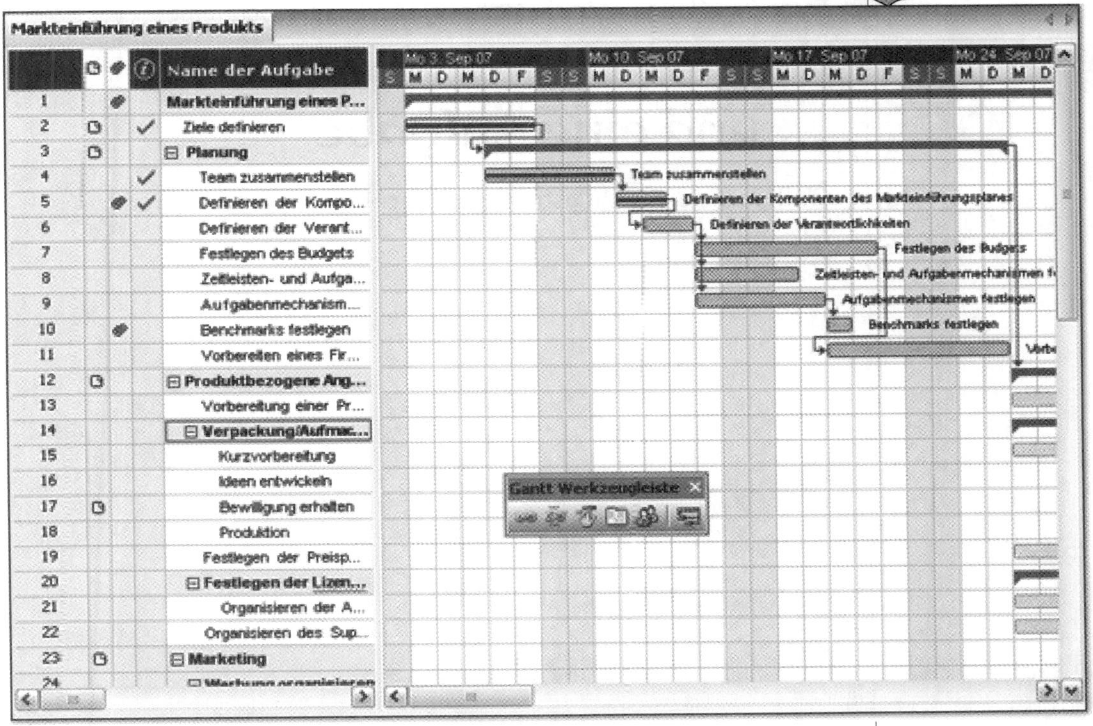

Zusammenfassung

- Es gibt kostenlose und kostenpflichtige Mindmap-Programme.
- Die kostenpflichtigen Programme beinhalten meistens eine Integration der MS-Office-Programme.
- Die kostenfreien Programme reichen zum Erstellen von Mindmaps vollkommen aus.
- Mit einem Mindmap-Programm erfasste Maps sind sauber gezeichnet und jederzeit problemlos änderbar sowie reproduzierbar.
- Elektronische Mindmaps bieten weiterreichende Möglichkeiten wie zum Beispiel die Filterung nach beliebigen Zweigen.

Ein paar Fragen ...

Frage 1: Welche Vorteile haben elektronisch erzeugte Mindmaps?

Frage 2: Worin unterscheiden sich Mindmap-Programme?

... und eine Aufgabe

- Besuche die wichtigsten Seiten über Mindmaps im Internet.

4

Das Beste aus dem Netz

Bevor du mit einem elektronischen Mindmap-Programm arbeiten kannst, musst du das Programm logischerweise haben. Dazu kannst du eines der Programme von der CD oder direkt aus dem Internet laden.

Wenn du einen (schnellen) Internatanschluss hast, findest du im Internet immer die allerneuste Version. Der Versionswechsel findet zum Teil so schnell statt, dass man mit dem Brennen der Software gar nicht hinterherkommt.

In diesem Kapitel erfährst du, wie du FreeMind downloaden und installieren kannst.

Dann geht es an die Bedienung des Programms. Dabei kannst du deine Mindmap von der letzten Klassenfahrt direkt in eine elektronische Mindmap umbauen.

Und dabei erfährst du eine Menge über die Programmfunktionen:

- Die Eingabe von Schlüsselwörtern
- Das Erzeugen von weiteren Zweigen

- Möglichkeiten zum Formatieren
- Gruppierungen von Schlüsselwörtern
- Wie du Icons und Grafiken in deine Mindmap einfügst
- Das Ein- und Ausblenden von Zweigen
- Drucken deiner Mindmap
- Import- und Exportmöglichkeiten
- Wie du zusätzliche Verbindungen herstellst

Du siehst, wir haben uns eine Menge vorgenommen. Fangen wir an.

Vom Download zur Installation

Jetzt wird es ernst. Starte deinen Internetzugang und deinen Browser. Tippe die Adresse `freemind.sourceforge.net` in die Adressleiste deines Browsers ein.

Die Startseite von FreeMind wird angezeigt. Suche dort nach dem Eintrag DOWNLOAD AND INSTALL. Gefunden? Dann klicke auf diesen Eintrag.

Hier findest du die Beschreibung zum Download des Programms. Und dabei kannst du deine Englischkenntnisse gleich noch etwas auffrischen.

> Ein ganz wichtiger Hinweis: FreeMind ist *javabasiert*. Das bedeutet, dass du auch unbedingt die (ebenfalls kostenlose) Java-Runtimeversion aus dem Netz laden musst. Sonst läuft das Programm nicht.

Erfreulicherweise ist der Link zur Javasoftware gleich unter den Downloadinstruktionen verlinkt.

Vom Download zur Installation

Die wichtigsten Hinweise zum Download und die entsprechenden Verlinkungen findest du direkt im Internet.

Download and install

[edit]

1. Install Java Runtime if you do not have it.
2. Choose FreeMind installation file by operating system.
3. Download the chosen installation file.
4. Install FreeMind.

Detail follows.

Before downloading and installing FreeMind, install Java Runtime Environment (JRE) having from 15 MB to 20 MB depending on your operating system, in version at least 1.4.0 (but notice, that version 0.8.0 of FreeMind doesn't work properly with Java 6.0!). Or download and install Java Runtime Environment for Mac OS X having 41 MB.

Afterwards, choose among the following binaries of the current **FreeMind 0.8.0**, depending on your operating system:

- **Microsoft Windows**
  - **Windows Installer** (smaller version without export to SVG, 3 MB)
  - **Windows Installer Max** (all-including version, 8 MB)
- **Mac OS X**
  - **MAC OS X** (all-including version, 8 MB)
- **Linux**
  - **Debian Linux** (it is **highly** recommended to check first the release notes)
  - **SuSE 9.x Linux** (and other RPM-based) (see also release notes)
- **Any operating system**
  - **binaries for any operating system** (smaller version without export to SVG, 3 MB)
  - **binaries for any operating system - max** (all-including version, 8 MB)

You can also download older versions, see all files for download.

Klicke zunächst auf den *Windows Installer*.

Normalerweise reicht die kleinere Version des Programms aus.

Also los, ein Mausklick auf den Hyperlink und du landest im Downloadfenster. Klicke in diesem Dialogfenster auf die Schaltfläche DATEI SPEICHERN.

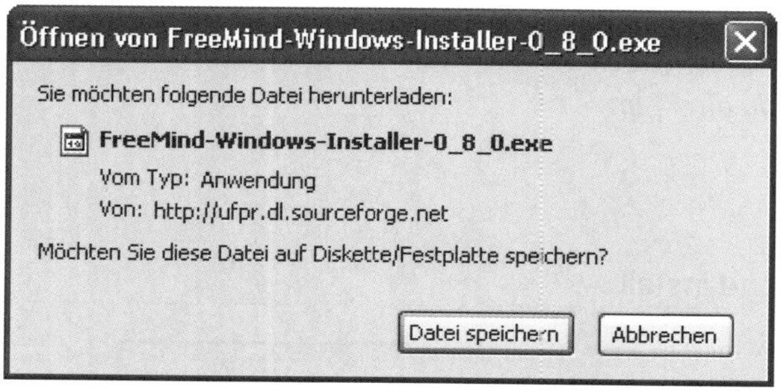

Nach kurzer Zeit befindet sich das Programm auf deinem PC.

Gehe über die Schaltfläche EINE SEITE ZURÜCK in deinem Browserfenster wieder auf die Startseite und klicke dort auf den Hyperlink INSTALL JAVA RUNTIME ENVIRONMENT.

Du landest auf der Seite von *Sun*. Akzeptiere die Lizenzbedingungen und wähle die *Windows Offline Installation* aus, das spart Platz.

Windows Platform - Java(TM) 2 Runtime Environment, Standard Edition 5.0		
Windows Offline Installation, Multi-language	jre-1_5_0-windows-i586.exe	14.29 MB
Windows Online Installation, Multi-language	jre-1_5_0-windows-i586-iftw.exe	221.23 KB

So, das Laden der Dateien ist geschafft. Jetzt musst du FreeMind noch installieren.

Klicke dazu doppelt auf die Datei `FreeMind-Windows-Installer-0_8_0.exe` und folge dann den Anweisungen auf dem Bildschirm.

Genauso gehst du mit der Datei `jre-1_5_0_10-windows-i586-p-s.exe` um. Erst nachdem auch Java installiert ist, kannst du mit FreeMind arbeiten.

Falls die Dateinamen bei dir etwas anders aussehen, kann das daran liegen, dass es eine neuere Version als beim Schreiben dieses Buchs gibt.

Alles geschafft? Dann wollen wir das Programm doch mal starten. Führe dazu einen Doppelklick auf das Programm aus. Nach kurzer Zeit wird es sich öffnen.

So gehst du mit dem Programm um

Ein Mindmap-Programm sollte intuitiv bedienbar sein. Das ist leider nicht immer so. Doch das Programm FreeMind kommt dieser Anforderung schon sehr nahe.

Im *Arbeitsbereich* erkennst du gleich den Mittelpunkt für dein zentrales Thema der Mindmap.

Die Oberfläche von FreeMind ist den Office-Programmen nachempfunden. Im oberen Bereich befindet sich die Menüzeile, mit deren Hilfe du alle benötigten Funktionen ausführen kannst.

Direkt darunter ist die Symbolleiste, die die wichtigsten Funktionen direkt auf Mausklick bereithält.

Auf der linken Seite findest du eine ganze Anzahl von Icons, die du deiner Mindmap hinzufügen kannst.

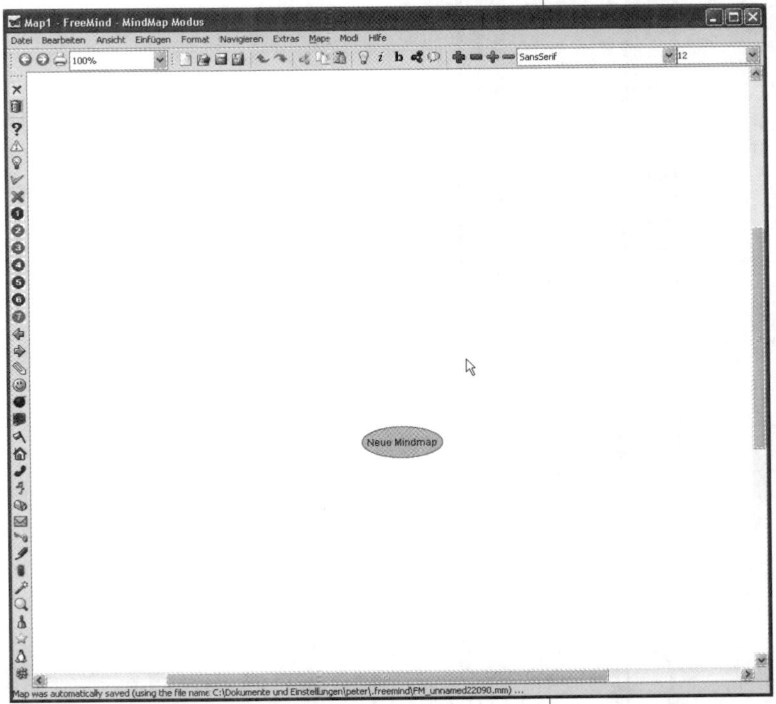

Der Eingabe einer Mindmap steht nichts mehr im Wege.

Du möchtest deine *Iconauswahl* lieber auf der rechten Seite des Bildschirms haben?

Auch das ist kein Thema. Wenn du genau hinschaust, erkennst du am oberen Ende der Leiste eine *geriffelte Linie*. Wenn du diese mit gedrückter linker Maustaste ziehst, kannst du die Lage dieser Leiste verändern.

Ziehe die Leiste in die rechte Bildschirmbegrenzung und schon bleibt sie dort liegen. Das Ganze geht natürlich auch wieder in die andere Richtung.

Ich persönlich behalte die Symbole lieber rechts, aber stelle dir die Programmoberfläche so ein, wie du am besten damit arbeiten kannst.

Wenn du möchtest, kannst du beim Ziehen mit der Symbolleiste auch auf halber Strecke stehen bleiben. Dann erscheint die Leiste mit den Icons unverankert auf dem Bildschirm.

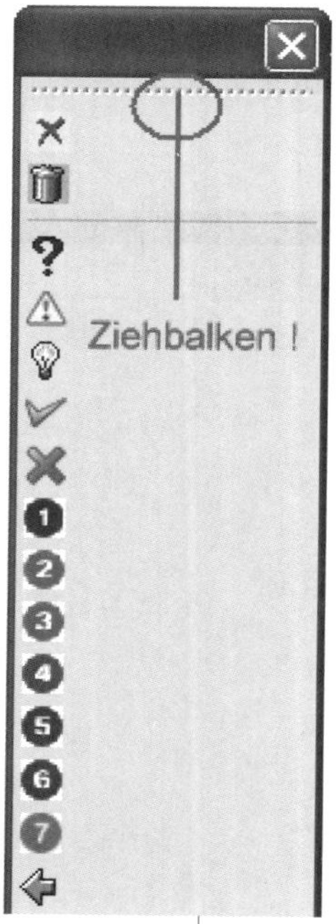

Du kannst die Iconleiste an beliebiger Stelle im Programmfenster ablegen. Wenn du die Leiste wieder links oder rechts verankern willst, musst du unbedingt den Ziehbalken benutzen.

Das Gleiche kannst du übrigens auch mit der Symbolleiste machen.

Am besten lernst du die Funktionen eines Programms kennen, wenn du eine konkrete Anwendung hast. Was liegt näher, als deine Mindmap von der letzten Klassenfahrt in eine elektronische Mindmap zu verwandeln? Also, los geht's!

Deine Mindmap von der Klassenfahrt wird elektronisch

Nimm dir deine Mindmap von der Klassenfahrt zur Hand und beginne. Zu Beginn einer Mindmap wird bekanntlich das Hauptthema in der Mitte der Mindmap platziert. Der Platzhalter ist ja schon da. Aber wie bekommst du jetzt deinen Text da hinein?

Tippe ganz einfach ein: `Klassenfahrt`. Und schon wird das zentrale Thema mit deiner Eingabe versehen.

> Bevor du jetzt an irgendwelche Zugaben von Icons oder Formatierungen denkst, tippe zunächst alle Zweige ein. Die Mindmap schön machen kannst du später.

Als Erstes musst du einen *neuen Zweig* erzeugen, in dem du das nächste Schlüsselwort eingeben kannst.

Klicke dazu im *Menü* auf dem Befehl EINFÜGEN und im dann eingeblendeten *Untermenü* auf den Befehl NEUER UNTERKNOTEN. Jetzt kannst du im Arbeitsbereich deiner Mindmap das nächste Schlüsselwort eingeben. Drücke anschließend auf [Enter]. Deine Mindmap erwacht zum Leben.

Der erste Zweig ist erstellt.

Du kannst weitere Unterzweige auch schneller einfügen: Klicke jetzt auf das Symbol mit der Leuchtbirne aus. Schon hast du einen neuen Unterknoten erzeugt, der sich an deinem ersten Knotenpunkt anschließt. Tippe hier das nächste Thema ein.

So kannst du immer weiter verzweigen. Was aber, wenn du wieder einen Knoten zum Hauptthema brauchst?

Klicke dazu auf dein Hauptthema *Klassenfahrt* und anschließend auf das Symbol zum Einfügen von Unterknoten. Schon kannst du das nächste Schlüsselwort eingeben.

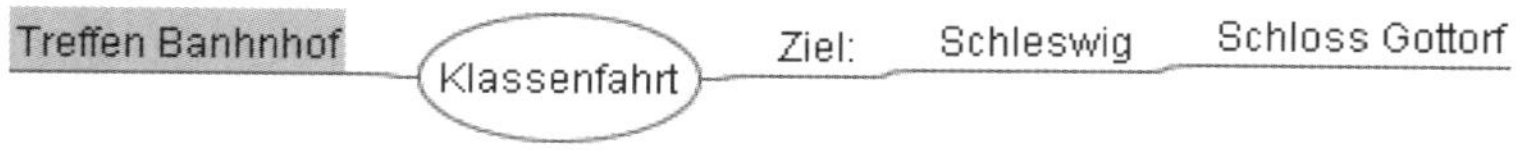

Die Mindmap wird größer.

Wie bekommst du jetzt aber ein Schlüsselwort als Knoten unterhalb des eben eingegebenen Schlüsselwortes?

Dazu kannst du die Menübefehle EINFÜGEN, NEUER GESCHWISTERKNOTEN DANACH betätigen.

Oder, viel einfacher, du betätigst ganz einfach `Enter`.

Um jetzt ein weiteres Schlüsselwort zwischen die beiden bereits bestehenden Schlüsselwörter zu bekommen, kannst du die Menübefehle EINFÜGEN, NEUER GESCHWISTERKNOTEN DAVOR betätigen.

Das geht natürlich auch mit einer Tastenkombination: `Umschalt` + `Enter`.

Schon bist du wieder ein Stückchen weiter gekommen.

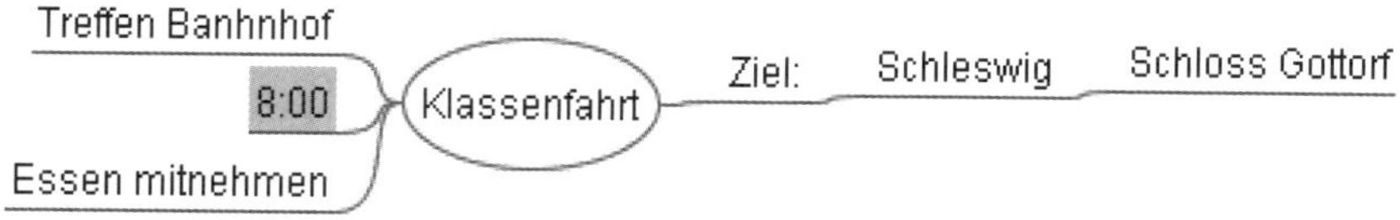

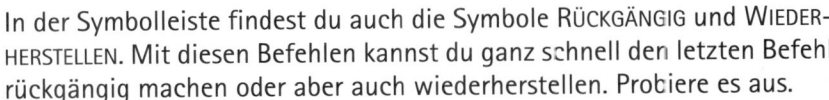

Um deine Mindmap zu vervollständigen, markiere wieder das Hauptthema und füge dann die weiteren Schlüsselwörter ein.

> Zum Löschen eines versehentlich eingegebenen Zweiges markiere diesen und betätige dann [Entf].

In der Symbolleiste findest du auch die Symbole RÜCKGÄNGIG und WIEDERHERSTELLEN. Mit diesen Befehlen kannst du ganz schnell den letzten Befehl rückgängig machen oder aber auch wiederherstellen. Probiere es aus.

Den letzten Befehl rückgängig machen oder wiederherstellen. Das kannst du auch des Öfteren wiederholen, damit mehrere Befehle nacheinander korrigiert werden.

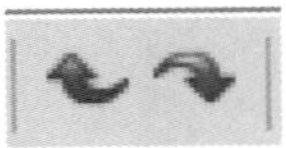

Vervollständige deine Mindmap zur Klassenfahrt mit allen Schüsselbegriffen.

Deine Mindmap zur Klassenfahrt ohne Schnörkel

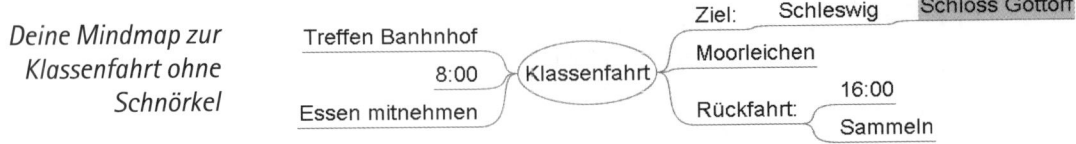

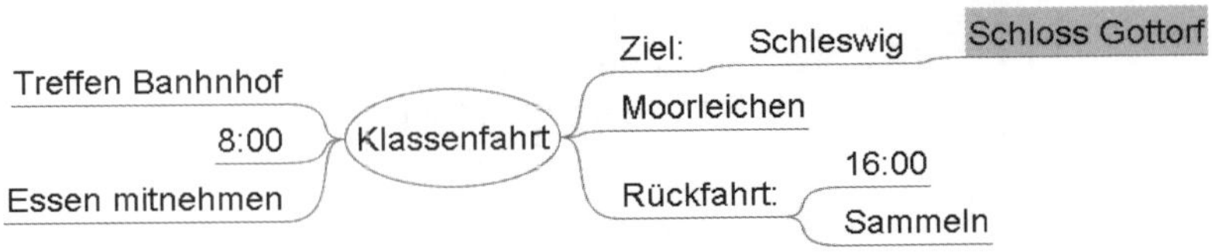

Zeit zum Speichern

Nachdem du deine Mindmap so weit erstellt hast, solltest du sie auch abspeichern. Klicke dazu auf das DISKETTENSYMBOL. Das Dialogfenster *Speichern unter* wird eingeblendet. Wähle den *Speicherpfad* und den *Speichernamen* aus und klicke dann auf die Schaltfläche SPEICHERN.

Schon ist deine erste elektronische Mindmap in Sicherheit.

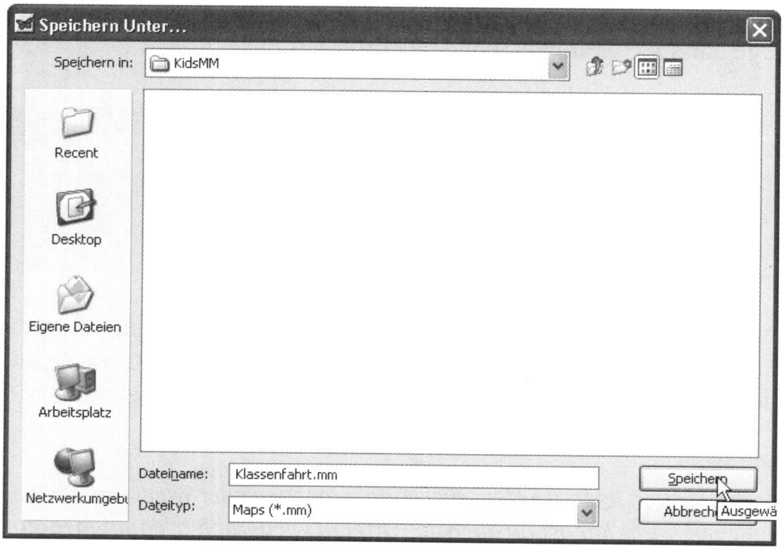

Mit Formatierungen wird es übersichtlicher

Damit deine Mindmap eine echte Gedächtnisstütze wird, kannst du sie jetzt formatieren.

Das Zentralthema soll **fett** und *kursiv* dargestellt werden. Markiere daher zunächst das Thema und klicke dann in der Symbolleiste auf die Symbole für FETT (b) und KURSIV (i).

> Diese Schalter funktionieren wie Ein- und Ausschalter. Wenn du nochmals auf eines dieser Symbole klickst, wird die Formatierung wieder entfernt.

Die Schriftart und die Schriftgröße änderst du mit den Auswahlfeldern im rechten Bereich der Symbolleiste.

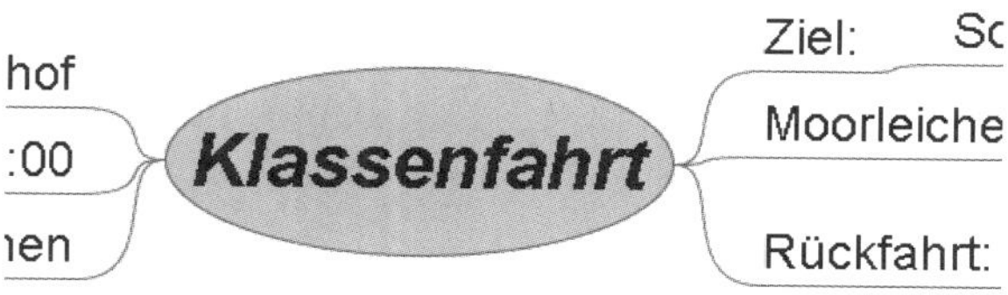

Jetzt soll etwas *Farbe* ins Spiel kommen. Die Klassenfahrt soll zum Beispiel erröten. Aktiviere dazu den Menübefehl FORMAT und klicke im Untermenü auf den Eintrag KNOTENFARBE ÄNDERN. Das Dialogfenster BITTE WÄHLEN SIE DIE KNOTENFARBE wird eingeblendet. Wähle zum Beispiel die Farbe ROT aus und klicke dann auf die Schaltfläche OK.

Auf die gleiche Art und Weise kannst du auch die anderen Knotenpunkte mit Farbe versehen.

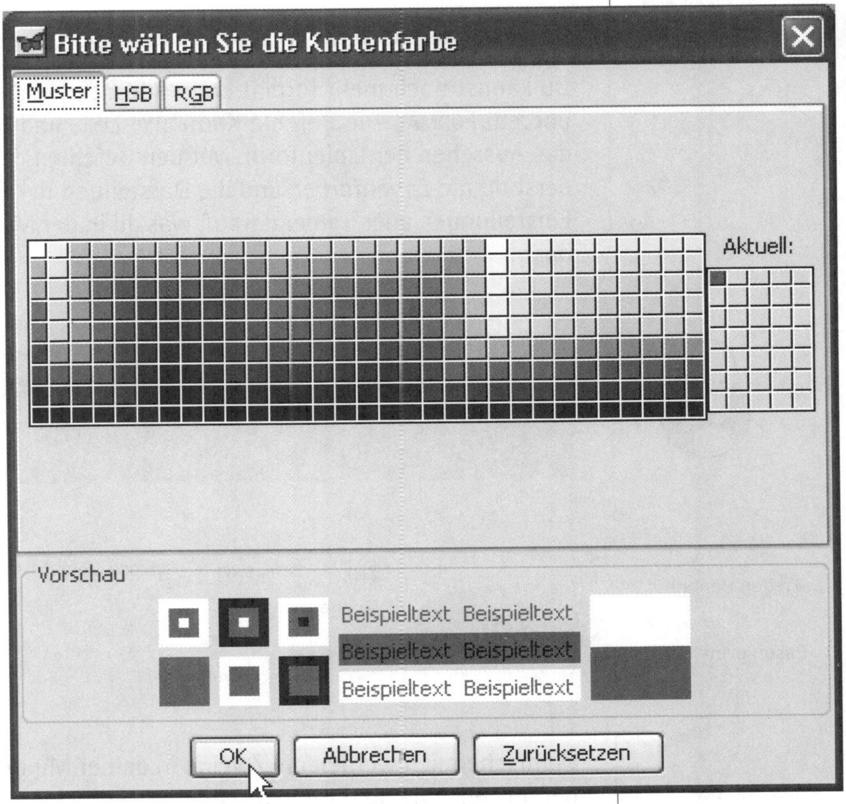

Wähle dir deine Lieblingsfarbe aus.

Um die *Hintergrundfarbe* von Knotenpunkten mit Farbe zu versehen, findest du im Menübefehl FORMAT den Eintrag KNOTENHINTERGRUNDFARBE. Das Dialogfenster BITTE WÄHLEN SIE DIE HINTERGRUNDFARBE wird eingeblendet.

Wenn du mehrere Knotenpunkte gleichzeitig markieren möchtest, halte die `Umschalt`-Taste beim Markieren gedrückt. Dadurch werden die Formatierungen auf alle markierten Knotenpunkte in einem Durchgang übernommen.

Ist deine Mindmap jetzt schön bunt formatiert? FreeMind bietet dir noch eine besondere Möglichkeit, Knotenpunkte besonders darzustellen.

Markiere das gewünschte Schlüsselwort, aktiviere den Menübefehl FORMAT und klicke im Untermenü auf den Befehl BLINKENDER KNOTEN.

Das Ergebnis siehst du natürlich nur auf dem Bildschirm.

Du kannst noch mehr formatieren. Alle Befehle dazu findest du im Menübefehl FORMAT. Die Befehle KNOTENTYP LINIE und KNOTENTYP BLASE ändern das Aussehen der Linienform. Mit den Befehlen der KANTENFORMEN veränderst du die *Linienfarben* und die Darstellung der Linien. Achte bei diesen Einstellungen aber immer darauf, was du in der Mindmap gerade markiert hast.

Wenn du das Hauptthema markiert hast, wirken sich viele Formatierungen auf deine gesamte Mindmap aus.

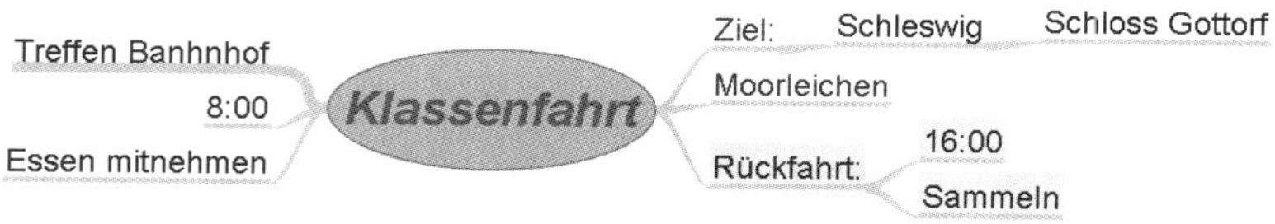

Formatiert sieht deine Mindmap schon viel besser aus.

Wahrscheinlich werden die Zweige in deiner Mindmap noch nicht so aufgeteilt sein, wie du dir das vorstellst. Aber du kannst die Zweiganordnungen jederzeit verschieben.

Nachträgliches Ändern

Zum Ändern eines Schlüsselworts:

- Markiere das zu ändernde Schlüsselwort.
- Betätige die Funktionstaste [F2].
- Ändere das Schlüsselwort.

Du kannst auch eine erweiterte Bearbeitung der Schlüsselwörter durchführen. Dann wird ein Editor geöffnet, in dem du auch Zeilenumbrüche innerhalb eines Knoten durchführen kannst.

- Markiere das Schlüsselwort.
- Drücke `Alt` und `Enter`.
- Ein separater Editor wird geöffnet.
- Klicke nach der Bearbeitung auf die Schaltfläche OK.

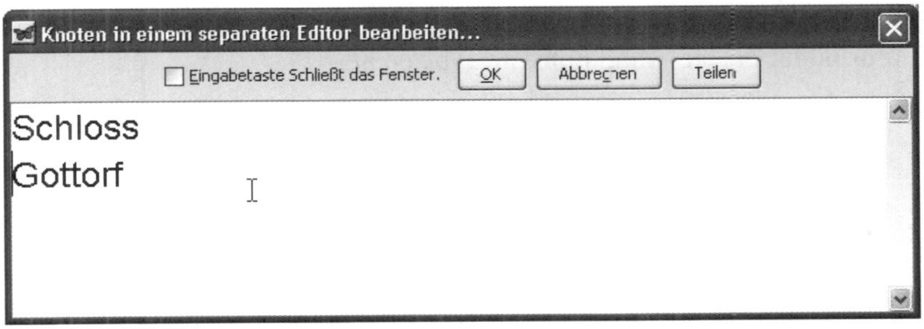

Mit einem zusätzlichen Editor kannst du problemlos Zeilenumbrüche durchführen.

Du kannst auch Zweige verschieben

Zum Verschieben eines Zweiges klicke das entsprechende Schlüsselwort an und verschiebe es in den gewünschten Bereich.

> Der Knotenpunkt, an dem das Schüsselwort angedockt werden soll, muss beim Verschieben markiert werden.

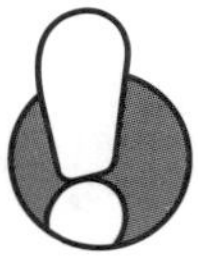

So kannst du auch jederzeit die Hierarchieebenen verändern.

Wenn die Zeit zum Treffen am Bahnhof zum Beispiel neben dem Schlüsselwort *Bahnhof* stehen soll, musst du beim Verschieben der Zeit den Bahnhof markieren.

Eine automatische Nummerierung ist mit FreeMind leider noch nicht möglich. Die musst du manuell vornehmen. Wie das geht, weißt du ja schon.

Jetzt ist deine Mindmap auch schon strukturiert.

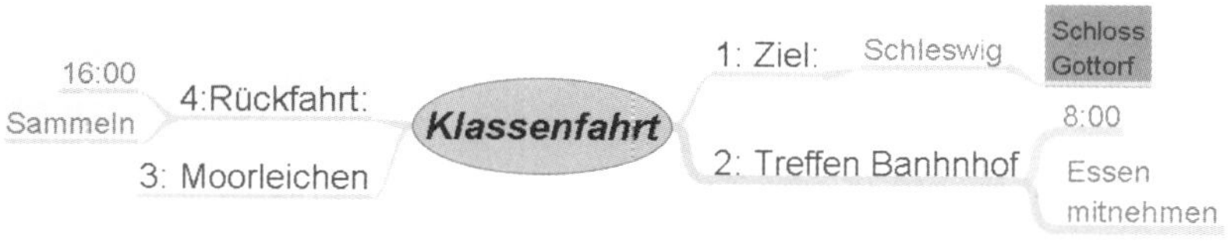

Schlüsselwörter gruppieren

Auch die Gruppierfunktion von Schüsselwörtern ist problemlos möglich. Dafür bietet dir FreeMind hübsche *Wolken* an.

- Markiere den obersten Schlüsselbegriff für deine Wolke.
- Klicke in der Symbolleiste auf das Symbol der Wolke.
- Das war es schon.

Du kannst deine Wolken auch mit Farbe versehen. Den Weg dahin kannst du dir sicher schon denken. Du betätigst die Menübefehle FORMAT, WOLKENFARBE und wählst im dann eingeblendeten Dialogfenster deine Wolkenfarbe aus.

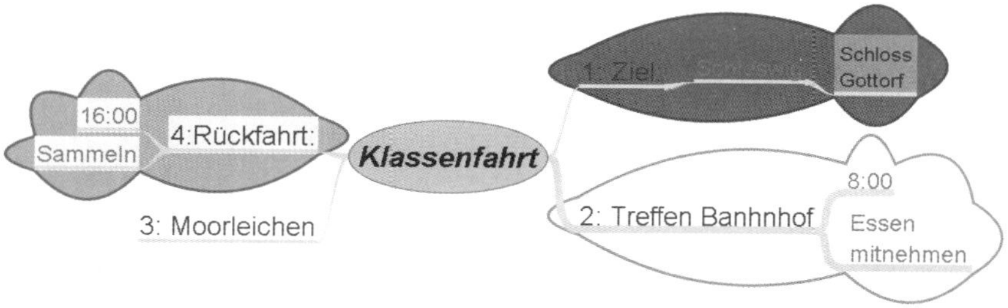

Gruppierung mit Wölkchen

Einfügen von Icons

Nachdem du deine Mindmap jetzt so weit fertiggestellt hast, kannst du zur weiteren Verdeutlichung von Schlüsselbegriffen zusätzlich grafische Elemente verwenden.

Die Icons sind bereits in einer eigenen Symbolleiste vorhanden und du kannst jetzt Gebrauch davon machen.

Markiere ein beliebiges SCHLÜSSELWORT und klicke dann auf das gewünschte Icon in der *Icon-Symbolleiste*.

> Du kannst auch mehrere Icons für ein Schlüsselwort benutzen.

Huch, ein Icon zu viel? Rückgängig geht nicht mehr?

Keine Panik.

- Klicke mit der rechten Maustaste auf das mit dem falschen Icon belegte Schlüsselwort.
- Ziehe im Kontextmenü den Cursor auf den Befehl ICONS.
- Klicke im jetzt angezeigten Menü auf den Befehl ENTFERNE LETZTES ICON. Schon bist du es wieder los.

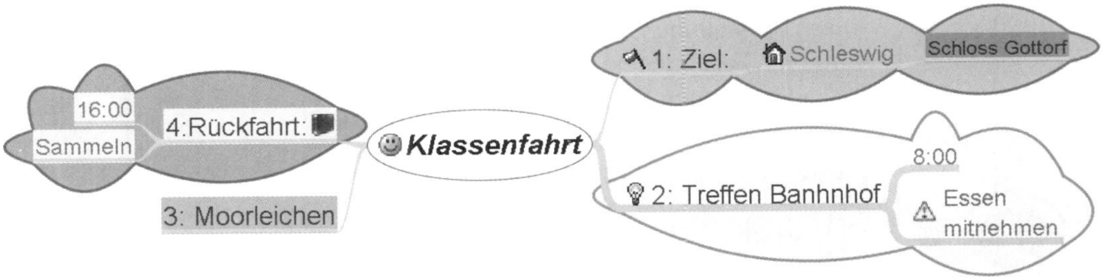

Einfügen von Grafiken

Wenn dir die Icons nicht reichen, kannst du auch weitere Grafiken von deiner Festplatte mit in deine Mindmap einbeziehen. Wie du im Internet spannende Grafiken findest, hast du ja schon gelesen.

- Markiere dazu das *Schlüsselwort*, in dem deine Grafik angezeigt werden soll.
- Betätige die rechte Maustaste und ziehe im *Kontextmenü* den Cursor auf den Befehl EINFÜGEN.
- Klicke auf den Befehl BILD (DATEIAUSWAHL). Das Dialogfenster ÖFFNEN wird eingeblendet.
- Wähle das gesuchte Bild aus und klicke dann auf die Schaltfläche ÖFFNEN.

➢ Das Bild wird anstatt des Schlüsselworts angezeigt.

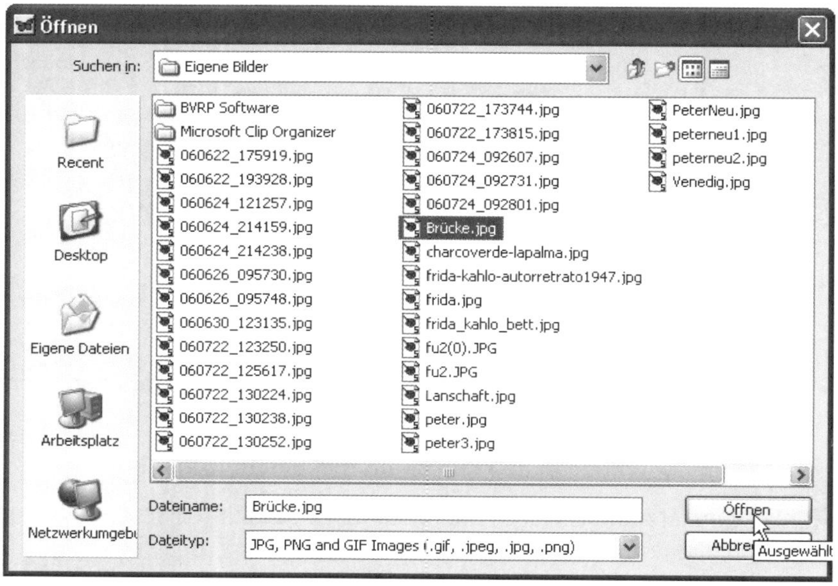

Diese Darstellung ist nicht so glücklich. Wenn du dir deine Mindmap nach längerer Zeit wieder einmal ansiehst, kannst du die Bilder nicht mehr unbedingt einem Schlüsselwort zuordnen.

Es ist besser, das Schlüsselwort und ein ergänzendes Bild in der Mindmap zu haben.

Klicke daher auf das Symbol RÜCKGÄNGIG.

Wie bekommst du jetzt beides, Symbol und Schlüsselwort hin?

Na klar, du fügst an das Schüsselwort einen weiteren Zweig an. In diesen neuen Zweig fügst du dann, wie oben beschrieben, die gewünschte Grafik ein. Wenn du viele Grafiken zur Verfügung hast, füge diese nach Belieben ein.

Aber immer auf einen eigenen Zweig, sonst ist dein Schlüsselwort verschwunden.

Du möchtest eigene Zeichnungen einfügen? Kein Problem, du kannst deine Mindmap jederzeit ausdrucken und Zeichnungen auf der gedruckten Mindmap vornehmen.

Wenn du die Zeichnungen auch elektronisch in deine Mindmap bekommen möchtest, hast du mehrere Möglichkeiten. Diese sind natürlich von deiner technischen Ausstattung abhängig.

- Scanne deine Zeichnung über einen *Scanner* in deinen PC ein.
- *Fotografiere* deine Zeichnung mit einer *Digitalkamera* ab und spiele sie anschließend auf deinen PC.
- Lade ein Zeichen- oder Malprogramm, im einfachsten Fall PAINT, das sollte sich auf deinem PC befinden. Male dein Bild und speichere es ab. Schon steht es für deine Mindmap zur Verfügung.

Wenn du alle Bilder in deine Mindmap gelegt hast, sieht sie doch schon viel aussagekräftiger aus. Und du kannst dir die Inhalte sehr einfach merken, da deine Mindmap gehirngerecht aufbereitet ist.

Eine Mindmap mit Bildern eignet sich besonders gut als Gedächtnisstütze.

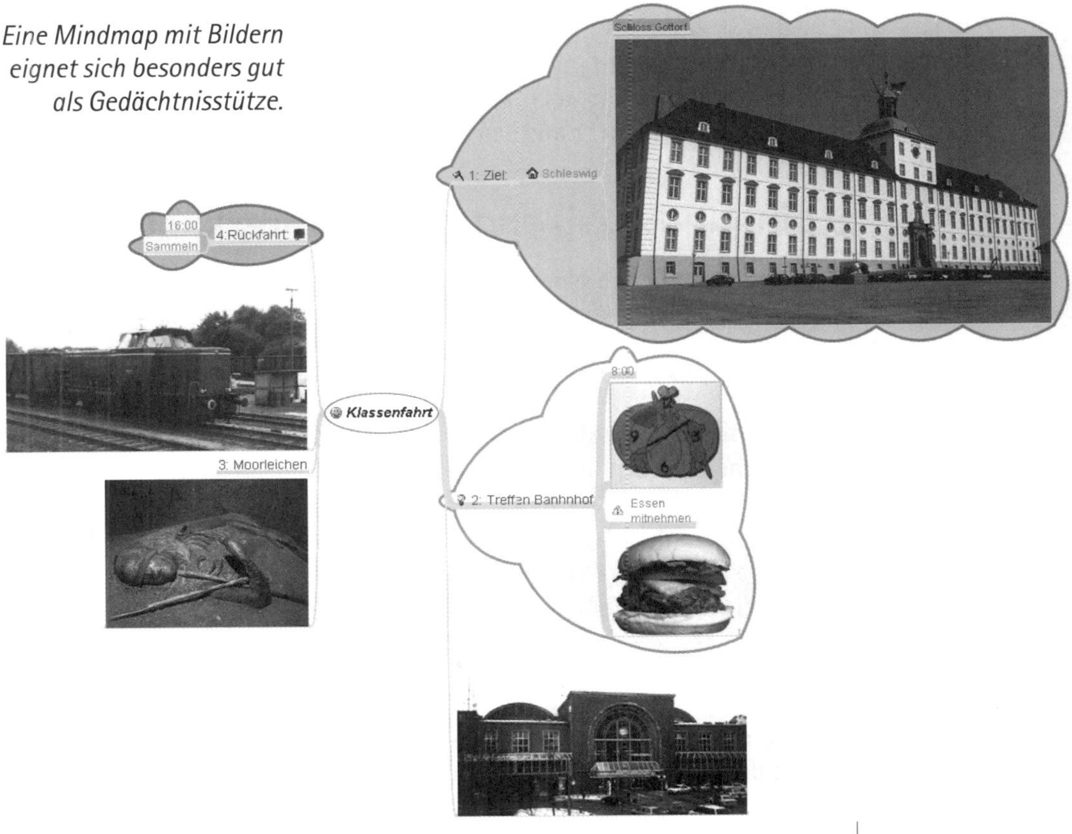

Etwas fürs Auge

Irgendwann wird deine Mindmap so groß, dass sie auf dem Bildschirm nicht mehr überschaubar ist.

- Dann kannst du mit dem *Auswahlfenster* für den ZOOMBEREICH die Darstellungsgröße einstellen.
- Als Tastenakrobat kannst du auch die Tastenkombination `Alt` + `Pfeil ↑` oder `Alt` + `Pfeil ↓` benutzen.
- Als *Menübefehl* kannst du den Befehl ANSICHT aktivieren und dann im Untermenü auf die Befehle ZOOM + oder ZOOM – klicken.
- Um die Mindmap so darzustellen, dass sie auf eine Bildschirmseite passt, benutze die Menübefehle ANSICHT, ANSICHTSGRÖSSE GESAMTE SEITE.

Was das Programm noch so alles kann

Die wichtigsten Programmfunktionen hast du jetzt schon kennen gelernt. Doch FreeMind hat noch einiges mehr zu bieten. Mit einigen Features kannst du noch mehr aus dem Programm herausholen.

Ein- und Ausblenden von Unterknoten

Du hast auch noch eine andere Möglichkeit, dir Platz zu schaffen. Dazu blendest du Unterknoten ganz einfach ein oder aus. Klicke ein *Schlüsselwort* an, das noch weitere Unterpunkte besitzt. Schon werden die nachfolgenden Unterpunkte ausgeblendet.

Führe diesen Mausklick noch einmal auf das gleiche Schlüsselwort aus, und schon werden die Unterpunkte wieder eingeblendet.

Du kannst auch mit der Leertaste Knoten ein- und ausblenden.

Weitere Möglichkeiten zum Auf- und Zuklappen von Knotenpunkten findest du in der Symbolleiste:

- Alles aufklappen
- Alle zuklappen
- Eine Ebene aufklappen
- Eine Ebene zuklappen

Mit dieser Technik behältst du die wichtigsten Informationen deiner Mindmap immer im Überblick.

Die Mindmap zu Papier bringen

Irgendwann ist der Zeitpunkt gekommen, an dem du deine Mindmap auch einmal drucken möchtest.

Vor dem Drucken richte die Seite ein.

Sonst kannst du böse Überraschungen erleben.

- Aktiviere den Menübefehl DATEI und klicke im jetzt eingeblendeten Untermenü auf den Befehl SEITENEINRICHTUNG. Das Dialogfenster *Druckskalierung* wird eingeblendet.
- Aktiviere in diesem Dialogfenster das Kontrollkästchen AUF SEITENGRÖSSE SKALIEREN. Klicke anschließend auf die Schaltfläche OK.

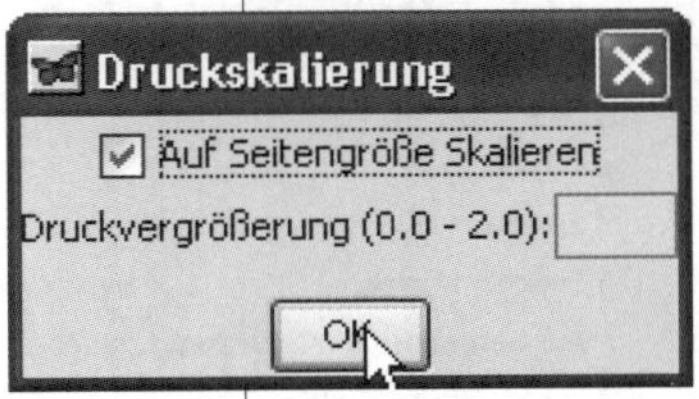

- Wähle jetzt aus, ob du im *Hoch-* oder im *Querformat* drucken willst. Bei Mindmaps bietet sich das *Querformat* an.
- Stelle bei Bedarf noch die *Ränder* ein, wähle den Drucker aus und betätige dann die Schaltfläche OK.

Jetzt kannst du deine Mindmap problemlos ausdrucken. Wähle dazu entweder das *Druckersymbol* in der Symbolleiste aus oder, wenn du es etwas umständlicher haben möchtest, aktiviere den Menübefehl DATEI und klicke dann auf den Befehl DRUCKEN.

Unterschiedliche Speichermöglichkeiten

Damit du mit deiner Mindmap auch in anderen Anwendungen weiterarbeiten kannst, bietet dir FreeMind mehrere *Exportmöglichkeiten* an:

- Als HTML: Erzeugt eine statische Internetseite.
- Als XHTML (JavaScript-Version): Erzeugt eine dynamische Internetseite auf Basis der Programmiersprache *JavaScript*.
- Als XHTML (Mit verlinktem Bild der Mindmap): Erzeugt eine dynamische Webseite mit einem integrierten Bild deiner Mindmap.
- HTML des Zweiges: Erzeugt eine statische Internetseite des gerade markierten Zweiges.
- Als PDF: Es wird ein PDF-Dokument deiner Mindmap erstellt.
- Als SVG: Erstellt eine skalierbare Vektorgrafik.
- Als PNG: Erstellt ein Bild im PNG-Format.
- Als JPEG: Erstellt ein Bild im JPG- Format.
- Als Open-Office-Writer-Dokument: Erzeugt ein Dokument im Open-Office-Writer-Format.
- Mittels XSLT: Dieser Export ist nur für Profis von Interesse, die sich gut mit XML auskennen.

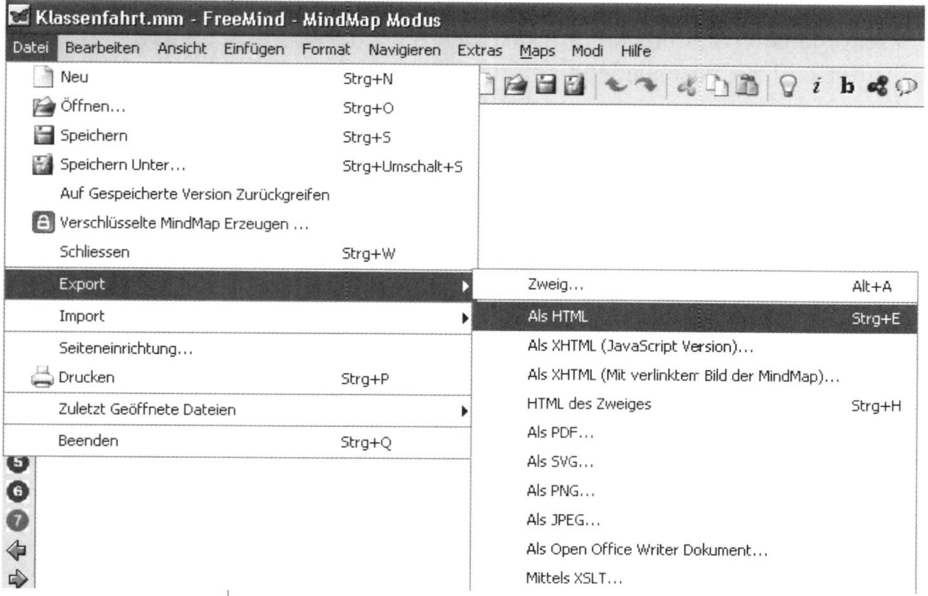

Exportmöglichkeiten erlauben dir, deine Mindmap für weitere Anwendungen vorzubereiten.

Die unterschiedlichen Modi

Ein Blick auf den Menübefehl MODI lohnt sich. Neben dem MINDMAP-Modus kannst du auch den BROWSE-Modus wählen.

Was ist jetzt passiert? Du sieht eine Mindmap, die dir *Hilfe* für viele Befehle in FreeMind bietet. Zwar nur auf Englisch, aber das schult deine Englischkenntnisse. Und so schwer sind die Inhalte nicht zu lesen.

> Sobald du auf einen Knoten klickst, werden dir ausführliche Informationen für genau dieses Hilfethema mitgeteilt.

Damit die Mindmap nicht zu unübersichtlich wird, solltest du geöffnete Knotenpunkte wieder schließen, bevor du den nächsten Knotenpunkt öffnest.

Hilfe direkt in Mindmap-Form

Wow! Beim FILE-Modus passiert noch Erstaunlicheres. Das Programm erstellt die Ordnerstruktur deiner Festplatte, und das als Mindmap.

> Das Programm analysiert die Festplatte, auf der es installiert ist und erzeugt daraus automatisch eine Mindmap.

Auch hier kannst du die einzelnen Zweige auf- und zuklappen. Je detaillierter die Darstellung wird, umso unübersichtlicher wird die Mindmap natürlich. Aber es liegt ja an dir, was du sehen willst.

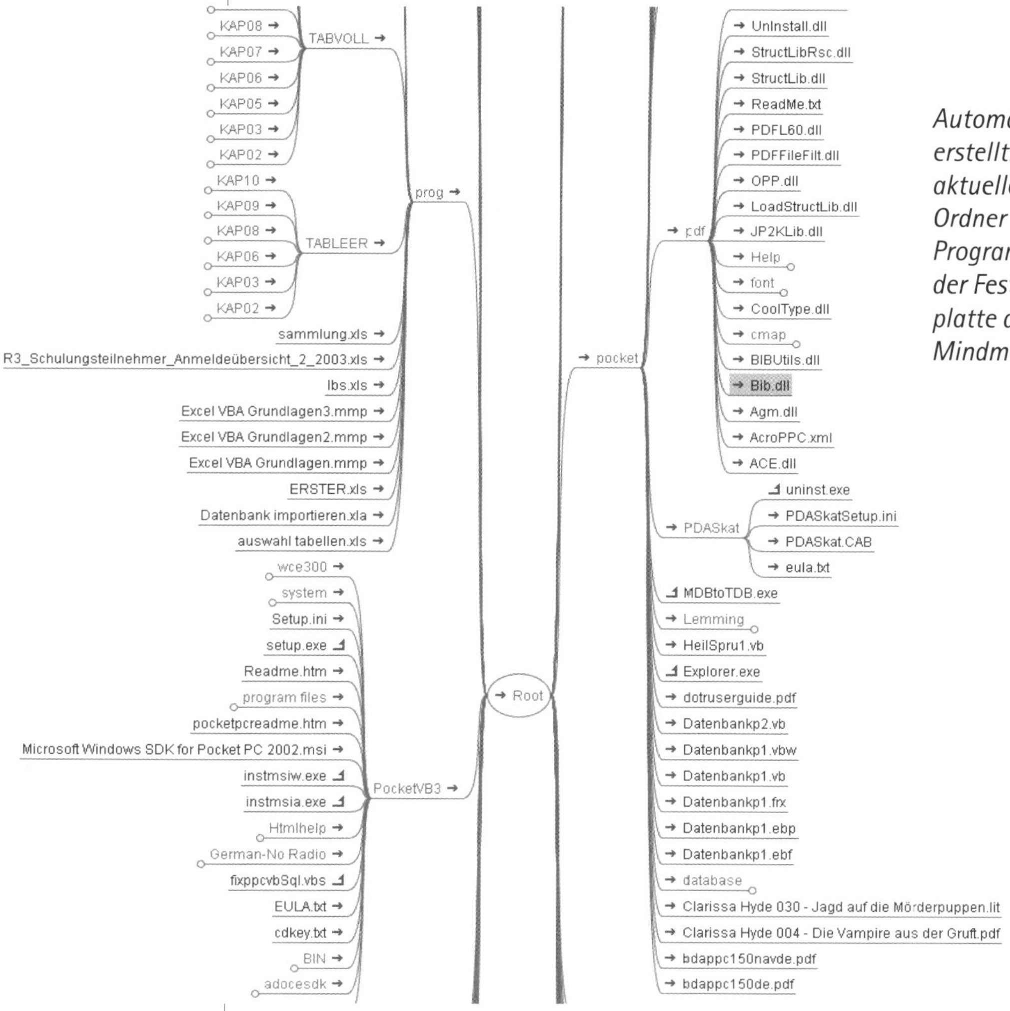

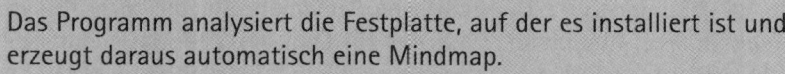

Automatisch erstellt: die aktuellen Ordner und Programme der Festplatte als Mindmap

Du hast genug von den Modi? Mit einem Mausklick auf den Modus Mindmap wird deine Mindmap wieder dargestellt.

Interessante Importmöglichkeiten

Du hast auch die Möglichkeit, Informationen oder andere Mindmaps zu *importieren.*

Hier eine Möglichkeit, die dem Modus File recht nahe kommt:

- Erzeuge zunächst eine neue Mindmap. Klicke dazu auf das Symbol Neu.
- Aktiviere den Menübefehl Datei, ziehe die Mausanzeige auf den Eintrag Import und klicke dort auf den Befehl Ordnerstruktur. Das Dialogfenster Wählen Sie den Ordner aus, der importiert werden soll wird eingeblendet.

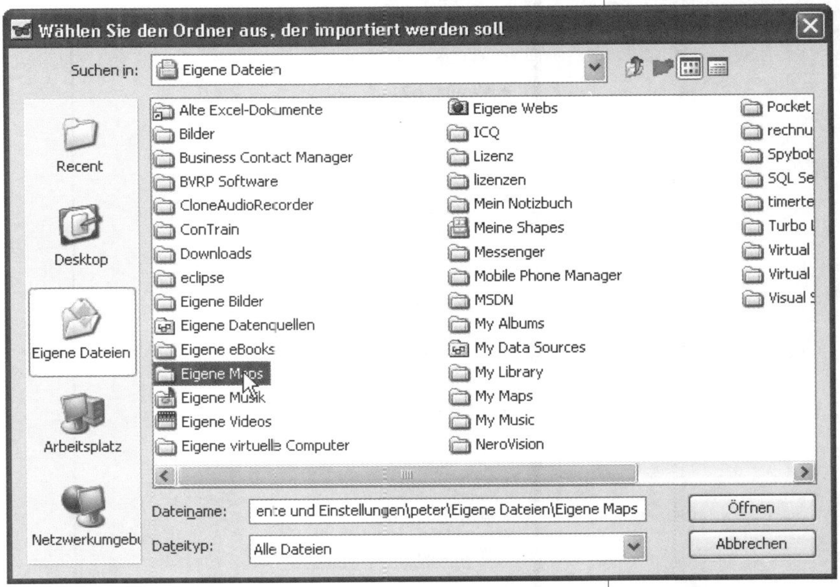

Hier kannst du selbst bestimmen, welche Ordner und Dateien als Mindmap dargestellt werden sollen.

Wähle zum Probieren zunächst einen nicht so überladenen Ordner aus, sonst dauert es eine halbe Ewigkeit, bis die Mindmap aufgebaut ist.

Jetzt wird die ausgewählte Ordnerstruktur als Mindmap dargestellt. Und nicht nur das. Wenn du auf einen ausführbaren Eintrag klickst, wird das entsprechende Programm mit Inhalt gestartet.

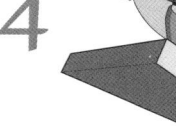

So kannst du zum Beispiel auf ein Bild klicken, und es wird angezeigt.

Das nenne ich eine geniale Importmöglichkeit.

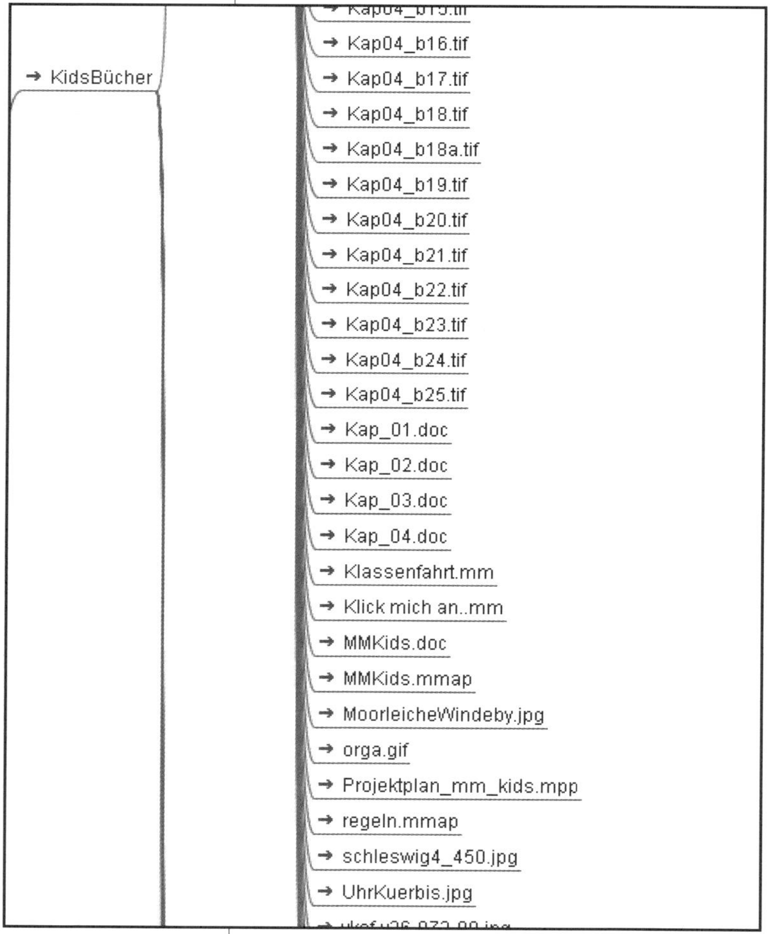

Du kannst sogar Mindmaps importieren, die aus dem *MindManager* stammen. Dabei handelt es sich um ein Profiprogramm, das ich dir noch vorstellen werde.

Eine weitere Möglichkeit besteht darin, aus anderen Mindmaps, die mit FreeMind erstellt wurden, komplette Maps oder einzelne Zweige zu importieren.

Leinen werfen

Du möchtest auf besondere Zusammenhänge einzelner Schlüsselwörter aufmerksam machen? Dann kannst du eine Leine werfen.

Dazu musst du zunächst zwei Schlüsselwörter markieren.

- Führe den Cursor über ein Schlüsselwort, damit es markiert ist.
- Markiere ein zweites Schlüsselwort, indem du die [Strg]-Taste gedrückt hältst und auf das zweite Schlüsselwort klickst.
- Aktiviere den Menübefehl EINFÜGEN und klicke im dann eingeblendeten Untermenü auf den Befehl GRAPHISCHE VERBINDUNG ERZEUGEN. Das war's.

Es wird eine Verbindungslinie in der Mindmap erzeugt.

Wenn du möchtest, kannst du diese Verbindungslinie mit gedrückter linker Maustaste verschieben.

Sobald du mit der rechten Maustaste auf diese Linie klickst, kannst du die Linienart und die Linienfarbe verändern.

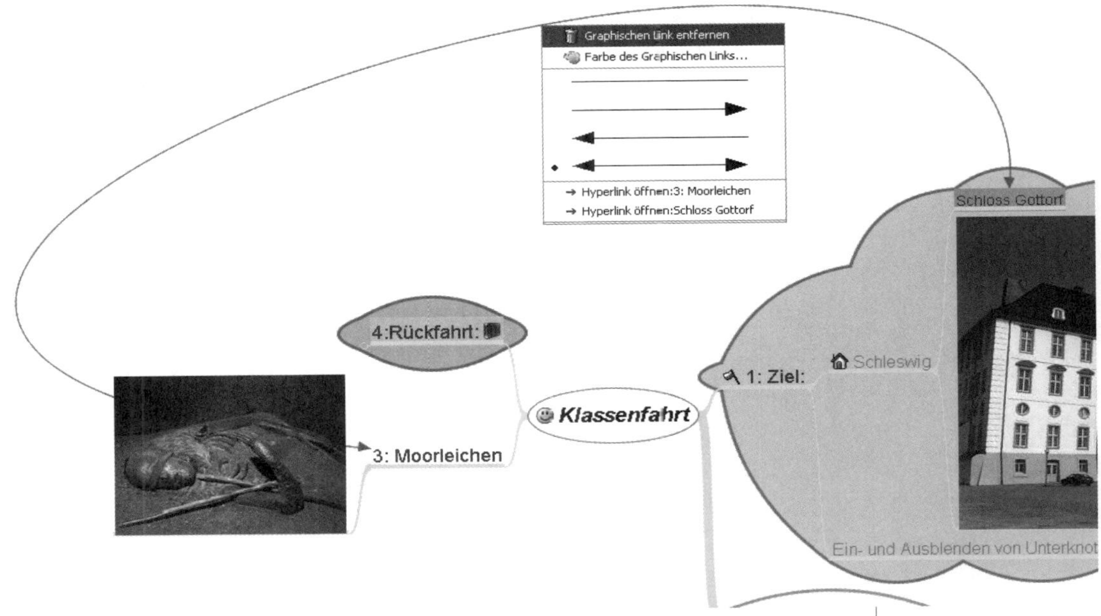

Jetzt kennst du die wichtigsten Funktionen dieses Programms. Im nächsten Kapitel kommt dieses Programm zur vollen Entfaltung.

Zusammenfassung

- Die aktuellste Programmversion findest du immer im Internet.
- Auf Papier erzeugte Mindmaps können problemlos in elektronische Mindmaps eingepflegt werden.
- Du hast die Möglichkeit, Schlüsselwörter und Zweige nach Belieben zu formatieren.
- Eintragungen können jederzeit geändert werden.
- Auch komplette Zweige lassen sich nachträglich verschieben.
- Schlüsselwörter werden mit Hilfe von Wolken gruppiert.
- Durch das Einfügen von Icons und Grafiken wird die Mindmap visuell aufgepeppt.
- Mit der Zoomfunktion behältst du die Übersicht in deiner Mindmap.
- Zweige kannst du komplett ein- oder ausblenden. Auch das sorgt für Übersichtlichkeit in deiner Mindmap.
- Deine Mindmap lässt sich auch ausdrucken, du solltest aber vorher die Seite einrichten.
- Durch eine große Anzahl an Exportformaten kannst du deine Mindmap in unterschiedlicher Form abspeichern.
- Die Importmöglichkeiten erlauben dir, andere Mindmaps oder Teile davon in deiner Mindmap weiterzuverarbeiten.
- Du hast die Möglichkeit, durch grafische Verbindungen auf besondere Zusammenhänge von Schlüsselwörtern aufmerksam zu machen.
- Durch unterschiedliche Modi erzeugst du unterschiedliche Darstellungen.

Ein paar Fragen ...

Frage 1: Wie erzeugst du eine Mindmap eines Ordners deiner Festplatte?

Frage 2: Wie kannst du Unterknoten ausblenden und wie blendest du sie wieder ein?

Frage 3: Durch welche grafische Darstellung werden Gruppierungen dargestellt?

Frage 4: Kannst du mehr als ein Icon einem Schlüsselbegriff zuordnen?

Frage 5: Auf was musst du beim Einfügen von Grafiken achten?

Frage 6: Wie kannst du Zweige in deiner Mindmap verschieben?

... und eine Aufgabe

➢ Fasse den Inhalt dieses Kapitels in einer Mindmap zusammen.

5

Das Wesentliche merken: Erstelle eine elektronische Mindmap

Nachdem du den Umgang mit FreeMind kennen gelernt hast, solltest du es auch benutzen. In diesem Kapitel lernst du einiges Neues über das Programm, aber auch etwas über den praktischen Einsatz kennen.

Es geht darum, dass du dir wichtige Dinge mit Hilfe einer Mindmap sehr gut merken kannst. In diesem Kapitel lernst du folgende Dinge kennen:

- Unterschiedliche Merktechniken
- Vorgegebenen Icons deinen eigenen Sinn zuführen
- Hierarchische Icons erstellen
- Mit Hyperlinks arbeiten und Informationsbezüge festlegen
- Lokale Hyperlinks einfügen
- Das Arbeiten mit Notizen
- Suche nach Begriffen in deiner Mindmap
- Formatierungen kopieren und einfügen
- Mit Zeitplänen arbeiten
- Historieneinträge
- Eine Webseite erstellen

Was soll man sich merken?

Bereits die Menschen der Antike hatten einige wirksame Techniken, mit deren Hilfe sie sich das Einprägen von Informationen erleichterten. Seitdem ist die Zahl solcher so genannten *Mnemotechniken*

Aus dem Griechischem *Mneme* = Gedächtnis

bedeutend größer geworden. Sie helfen dir nicht nur bei der Bewältigung von Lehrstoffen, sondern können auch wichtige Gedächtnisstützen im Alltag sein.

Es gibt somit mehrere Möglichkeiten, Begriffe im Wissensnetz des Gehirns zu verankern.

Eine Technik hast du ja schon ausführlich kennen gelernt: die Mindmap-Technik. Diese Technik ist relativ neu.

Einige weitere Techniken, die dir helfen können, wichtige Dinge im Gedächtnis zu behalten, sind:

Die Technik der assoziativen Verbindungen

Bei dieser Technik ist das Ziel, sich eine Anzahl von Begriffen fest einzuprägen. Dies könnten zum Beispiel Stichworte für einen Vortrag sein, Schlüsselwörter aus einem zu lernenden Buch oder, im einfachsten Fall, auch eine Einkaufsliste.

Die Idee, die hinter der assoziativen Verbindung steht, ist, jeweils zwei aufeinanderfolgende Begriffe bildhaft miteinander zu verbinden.

Das kommt dir bekannt vor?

Richtig. Auch eine Mindmap lebt neben Schlüsselbegriffen von bildhaften Darstellungen.

Das Gehirn kann sich an so gespeicherte Informationen leichter erinnern.

Diese Technik besteht im Prinzip nur aus zwei Schritten:

- Du schaffst dir zu jedem Begriff eine bildhafte Vorstellung.
- Du verknüpfst dann das Bild jedes Begriffs mit dem Bild des jeweils nachfolgenden Begriffs.

Auch dieses Vorgehen hat Parallelen zum Mindmapping: Du erstellst Zweige.

Die Locitechnik

Eine alternative Technik stellt die Locitechnik dar. Diese Technik kannst du auch bildhafter ausdrücken:

Methode der Orte.

Sie gilt als die älteste Merktechnik. Sie wurde bereits von griechischen und römischen Rednern benutzt, die sich damit die wichtigsten Begriffe für lange Reden eingeprägt haben.

Bei der Locitechnik gehst du auch in zwei Schritten vor:

- Du wählst dir einen Weg aus, an dem gut bekannte und markante Orte liegen. Dies kann zum Beispiel ein Rundgang durch deine Wohnung sein. Wenn deine Wohnung zu klein ist, nimm doch einfach den Weg zur Schule. Falls du dir noch mehr merken willst, stelle dir einen längeren Spaziergang vor. Wichtig ist, dass du den Weg und die sich auf dem Weg befindlichen Örtlichkeiten gut kennst.
- Die zu lernenden Begriffe verbindest du jetzt durch eine bildliche Vorstellung der einzelnen Orte.

Zum Abrufen der Informationen brauchst du lediglich im Geiste den Weg vom Anfang bis zum Ende zu gehen. Das ist doch eine tolle Idee. Probiere sie einfach mal aus. Das macht Spaß.

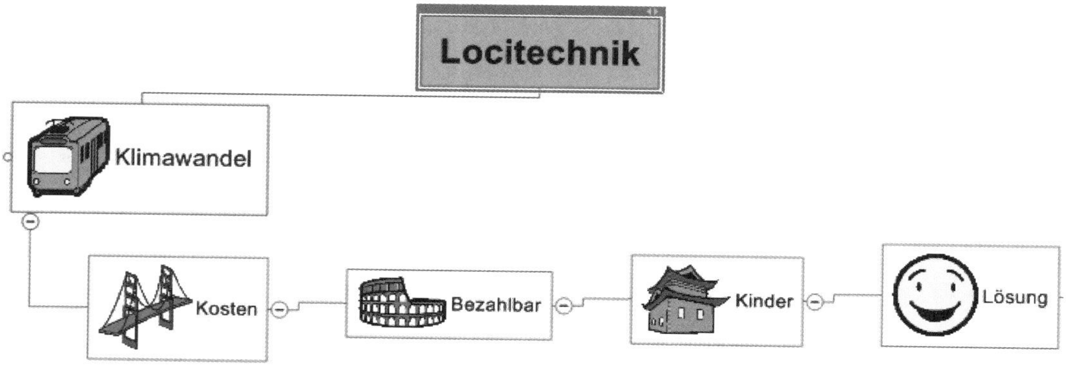

So merkst du dir Namen

Ein interessantes Übungsbeispiel besteht darin, wie du dir Namen merken kannst.

Was häufig passiert: Du lernst jemanden kennen, ihr sagt euch gegenseitig den Namen und kurz danach hast du ihn schon wieder vergessen. Ist dir das auch schon passiert? Was kannst du gegen diese Vergesslichkeit unternehmen?

Wiederhole den gerade gehörten fremden Namen: »Guten Tag, Frau/Herr Neuername.«

Durch das sofortige Wiederholen des Namens ist die Chance schon viel größer, dass der Name in deinem Gedächtnis haften bleibt.

Beim Einprägen von Namen solltest du auch die Mnemotechnik nutzen. In der Praxis machst du das folgendermaßen:

- Stelle dir den Namen geistig-bildhaft vor.
- Verbinde die Person mit diesem Bild.
- Sprich den Namen nochmals, nach Möglichkeit gleich richtig, aus.

Beispielsweise lernst du jemanden kennen, der Schneider heißt. Sofort stellst du dir vor, wie die Person etwas schneidert. Vielleicht eine neue Hose für dich? Je ausdrucksstärker das Bild wird, desto besser kannst du es dir merken.

Oder es stellt sich dir jemand mit dem Namen Nickel vor. Was fällt dir hier als Bild ein? Probiere es zum Beispiel mit einer Nickelbrille. Wenn die Person wirklich Brillenträger ist, umso besser. Sonst stelle dir die Person mit einer Brille vor.

Es gibt natürlich auch äußerst lange und schwierige Namen. Dann kannst du versuchen, Namen in mehrere Silben zu zerlegen, um eine Verwandtschaft zu einem passenden Bild zu finden. Bei schwierig auszusprechenden Namen hilft nur üben.

An diesen Beispielen hast du gesehen, dass ein bisschen Fantasie dazugehört. Trainiere daher jeden Tag.

Das Gehirn ist wie ein Muskel: Es freut sich über Training und reagiert auf regelmäßige Anstrengung mit besserer Leistung.

So merkst du dir mühelos wichtige Dinge

Du hast jetzt schon einige Lerntechniken kennen gelernt. Wenn du dir in Vorträgen, beim Betrachten von Dokumentarfilmen oder im Unterricht Wesentliches merken möchtest, darfst du dich nicht auf dein Ohr allein verlassen. Stattdessen fertigst du Notizen an.

Die Anfertigung von Notizen bedeutet aber nicht, alles mitzuschreiben, sondern nur das Wesentliche zu notieren!

Also schreibst du künftig alles als Notizen mit. Wenn du noch einen Schritt weitergehst, sind Notizen viel zu aufwendig.

Denke doch lieber gleich in der Mindmap-Technik und schreibe dir lediglich die Schlüsselbegriffe auf.

Ein oft eingeschlagener falscher Weg besteht darin, dass man einen Schlüsselbegriff erst aus den Notizen herausarbeiten muss. Das Gegenteil ist der Fall: Schreibe auf, was **du** für den jeweiligen Schlüsselbegriff hältst. Du wirst erstaunt sein, wie gut du dich dann später an das Gehörte erinnerst.

Und lass dir nicht weismachen, dein Schlüsselwort sei falsch. Bei Mindmaps gibt es kein Richtig oder Falsch. Wie kann etwas falsch sein, was bei dir die richtige Assoziation mit dem Gehörten auslöst?

Bei jemand anderem kann das Schlüsselwort anders lauten, und auch das ist richtig. Wichtig ist, dass du dich an das Wesentliche eines Vortrags erinnern kannst.

Du kannst natürlich nicht dauernd einen Laptop mit dir rumschleppen. Schreibe also deine Schlüsselbegriffe auf ein Blatt Papier. Wenn dir gleich ein paar passende Bilder zufliegen, zeichne diese gleich mit aufs Papier.

Auch eventuell auftauchende Zusammenhänge kannst du gleich als Verbindungslinien aufzeichnen.

Wenn du dann an deinem PC sitzt, übertrage deine Schlüsselwörter gleich in deine elektronische Mindmap. Das übt.

Icons festlegen

Wenn du allgemein verbindliche Aussagen mit Icons machen willst, solltest du jedem benutzten Icon eine feste Bedeutung zuordnen. Diese Icons solltest du dann durchgehend für alle deine Mindmaps benutzen. So weißt du jederzeit sofort, was du mit dem jeweiligen Icon in Zusammenhang bringen kannst.

Diese Technik erlaubt dir, bestimmte Zusammenhänge sofort zu erkennen.

Damit du dir deine Iconfestlegung gleich merken kannst, erstelle dazu eine Mindmap. In dieser Mindmap hinterlegst du auf den Knoten die entsprechenden Icons mit der Bedeutung, die du ihnen zuordnest.

Die ersten Male wirst du dann noch auf diese Mindmap schauen, aber in kurzer Zeit wird es dir in Fleisch und Blut übergehen.

Es reicht aus, eine kleine Anzahl von Icons einer Bedeutung zuzuführen. Aber diese Icons solltest du dann auch konsequent in deinen Mindmaps anwenden.

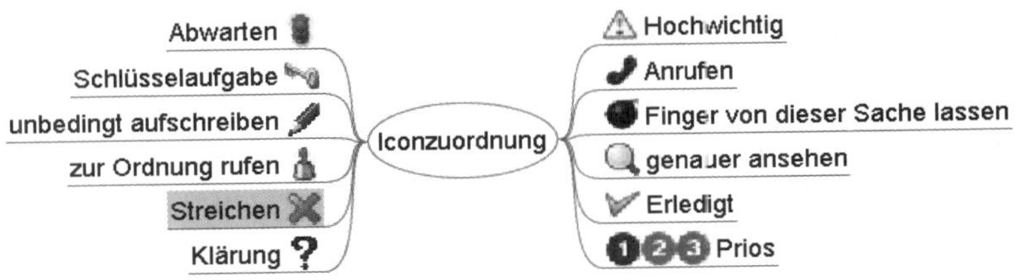

Versieh Icons mit deiner eigenen Definition und wende diese dann in deinen Mindmaps an.

Hierarchische Icons

Dieser Ausdruck hört sich ja hochgefährlich an. Aber keine Angst, mit einer echten Hierarchie hat das nichts zu tun. Eine bessere Begrifflichkeit wäre *nach oben weiterleiten* oder *nach oben routen*. Wie dem auch sei, es geht bei dieser Formatierung darum, alle Icons, die du auf unteren Ebenen anlegst, jeweils auf die nächsthöhere Ebene weiterzuleiten und auch dort darzustellen. Das geht so weit, dass du im Hauptknoten alle eingesetzten Icons siehst.

Du bekommst diese Darstellung hin, indem du im Programm FreeMind im Menübefehl FORMAT den Befehl HIERARCHISCHE ICONS anklickst.

Du stellst diese Formatierung wieder zurück, indem du nochmals auf den Befehl HIERARCHISCHE ICONS klickst.

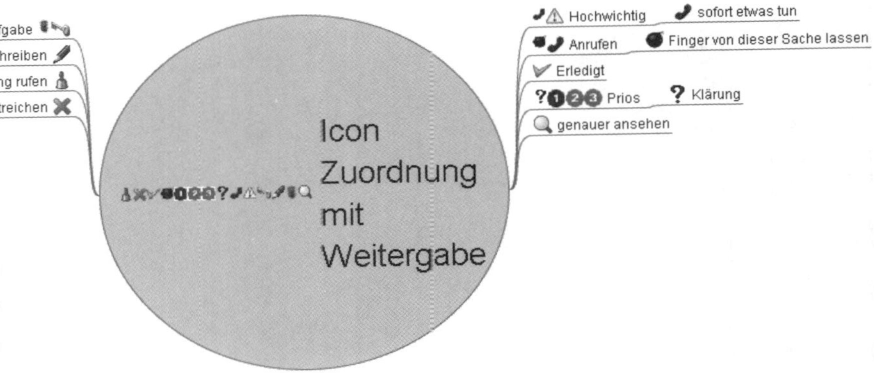

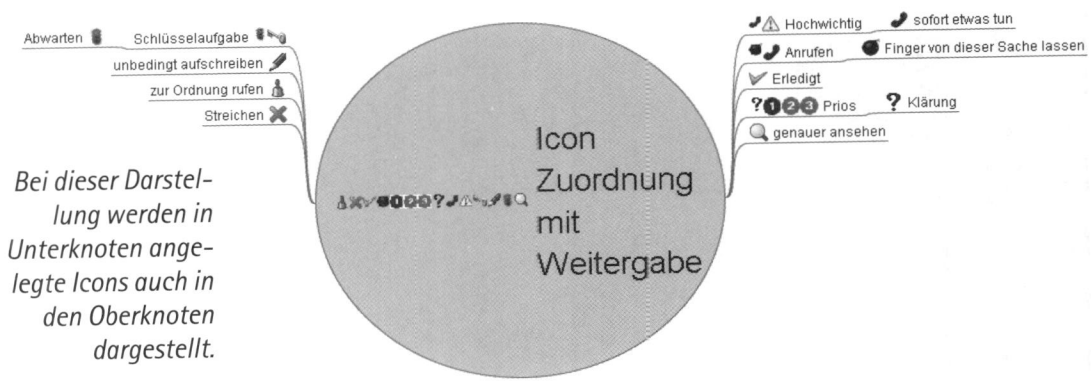

Bei dieser Darstellung werden in Unterknoten angelegte Icons auch in den Oberknoten dargestellt.

Mit Hyperlinks arbeiten

Du kannst mit deiner Mindmap auch mit internen Hyperlinks arbeiten und dabei Bezüge zu Informationsquellen festlegen. Bei dieser Vorgehensweise legst du auf den Knotenpunkten, wie bereits gewohnt, ein einprägsames Schüsselwort fest. Und dann verweist du auf das entsprechende Dokument oder die entsprechende Datei auf deinem PC.

Mit einem Mausklick auf diesen Knotenpunkt wird deine Informationsquelle geöffnet und der Inhalt dargestellt.

Das funktioniert auch, wenn du auf andere Mindmaps verweist. Diese Mindmaps werden dann auf Mausklick geöffnet und dargestellt.

- Erstelle eine neue Mindmap.
- Tippe in das zentrale Thema den Begriff `Merkliste` ein.
- Klicke in der *Symbolleiste* auf die Glühbirne. Ein neuer Knoten wird erzeugt.
- Tippe in diesen neuen Knoten ein: `Klassenfahrt`.
- Aktiviere in der Menüleiste den Befehl EINFÜGEN und klicke im dann eingeblendeten Untermenü auf den Befehl HYPERLINK (DATEIAUSWAHL). Das Dialogfenster *Öffnen* wird eingeblendet.

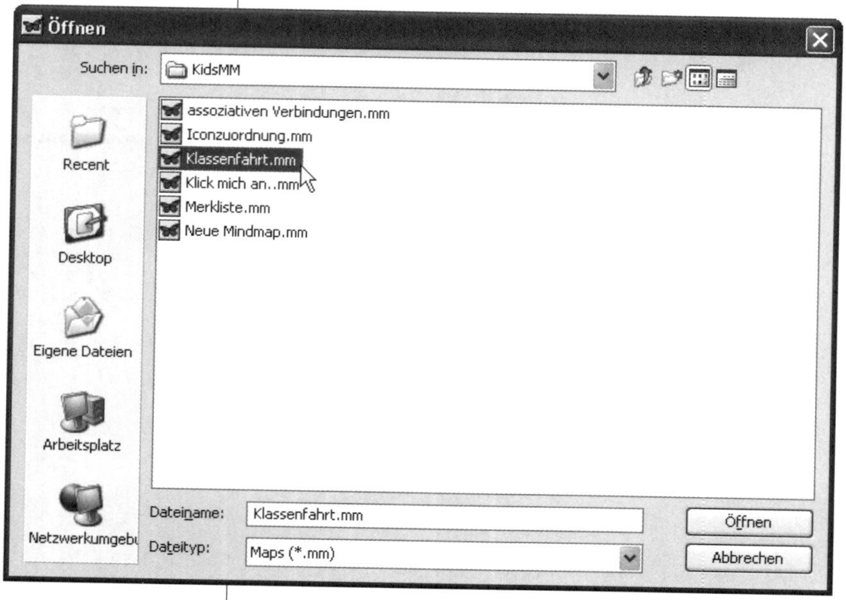

- Wähle die Mindmap deiner Wahl aus und klicke dann auf die Schaltfläche ÖFFNEN.
- Der Eintrag wird in deiner Mindmap als *roter Pfeil* dargestellt.

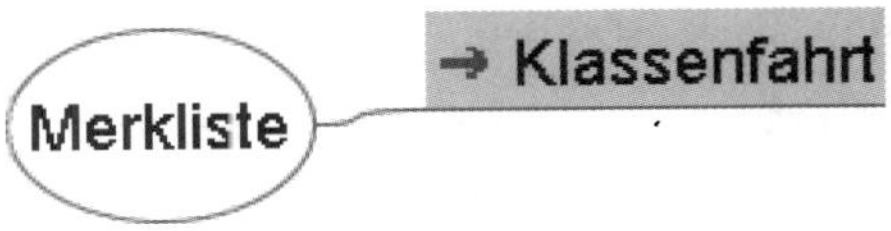

- Klicke auf diesen neuen Knotenpunkt, und schon wird die hinterlegte Mindmap dargestellt.

> Du kannst auch auf andere Dateien verweisen. Dazu stellst du im Dialogfenster ÖFFNEN den Dateityp auf ALLE DATEIEN ein.

Internetrecherche

Du hast auch die Möglichkeit, eine Internetrecherche per Hyperlink auszuführen.

- Erzeuge einen neuen Knotenpunkt.
- Wähle im Menübefehl EINFÜGEN den Befehl HYPERLINK (TEXTFELD) aus.
- Das Dialogfenster EINGABE wird eingeblendet.
  Tippe hier ein: `http://www.bhv-buch.de`.

- Klicke auf die Schaltfläche OK.

Der Hyperlink wird hinterlegt. Mit einem Mausklick auf diesen Knoten wird dein Browser mit der ausgewählten Internetseite geöffnet.

> Der Befehl `http:` aktiviert das Protokoll fürs Internet (HyperText Transport Protocoll). Dadurch erkennt das Programm, dass du ins Internet willst und öffnet deinen Browser.

E-Mail-Aktivierung

> Auf diesen Weg kannst du sogar E-Mail-Adressen in deiner Mindmap hinterlegen. Du musst nur ein anderes Protokoll eintippen: *mailto*. Dann wird durch einen Mausklick dein E-Mail-Programm geöffnet und du kannst die E-Mail bearbeiten und versenden.

Sinnigerweise wird in der Mindmap dann auch kein Pfeil dargestellt, sondern ein Briefumschlag.

Wenn du eine E-Mail-Adresse eingibst, wird die Schreibweise so aussehen:

mailto:vorname.nachname@domain.de

Interne Verlinkung

Falls du in deiner Mindmap per Mausklick von einem Knoten zu einem bestimmten anderen Knoten springen willst, setzt du dazu einen internen Hyperlink ein.

- Erzeuge einen neuen Knoten mit dem Namen `Starter`.
- Füge einen weiteren Knoten mit dem Namen `Ziel` ein.
- Markiere diese beiden Knoten.
- Wähle den Menübefehl EINFÜGEN aus und aktiviere im Untermenü den Befehl LOKALEN HYPERLINK HINZUFÜGEN.

Jetzt wird der Knoten STARTER auch mit einem roten Pfeil versehen. Klicke einmal außerhalb aller Knoten. Wenn du jetzt auf den Knoten STARTER klickst, wird sofort der Knoten ZIEL aktiviert.

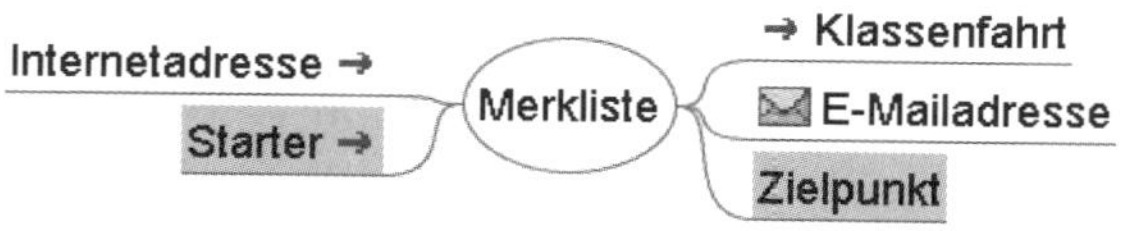

Notizen

Eigentlich ist die Möglichkeit, Notizen in eine Mindmap einzufügen, ein Widerspruch zur Mindmap-Methode. Du sollst dich auf Schlüsselwörter konzentrieren und hast trotzdem die Möglichkeit, Notizen zu hinterlegen. Das sieht nach Schummeln aus.

Aber du musst auch bedenken, dass du deine Mindmap vielleicht anderen zur Verfügung stellen möchtest. Und diese werden wahrscheinlich nichts mit deinen Schlüsselwörtern anfangen können und dankbar sein, wenn ein paar Notizen gefunden werden.

Wenn du dir deine Mindmap lange Zeit nicht angesehen hast, wirst du wahrscheinlich auch selbst dankbar sein, ein paar Notizen hinterlegt zu haben.

Und wie kommen jetzt die Notizen in deine Mindmap? Ganz easy.

- Markiere den Knotenpunkt, der eine **Notiz** erhalten soll.
- Wähle im Menübefehl EINFÜGEN den Befehl NOTIZEN aus. Unterhalb des Arbeitsfensters wird ein weiteres Fenster eingeblendet. Dieses Fenster dient zur Eingabe deiner Notizen.
- Klicke in das Notizenfenster und gib deine Notizen ein.
- Sobald du einen anderen Knotenpunkt aktivierst, verschwindet dein Notizfenster.
- Wenn du den mit einer Notiz hinterlegten Knoten wieder aktivierst, wird das Notizfenster wieder eingeblendet.

> Du kannst alle deine Knotenpunkte mit Notizen hinterlegen.

Notizen werden zum ausgewählten Knotenpunkt angezeigt.

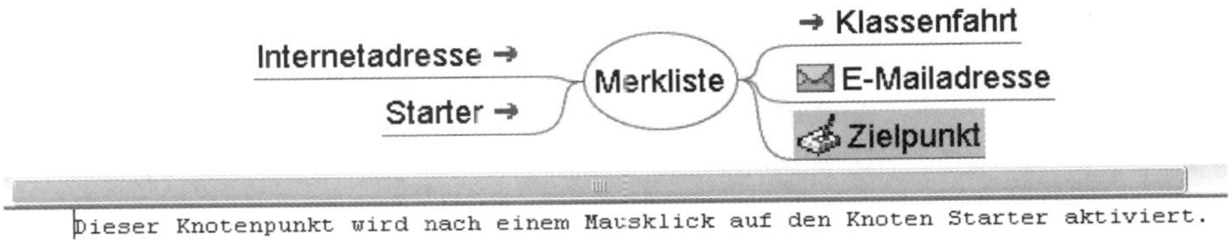

Suche nach Begriffen in deiner Mindmap

Sobald deine Mindmap viele *Schlüsselbegriffe* enthält, kann es schwierig für dich werden, nach bestimmten Schlüsselwörtern zu suchen. Damit die Suche nicht zu aufwendig wird, solltest du in diesem Fall die Suchfunktion von FreeMind benutzen.

Besonders praktisch ist die Tatsache, dass auch Begriffe in geschlossenen Zweigen gefunden werden.

Tippe den gesuchten Begriff oder einen Teil davon ein.

Verwende dazu **keine** Platzhalter wie das Sternchen (*) oder das Fragezeichen (?).

Wenn du zum Beispiel den Begriff *Schleswig* suchst, dann reicht die Eingabe von *Sch* vollkommen aus.

Falls ein Wort nicht gefunden wird, weist das Programm dich darauf hin. Dann hast du dich entweder verschrieben oder aber den Schlüsselbegriff gibt es wirklich nicht.

Du kannst leider nicht nach Begriffen in den Notizen suchen.

Außerdem musst du beachten, dass du immer vom Hauptbegriff aus suchen solltest. Die Suchfunktion kann sich nur von Oberbegriffen zu Unterbegriffen vorarbeiten, eine Suche hin zu Oberbegriffen ist nicht möglich.

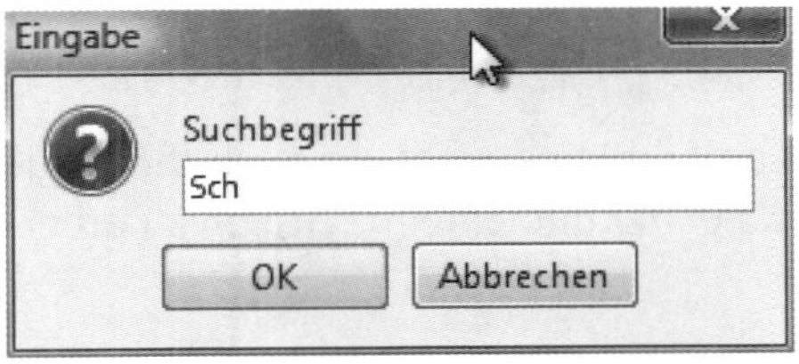

Formatierungen kopieren und einfügen

Wenn du dir besonders viel Mühe gegeben hast, einen Knoten zu formatieren, wäre es sehr aufwendig, diese Formatierung auf weitere Knoten anzuwenden. Dafür kannst du besser die komplette Formatierung kopieren und auf beliebige andere Knoten anwenden.

- Markiere zunächst den Knotenpunkt, den du besonders schön formatiert hast.
- Aktiviere den Menübefehl BEARBEITEN und klicke im folgenden Untermenü auf den Befehl FORMATIERUNG KOPIEREN.
- Markiere jetzt den Knotenpunkt, auf den du deine Formatierung übertragen willst.
- Mit Hilfe der Befehle BEARBEITEN und FORMATIERUNG EINFÜGEN wird deine komplette Formatierung auf den markierten Knoten übertragen.
- Das Programm behält die Formatierung in seinem Gedächtnis, und du kannst sie, so oft du willst, wieder und wieder anwenden. Und das so lange, bis du etwas Neues kopierst.

Alternativ kannst du zum Kopieren der Formatierung auch die Tastenkombination `Alt` + `C` verwenden, zum Einfügen der Markierung benutzt du dann die Tastenkombination `Alt` + `V`.

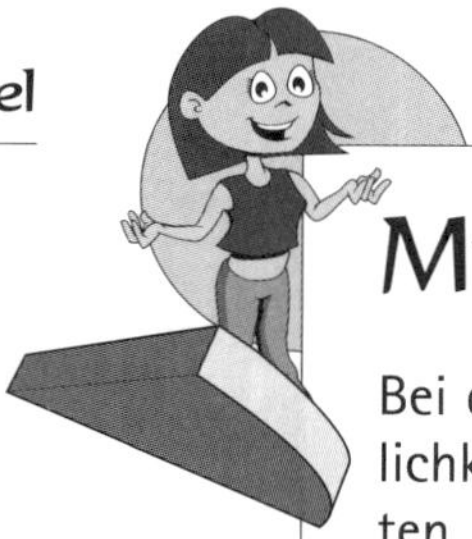

Mit Zeitplänen arbeiten

Bei der vollständigen Installation von FreeMind steht dir auch die Möglichkeit zur Verfügung, mit einem *Kalender* und einem *Zeitplan* zu arbeiten.

Der Kalender bietet dir die Möglichkeit, Termine in deine Knotenpunkte zu übernehmen.

Wenn du mit einer Wiedervorlage arbeitest, werden dir alle Wiedervorlagetermine in einem Zeitplan angezeigt.

Durch diese Technik hast du zum Beispiel die Möglichkeit, Aufgabenlisten sehr komfortabel zu terminieren.

- Klicke im Menü auf die Befehle DATEI und NEU.
- Benenne den Hauptknoten mit *Aufgaben terminieren.*
- Erstelle den Unterknoten *Vorbereitung Englischarbeit.*
- Erstelle zu diesem Unterknoten die folgenden Unterknoten parallel: *Vokabeln ansehen, Vokabeln üben, Vokabelheft unter das Kopfkissen legen* und *Letzter Blick auf die Vokabeln.*
- Versehe die Knotenpunkte mit Icons.

Die Vorarbeit ist getan. Jetzt sollte deine Mindmap so ähnlich wie folgende Abbildung aussehen.

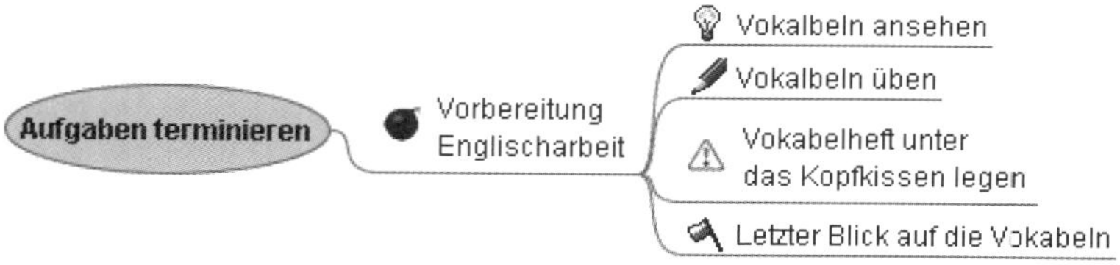

Auf geht's ans Terminieren.

- Aktiviere den ersten Knotenpunkt *Vorbereiten Englischarbeit.*
- Klicke auf den Menübefehl EXTRAS – KALENDER ANZEIGEN. Der Kalender wird eingeblendet.

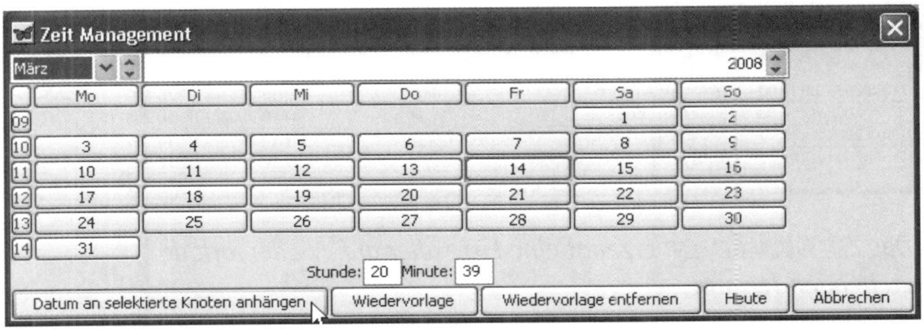

- Wähle ein Datum aus und betätige dann die Schaltfläche DATUM AN SELEKTIERTE KNOTEN ANHÄNGEN. Das Datum wird hinter dem Schlüsselbegriff dargestellt.
- Klicke auf EXTRAS – ZEITPLAN. Im Zeitplan wird nichts eingetragen.

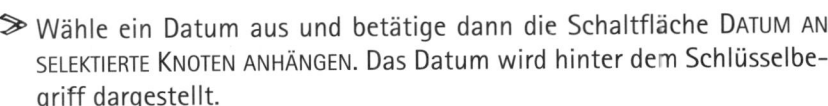

Im Zeitplan werden nur Wiedervorlagen angezeigt.

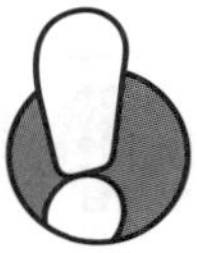

- Aktiviere den Knotenpunkt *Vokabeln ansehen*. Klicke dann auf die Menübefehle EXTRAS – KALENDER ANZEIGEN.
- Wähle den gewünschten Termin aus, bei Bedarf kannst du auch gerne eine Uhrzeit einstellen. Klicke dann auf die Schaltfläche WIEDERVORLAGE. Neben dem Schlüsselbegriff wird das Icon einer Uhr eingeblendet.

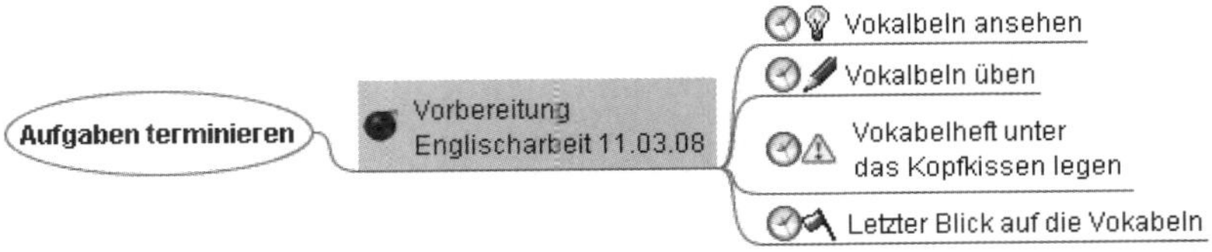

- Wiederhole diesen Schritt für alle weiteren Unterknoten.
- Jetzt ist es so weit. Hole dir eine Übersicht deiner Termine für die Wiedervorlage. Klicke dazu auf den Menübefehl EXTRAS und ZEITPLAN. Alle Wiedervorlagen werden dir im Dialogfenster ZEIT MANAGEMENT angezeigt.

Zeit Management

Datum	Text	Symbole	Erzeugt	Verändert
11.03.2008 20:39:00	Vokabeln ansehen		09.10.2007...	09.10.2007 ...
12.03.2008 20:39:00	Vokabeln üben		09.10.2007...	09.10.2007 ...
13.03.2008 20:39:00	Vokabelheft unter das Kopfkissen legen		09.10.2007...	09.10.2007 ...
14.03.2008 20:39:00	Letzter Blick auf die Vokabeln		09.10.2007...	09.10.2007 ...

Das ZEIT MANAGEMENT erzeugt eine Liste aller auf Wiedervorlage stehenden Termine.

Du willst eine Wiedervorlage zu einem Knotenpunkt löschen? Dann aktiviere den entsprechenden Knotenpunkt, klicke auf EXTRAS – KALENDER ANZEIGEN und klicke dann auf die Schaltfläche WIEDERVORLAGE ENTFERNEN.

Mit der Tastenkombination [Strg] + [T] kannst du den Kalender jederzeit einschalten.

Historieneinträge

Eine Hilfe beim Nachvollziehen, wann ein Schlüsselbegriff erzeugt und wann er zuletzt geändert wurde, kannst du ganz einfach erzeugen.

- Aktiviere den Menübefehl EXTRAS.
- Klicke im Untermenü auf den Befehl ÄNDERUNGSZEITEN ANZEIGEN.
- Berühre die Schlüsselbegriffe mit dem Cursor und habe einen Augenblick Geduld. Nach kurzer Zeit werden dir das Erstellungsdatum (*Created*) und das letzte Änderungsdatum (*Modified*) auf dem Bildschirm eingeblendet.

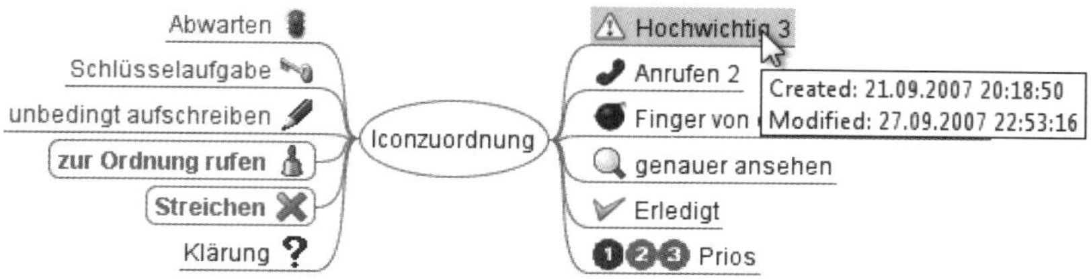

Hier siehst du auf einen Blick, wann der markierte Knoten erstellt wurde und wann die letzte Änderung dazu stattgefunden hat.

Erstelle aus deiner Mindmap eine eigene Webseite

Hast du ein wenig Lust, mit deiner Mindmap zu experimentieren? Fein. Dann erstelle doch aus deiner Mindmap eine aktive Internetseite, die zum einem deine *grafische Mindmap* anzeigt und zum anderen per Mausklick auf den entsprechenden Zweig in eine *lineare Darstellung* springt.

Das Ganze hört sich zwar schwierig an, ist es aber nicht. Vollziehe einfach folgende Schritte nach und lasse dich vom Ergebnis überraschen.

- Öffne die Mindmap, die du im Internet darstellen möchtest.
- Wähle den Befehl DATEI aus und ziehe den Cursor auf den Befehl EXPORT.
- Im jetzt eingeblendeten Untermenü klickst du auf den Befehl ALS XHTML (MIT VERLINKTEM BILD DER MINDMAP).
- Das war es schon. Nach ein paar Augenblicken öffnet sich dein Internet-Browser mitsamt deiner Mindmap. Sobald du in dieser Mindmap einen Knoten anklickst, wird dieser in dem unter der Mindmap dargestellten Listenbereich angesprungen.

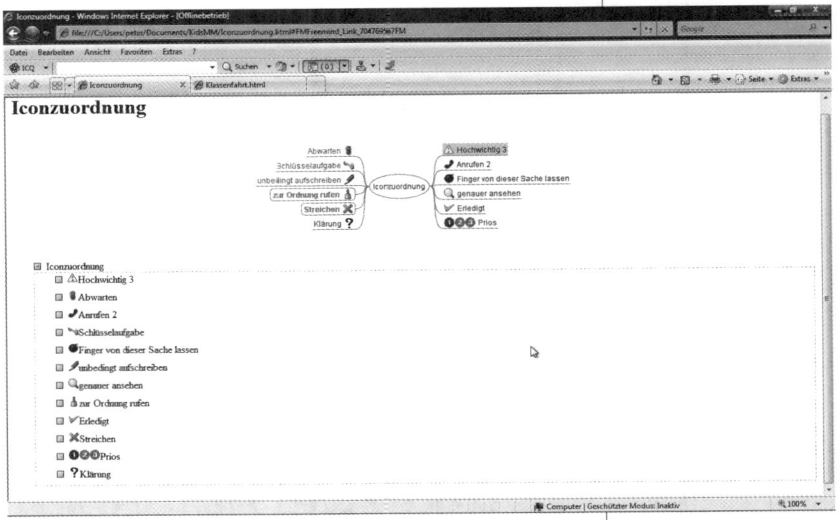

Du erstellst ohne großen Aufwand eine Internetseite.

Zusammenfassung

- Es gibt unterschiedliche Merktechniken. Auch Mindmaps stellen eine Art von Merktechnik dar.

- Icons kannst du am sinnvollsten einsetzen, wenn du ihnen eine eigene Bedeutung zuordnest.
- Du kannst Icons aus unteren Knoten in den oberen Knoten mit darstellen. Diese Formatierung nennt sich hierarchische Icons.
- Du kannst mit FreeMind drei Hyperlinkarten einsetzen: Internet, E-Mail und interne Verlinkungen.
- Notizen helfen dir dabei, Schlüsselwörter näher zu beschreiben. Dann kannst du auch später jederzeit wieder die Inhalte deiner Mindmaps rekonstruieren.
- In großen Mindmaps lohnt sich die elektronische Suche nach Schlüsselwörtern.
- Komplexe Formatierungen kannst du kopieren und auf weitere Knoten anwenden.
- Terminplanungen erstellst du über Kalender und Wiedervorlagen.
- Mit Historieneinträgen erkennst du sofort, wann ein Knoten angelegt wurde und wann dieser Knoten zuletzt geändert wurde.
- Du kannst per Mausklick aus deiner Mindmap eine Internetseite erstellen.

Ein paar Fragen ...

Frage 1: Wie kannst du dir am einfachsten Namen merken?

Frage 2: Warum solltest du Icons personalisieren?

Frage 3: Wozu dienen Notizen?

Frage 4: Wie machst du Historieneinträge in deiner Mindmap sichtbar?

Frage 5: Wie erstellst du aus einer Mindmap eine Webseite?

... und zwei Aufgaben

- Belege deine Icons mit deinen eigenen Bedeutungen.
- Erstelle zu deiner Mindmap der Klassenfahrt ein paar Notizen.

6

Professionell: Mindjet MindManager 7

Jetzt wird es professionell: Der MindManager ist ein professionelles Programm, das keine Wünsche offen lässt. Wenn du mit Microsoft Office arbeitest, lohnt sich auf alle Fälle der Einsatz des *MindManager Professionell*. Denn dann kannst du deine Mindmaps problemlos mit den Office-Programmen bearbeiten.

Mit der professionellen Version erstellst du beispielsweise aus einer Mindmap ein Word-Dokument oder eine PowerPoint-Folie. Es geht auch umgekehrt. Du kannst aus einem Word-Dokument per Mausklick eine Mindmap erstellen.

Wenn du mit Microsoft Outlook arbeitest, hast du sogar die Möglichkeit, deine Daten über eine Mindmap zu synchronisieren.

Und das Schönste: Auf der CD liegt eine kostenlose Basicversion bereit, die du kostenlos und ohne Einschränkungen einsetzen kannst.

Du kannst auch eine 30-Tage-Testversion des Programms auf der Internetseite *http://www.mindjet.com/de/download/* herunterladen.

In diesem Kapitel lernst du die wichtigsten Möglichkeiten des MindManagers kennen:

- die Erstellung einer Mindmap mit dem MindManager
- die unterschiedlichen Ansichten deiner Mindmaps
- das Bearbeiten von Mindmaps
- der Einsatz von Icons und Grafiken
- das Arbeiten mit Hyperlinks
- Formatierungen
- ergänzende Eintragungen

So intuitiv kann ein Programm sein

Die Bedienung des MindManagers erfolgt nahezu intuitiv. Trotzdem solltest du einige Funktionen, die das Arbeiten mit dem MindManager erleichtern, kennen lernen.

Installiere zunächst den MindManager. Du brauchst dabei nur den Anweisungen auf dem Bildschirm zu folgen.

Wenn du Microsoft Office auf deinem PC installiert hast, solltest du die professionelle Version zur Installation auswählen.

Die Oberfläche

Nach der Installation siehst du eine leere Mindmap. Die Oberfläche ist an die neue MS-Office-Version 2007 angepasst.

Die Multifunktionsleiste

Die Oberfläche des MindManager 7 besteht aus einer themenorientierten *Multifunktionsleiste*. Mehrere *Register* (im Englischen als *Ribbons* bezeichnet) fassen die Themen zusammen:

- START: Beinhaltet alle Funktionen zum Erstellen und Bearbeiten einer Mindmap.
- EINFÜGEN: Sobald du etwas Neues in deiner Mindmap benötigst, ist dieses Register genau das Richtige für dich. Hier findest du alle Funktionen, die etwas mit dem Einfügen von Elementen zu tun haben.

- FORMAT: Egal, ob Schrift, Linien, Nummerierung oder Layout, in diesem Bereich wirst du fündig.
- ÜBERPRÜFEN: Hier startest du die Funktionen zum Überarbeiten der Mindmap. *Kommentare* werden hinterlegt und abgearbeitet. Außerdem findest du in diesem Bereich die *Rechtschreibung* und die *Auto-Korrektur-Optionen.*
- ANSICHT: Bekanntlich ist alles eine Frage der Ansicht. Du hast in diesem Bereich die Möglichkeit, in die *Gliederungsansicht* und in die *Präsentationsansicht* umzuschalten. Auch *Filtermöglichkeiten*, Einstellung der *Detailtiefe* und *Zoomfunktionen* sind in diesem Register untergebracht.
- EXTRAS: Du vermisst noch die eine oder andere Funktion? Dann probiere, das Verschollene in diesem Bereich zu finden. Du kannst hier unterschiedliche *Vorlagen* auswählen und zuweisen, *Makros* erstellen, einen *Timer* aktivieren, den *Brainstormingmodus* starten und das *Learning-Center* aktivieren.

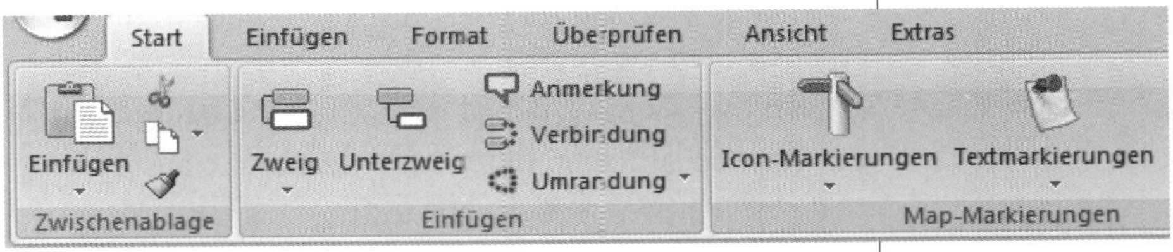

Die Schnellstartleiste

Weitere Befehle findest du in der Symbolleiste für den Schnellzugriff, kurz *Schnellstartleiste* genannt. Diese befindet sich unmittelbar über der Multifunktionsleiste.

Die Schnellstartleiste sieht im ersten Moment mager bestückt aus, aber du kannst sie erfreulicherweise um bisher nicht angezeigte Befehle erweitern.

- Klicke auf den kleinen AUSWAHLPFEIL rechts von der Schnellstartleiste. Das Auswahlfenster SYMBOLLEISTE FÜR DEN SCHNELLZUGRIFF ANPASSEN wird eingeblendet.
- Aktiviere in diesem Auswahlfenster per Mausklick die Befehle, die du häufig benötigst. Und das sind praktisch alle hier angebotenen Befehle.

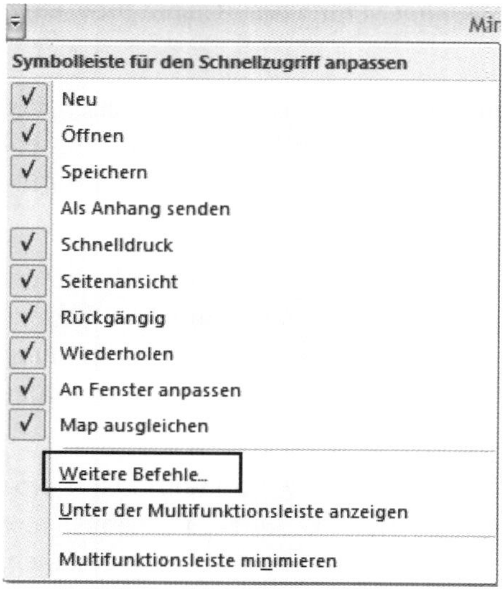

- Du bist immer noch nicht zufrieden? Mit der Auswahl WEITERE BEFEHLE findest du alle Befehle, die du zusätzlich auf der Schnellstartleiste ablegen möchtest.
- Durch die Auswahl der gewünschten Befehle und einen Mausklick auf die Schaltfläche HINZUFÜGEN werden die ausgesuchten Befehle in die Schnellstartleiste gelegt.

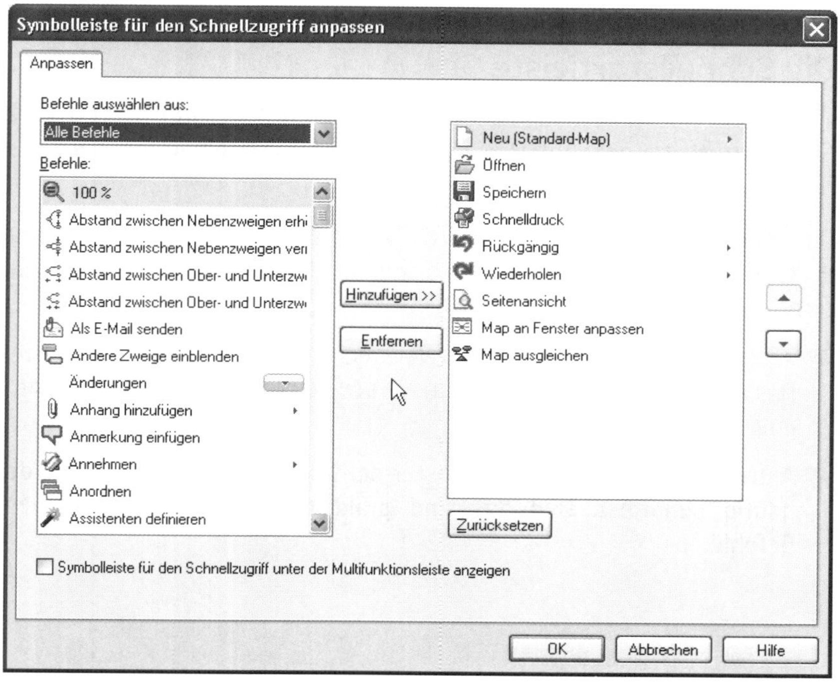

- Ups, du hast einen Befehl zu viel erwischt? Per Mausklick auf die Schaltfläche ENTFERNEN werden überflüssige Befehle wieder gelöscht.
- Ein Mausklick auf die Schaltfläche OK, und die Schnellstartleiste ist an deine Wünsche angepasst.

Passe die Schnellstartleiste an deine Wünsche an.

Die MindManager-Schaltfläche

Der MindManager 7 kommt zusätzlich mit einer eigenen Schaltfläche daher. Diese findest du oben links im Programmfenster. Hier verbergen sich die Befehle zum

- ERSTELLEN einer neuen Map
- zum ÖFFNEN einer bestehenden Map
- zum IMPORTIEREN und EXPORTIEREN von Dateien in andere Anwendungen
- zum SPEICHERN, DRUCKEN und zum SCHLIESSEN von Dateien

- Und nicht zu vergessen, mit der Schaltfläche MINDMANAGER-OPTIONEN gelangst du in die Grundeinstellungen des Programms.

Wenn du bereits mit Office 2007 gearbeitet hast, erkennst du, dass die Oberfläche vom MindManager 7 genau an die Oberfläche der neuen Office-Version angepasst ist.

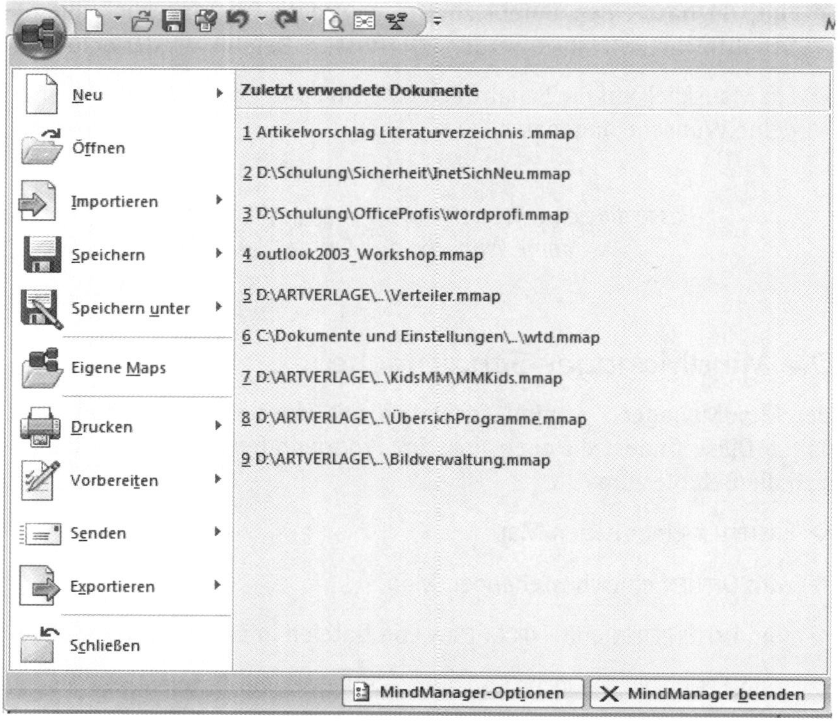

Beginne mit einer leeren Mindmap

Du siehst einen fast leeren Arbeitsbereich vor dir. In der Mitte steht der Begriff *Hauptthema*. Das wollen wir jetzt ändern.

- Das Hauptthema soll jetzt *Professionelle Map* heißen. Tippe diesen Eintrag daher ein und betätige anschließend `Enter`. Er wird in das Kästchen des Hauptthemas übernommen.
- Um jetzt ein weiteres Schlüsselwort zu erstellen, klicke in der *Multifunktionsleiste* auf das Symbol ZWEIG. Ein weiterer Hauptzweig wird eingefügt. Tippe direkt ein: `Ideensammlung`.

> Noch schneller und einfacher geht es, indem du das Hauptthema markierst und `Enter` betätigst.

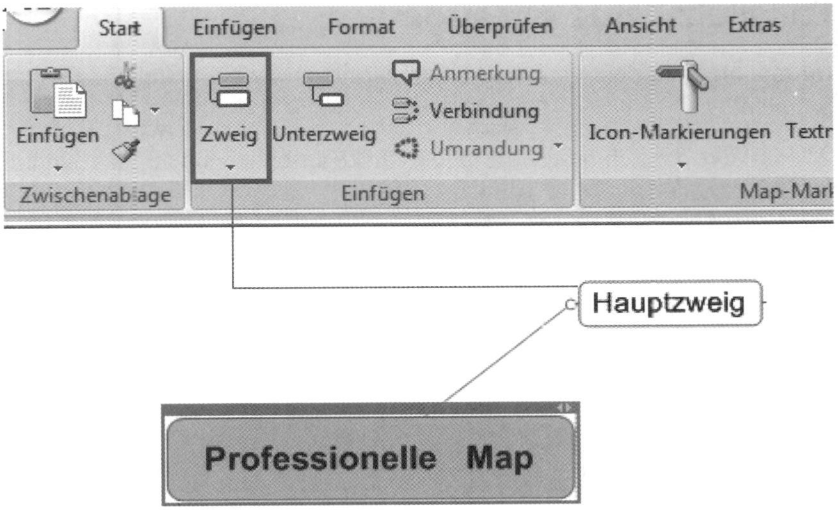

- Zum Einfügen eines *Unterzweiges* klickst du auf das Symbol UNTERZWEIG EINFÜGEN. Oder du betätigst wieder `Enter`.
- Tippe jetzt den nächsten Unterpunkt in den Kasten ein. Zum Beispiel `Idee 1`.
- Du möchtest noch eine Ebene tiefer kommen? Kein Problem. Markiere jeweils den Eintrag auf unterster Ebene und füge durch das Anklicken des Symbols UNTERZWEIG EINFÜGEN einen weiteren Unterzweig ein. Auf diese Art und Weise strukturierst du deine Mindmap beliebig tief.

Wenn die Darstellung zu komplex wird, kannst du Zweige mit einem Mausklick auf das in den Zweigen angezeigte MINUS-Symbol ausblenden. Das Minus-Symbol verwandelt sich in ein PLUS-Symbol. Das Wiedereinblenden eines ausgeblendeten Zweiges geschieht durch einen Klick auf das PLUS-Symbol.

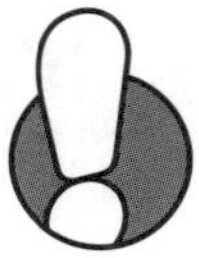

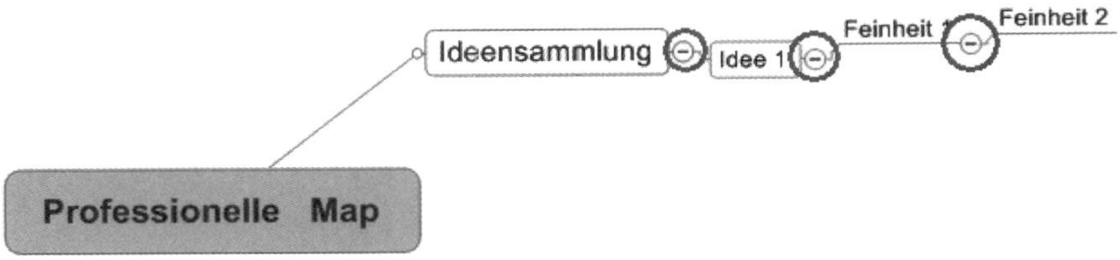

Parallelzweige erzeugen

Du möchtest zu deinem Zweig einen parallelen Zweig erstellen? Das ist problemlos.

- Markiere das Schlüsselwort *Idee 1*. Klicke anschließend auf das Symbol UNTERZWEIG. Tippe ein: `Idee 2`.
- Falls du die Tastatur nicht verlassen möchtest, drücke jetzt zweimal `Enter`. Dadurch erstellt du einen weiteren Parallelzweig, den du `Idee 3` nennen kannst.

Du siehst, Haupt- und Unterzweige sind schnell erstellt.

Wichtig ist, welchen Zweig du gerade markiert hast. Wenn du also einen neuen Hauptzweig benötigst, markiere das Hauptthema und klicke dann auf das Symbol ZWEIG oder drücke `Enter`. Nenne diesen Zweig beispielsweise `Pläne`.

Du möchtest einen Unterzweig zu deinen Plänen erstellen? Entweder du wählst den Befehl UNTERZWEIG aus oder du drückst `Einf`.

Zum Üben ergänze deine Mindmap nach dieser Abbildung:

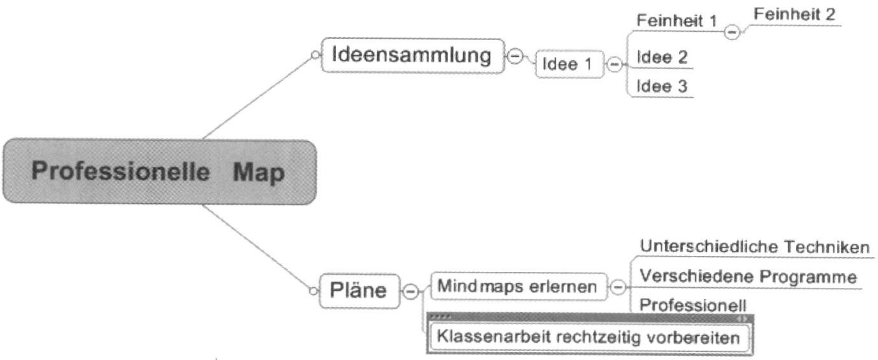

Die unterschiedlichen Ansichten deiner Mindmap

Nachdem du die ersten Gehversuche in deiner Mindmap gemacht hast, wollen wir einen Blick auf die Ansichtsmöglichkeiten deiner Mindmap werfen.

Die Gliederungsansicht

In der *Gliederungsansicht* werden die Maps in einem vertrauten optischen Format angezeigt: als Liste.

Du kannst das Dokument in dieser Ansicht wie gewohnt von oben nach unten durcharbeiten. Wenn du eine Map in *Word* oder in *Project* exportieren möchtest, kannst du in der Gliederungsansicht eine Art Vorschau der Map mit in Listenform aufgeführten Zweigen anzeigen und vor dem Export die erforderlichen Anpassungen vornehmen. Wenn du die Map in dieser Ansicht ausdruckst, wird sie in Form einer Gliederung ausgedruckt.

Du gelangst in die Gliederungsansicht, indem du in der *Multifunktionsleiste* auf das Register ANSICHT klickst und dort auf das Symbol GLIEDERUNGSANSICHT klickst.

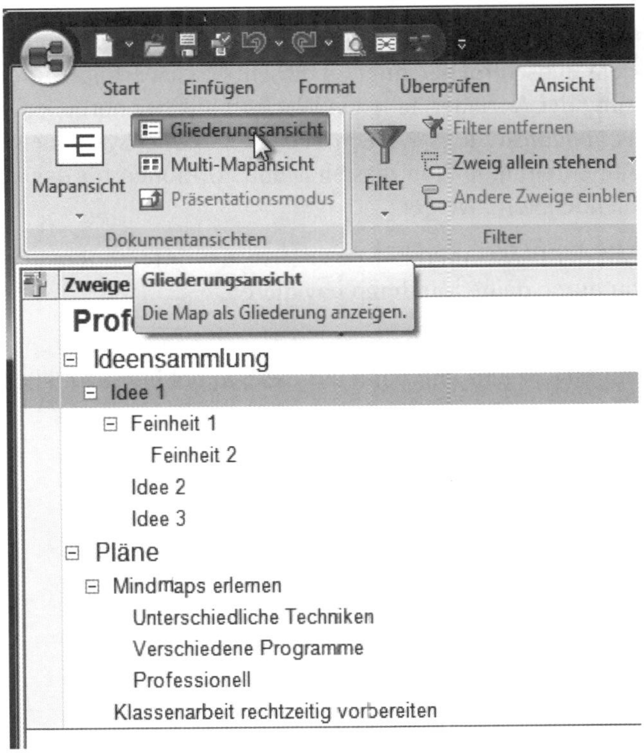

Auch in dieser Ansicht kannst du Unterzweige ein- und ausblenden.

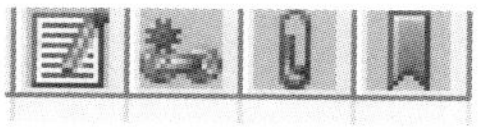

Im rechten Bereich erkennst du Eintragungen über *Notizen, Hyperlinks, Anhänge* und *Lesezeichen.*

Im linken Bereich werden eingefügte Icons eingeblendet.

Zurzeit sind diese Einträge zwar noch leer, aber das wird sich im Laufe dieses Kapitels noch ändern.

Schalte bei Gelegenheit immer mal wieder in die *Gliederungsansicht* um und schaue dir an, was dort dargestellt wird.

Der Präsentationsmodus

Der Präsentationsmodus ist besonders zur Vorführung von Mindmaps auf dem Bildschirm geeignet. In diesem Modus erfolgt zur optimalen Ausnutzung der Anzeigefläche ein Wechsel aus der normalen Mapansicht in die *Vollbildansicht*. Es werden alle Menü- und Symbolleisten ausgeblendet. Außerdem gibt es in diesem Modus Optionen für das automatische Ausblenden von Zweigen.

Mit der PRÄSENTATIONS-SYMBOLLEISTE am unteren Rand des Fensters kannst du durch deine Mindmap navigieren.

Um in den Präsentationsmodus zu gelangen, klicke zunächst auf das Symbol MAPANSICHT und dann auf das Symbol PRÄSENTATIONSMODUS.

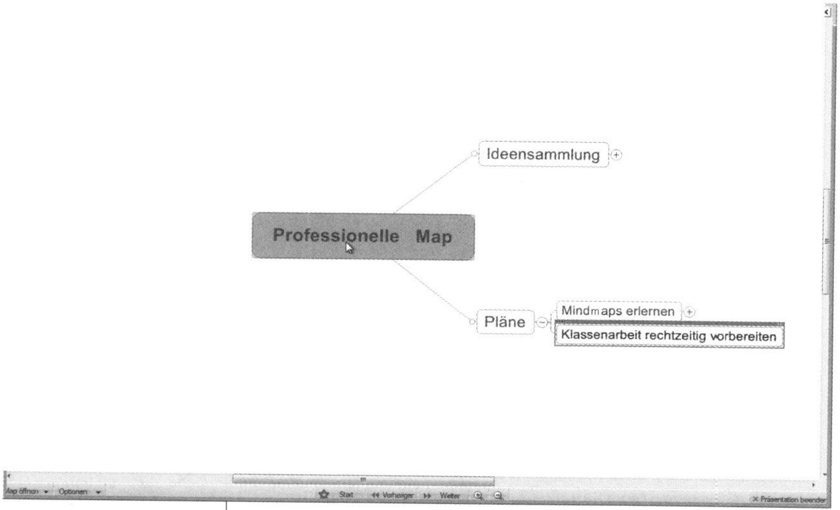

Teste den Präsentationsmodus doch einmal durch. Du wirst schnell bemerken, dass du kein Zusatzprogramm wie zum Beispiel PowerPoint benötigst.

Mit einem Mausklick auf die Schaltfläche PRÄSENTATION BEENDEN landest du wieder in der *Mapansicht*.

Du findest diese Schaltfläche unten rechts auf dem Bildschirm.

Das Bearbeiten von Mindmaps

Die Mindmaps im MindManager lassen sich komfortabel bearbeiten. Als Erstes denke daran, deine Mindmap hin und wieder zu speichern. Am besten gleich jetzt.

- Klicke in der Schnellstartleiste auf das DISKETTENSYMBOL. Das Dialogfenster SPEICHERN UNTER wird eingeblendet.
- Tippe in das Feld DATEINAME den gewünschten Namen zum Speichern ein. Zum Beispiel `Professionell`.
- Mit einem Mausklick auf die Schaltfläche SPEICHERN sind deine Daten erst einmal in Sicherheit.

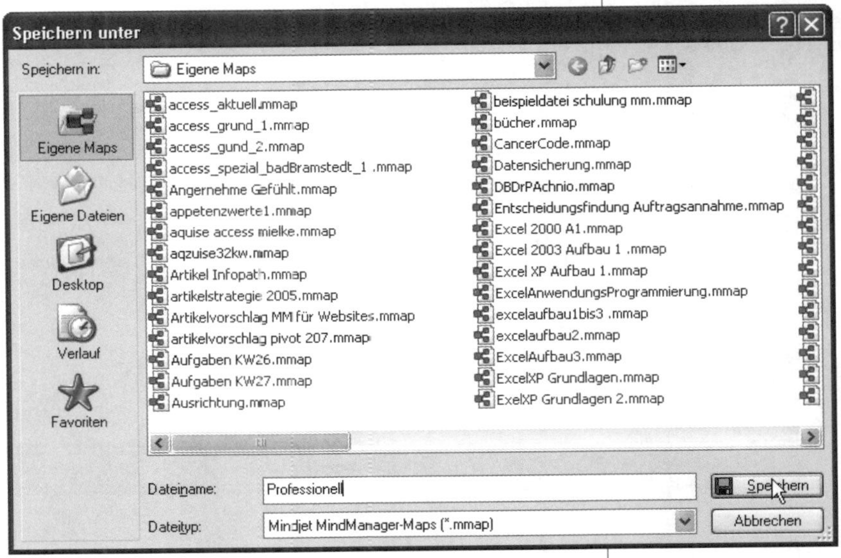

- Speichere deine Mindmap in regelmäßigen Abständen ab.
- Klicke dazu auf das Symbol SPEICHERN.

> Das Dialogfenster zur Abfrage des Dateinamens erscheint nur beim ersten Speichern, danach nicht mehr. Deine Mindmap wird trotzdem abgespeichert.

Wenn du das Dialogfenster zum Speichern wieder sehen möchtest, um deine Mindmap zum Beispiel unter einem anderen Dateinamen abzuspeichern:

- Klicke auf die Schaltfläche MINDMANAGER,
- aktiviere dort den Befehl SPEICHERN UNTER und
- klicke auf den Befehl MINDMANAGER-MAP.

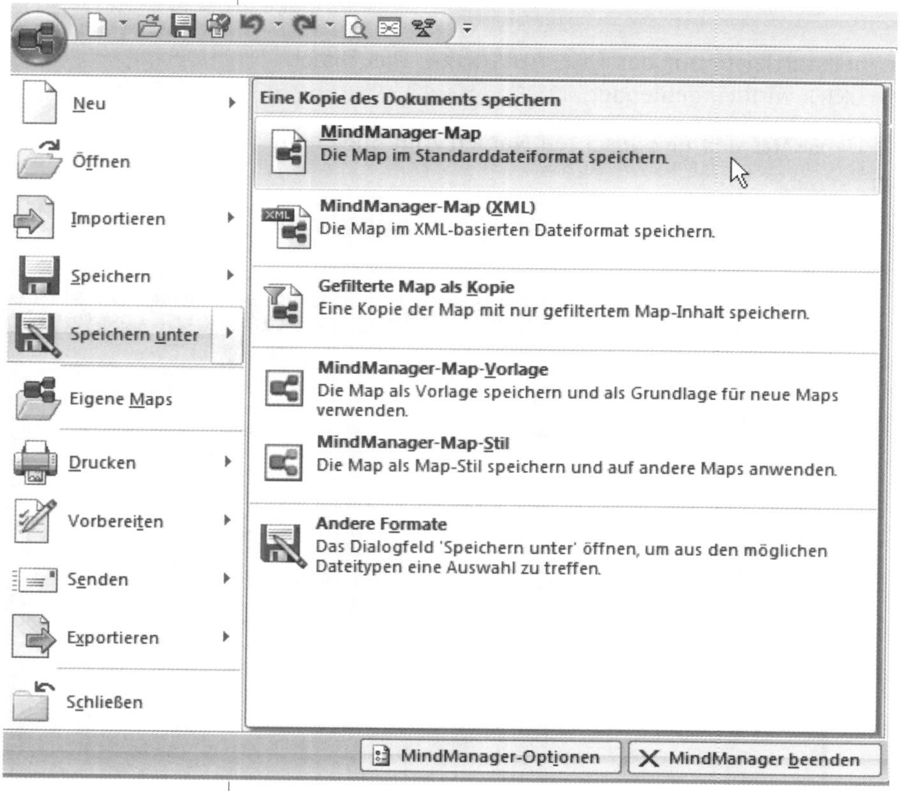

So kannst du deine Mindmap unter einem neuen Namen speichern.

Verschieben von Zweigen

Nachdem du alle deine Gedanken als Schlüsselworte in den Verzweigungen erstellt hast, solltest du deine Mindmap noch einmal genau in Augenschein nehmen. Oftmals sind die Zweige und Unterzweige noch nicht optimal aufgeteilt. Das ist nicht schlimm, denn per Drag&Drop lassen sich die Zweige leicht verschieben.

- Klicke das Schlüsselwort an, das du verschieben möchtest.
- Ziehe es dann mit gedrückter linker Maustaste über die Mindmap. Immer, wenn ein anderes Schlüsselwort in Reichweite ist, wird in der Vorschau ein Zweig dahin angezeigt.
- Sobald du die richtige Stelle zum Verankern gefunden hast, lasse die linke Maustaste los. Schon befindet sich das verschobene Schlüsselwort mitsamt dem Zweig an der gewünschten Stelle deiner Mindmap.

> Falls du keine Verbindung zu einem bestehenden Schlüsselwort wünschst, ziehe das Schlüsselwort *weit genug* außerhalb der bestehenden Verzweigungen. Schon steht es ohne eine Zuordnung auf der Map.

> Beim Verschieben eines Schlüsselwortes mit weiteren Unterzweigen werden diese automatisch mitverschoben.

Löschen von Zweigen

Es kann auch vorkommen, dass du ein Schlüsselwort nicht mehr benötigst.

Durch das Markieren dieses Schlüsselworts und das Drücken von `Entfernen` bist du den überflüssigen Gedanken wieder los.

> Aber **Vorsicht** bei dem Löschen: Alle etwa vorhandenen Unterzweige und damit auch alle dort verknüpften Schlüsselworte werden mitgelöscht!

Falls sich doch noch sinnvolle Eintragungen in diesen Unterverzweigungen befinden, veranker diese vorher an einer sicheren Stelle.

Falls du trotzdem zu schnell bist, hilft das Symbol RÜCKGÄNGIG in vielen Fällen weiter.

Mit der Tastenkombination `Strg` + `Shift` + `Entfernen` kannst du auch einen Zweig löschen, ohne dass die Unterzweige gelöscht werden.

Diese Zweige werden dann automatisch an dem nächsthöheren Zweig angedockt. Besser ist es aber, die Unterzweige manuell zu verschieben. Dann weist du immer genau, welcher Zweig wohin gehört.

Icons und Grafiken

Im Bereich der *Bibliothek* bietet dir der MindManager eine große Auswahl an Icons, Bildern, Hintergrundbildern und Formen an. Du findest die Bibliothek im rechten Bereich des MindManagers. Dort sind mehrere Registerblätter vorhanden.

Um die Inhalte der Bibliothek zu sehen, klicke auf das Registerblatt BIBLIOTHEK.

Das Fenster mit dem Inhalt der Bibliothek wird eingeblendet. Es besteht aus den Bereichen:

- Map-Markierungs-Icons
- Bilder
- Hintergrundbilder
- Formen

Je nach angewähltem Bereich erscheinen unterschiedliche *Aufgabenfenster.*

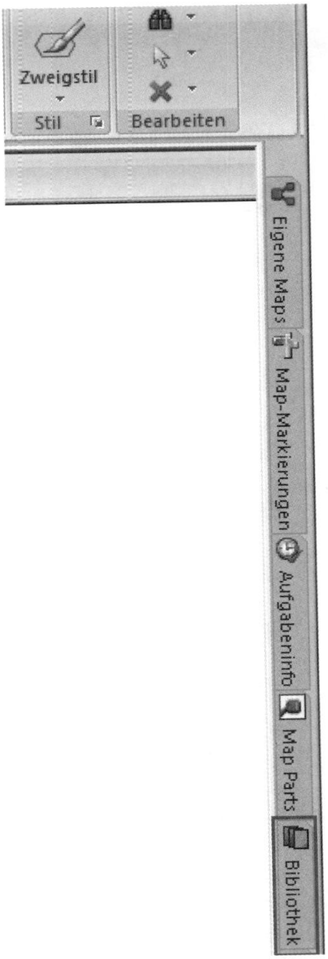

Du musst den Kopf etwas drehen, um die Registernamen lesen zu können.

Etwas für das Auge

Die Mindmap hat ja die Aufgabe, beide Gehirnhälften anzusprechen. Daher benutze, wo immer möglich, ergänzende Symbole und Grafiken zu deinen Gedanken.

Map-Markierungs-Icons:

Diese sind sehr gut geeignet, um bestimmte Schlagwörter zu betonen. Die Kaffeetasse beispielsweise ist ein beliebtes Icon für Pausen.

Auch hier bietet es sich wieder an, die Icons deinen eigenen Bedeutungen zuzuführen.

Eine eigene Map für die Bedeutung von Icons erstellen

- Klicke in der Schnellstartleiste auf das Symbol NEU (STANDARD-MAP).
- Tippe in das Feld *Hauptthema* ein: `Meine Iconzuordnung`.
- Füge durch `Enter` einen neuen Zweig ein.
- Tippe ein: `Zeitkritisch`.
- Klicke im Bereich der *Icons* auf die UHR.
- Vervollständige auf diese Art und Weise deine Mindmap.

Wenn deine Iconzuordnung abgeschlossen ist, speichere sie unter dem Namen `Meine Icons` ab.

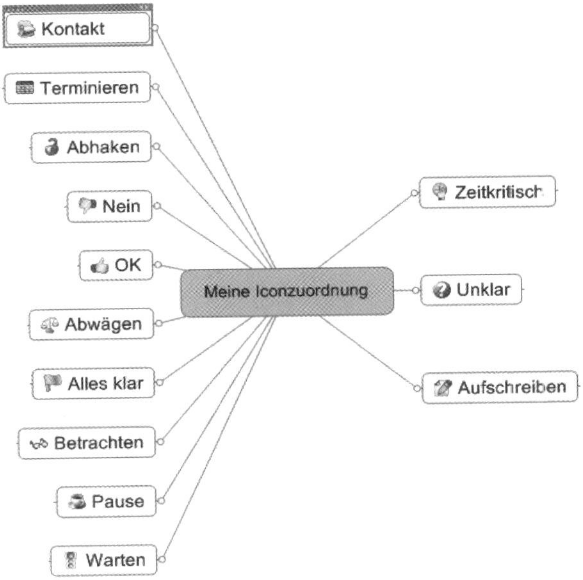

Die Ausrichtung der Zweige ist noch nicht optimal. Du kannst über die *Schnellstartleiste* per Mausklick eine optimale Ausrichtung der Zweige erreichen.

Klicke dazu auf das Symbol MAP AUSGLEICHEN.

Wenn du jetzt noch auf das Symbol MAP AN FENSTER ANPASSEN klickst, wird deine Mindmap optimal dargestellt.

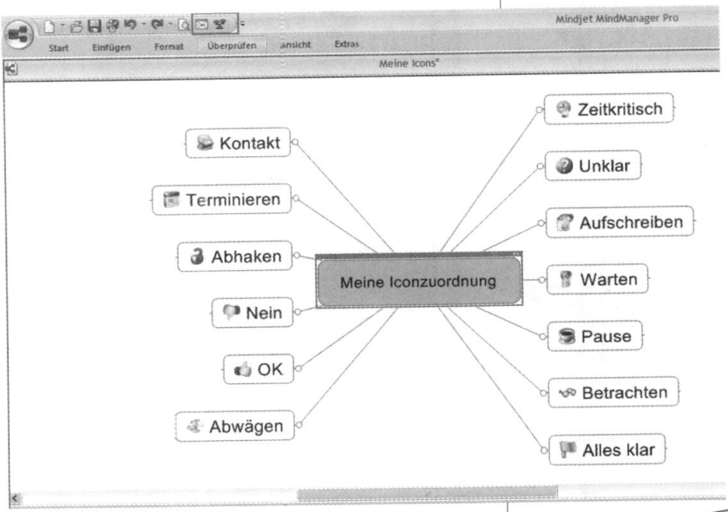

Durch zwei Mausklicks wird deine Mindmap optimal ausgerichtet und dargestellt.

Speichere die Mindmap jetzt in dieser Form ab.

Du kannst einem Schlüsselwort mehrere Icons zuordnen.

Um ein Icon zu entfernen, markiere das entsprechende Schlüsselwort und klicke in der *Bibliothek* noch einmal das bereits hinterlegte Icon an.

Arbeiten mit mehreren geöffneten Mindmaps

Sobald du mehr als eine Mindmap geöffnet hast, kannst du zwischen deinen Maps hin- und herschalten. Achte dazu auf den unteren Rand des MindManagers. Alle geöffneten Dateien werden in einem Registerblatt angezeigt. Zum Öffnen der professionellen Map klicke also auf das Registerblatt PROFESSIONELLES MAP. Schon wird diese Mindmap dargestellt.

Das klappt natürlich nur, wenn du auch beide Maps geöffnet hast.

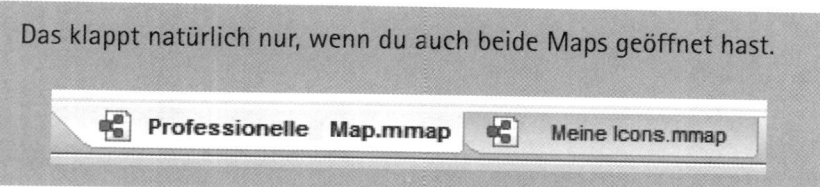

Bekomme keinen Schreck, wenn die Bibliothek nicht mehr eingeblendet ist.

Die Bibliothek sowie auch die anderen Registerblätter auf der rechten Seite des MindManager-Fensters werden nach ein paar Minuten wieder ausgeblendet.

Klicke dann einfach nochmals auf das Registerblatt, und schon werden die entsprechenden Fenster wieder eingeblendet.

Bilder

Hier findest du eine große Auswahl von vorgefertigten Illustrationen. Auch der Ordner EIGENE BILDER wird aktiviert. Bei Bedarf kannst du über den Hyperlink HINZUFÜGEN BILD eigene Bilder zu der Zusammenfassung hinzufügen.

Im Bereich der ORDNERAUSWAHL klickst du einen Ordner an und siehst die Bilder dann im unteren Fenster.

Du hast auch die Möglichkeit, in dem Fenster SCHLÜSSELWORT EINGEBEN nach einem bestimmten Bild zu suchen.

➢ Tippe den Namen des Bildes ein.

➢ Klicke auf die Schaltfläche SUCHEN.

Das Programm sucht dann in allen im Ordnerbereich angezeigten Ordnern nach entsprechenden Bildern.

Um ein Bild einem Schlüsselwort zuzuordnen, aktiviere zunächst das *Schlüsselwort* per Mausklick. Klicke dann auf das entsprechende Bild.

Wenn du ein anderes Bild zuordnen möchtest, klicke ganz einfach ein anderes Bild an. Das vorhandene Bild wird dann ersetzt.

Du kannst pro Schlüsselwort nur ein Bild, aber beliebig viele Icons zuordnen.

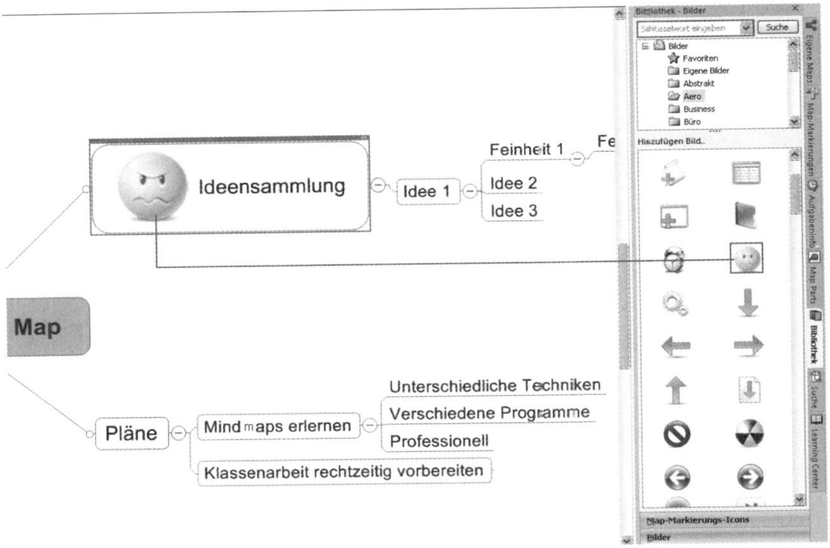

Du hast sogar die Möglichkeit, eingefügte Bilder in der Größe zu verändern. Und natürlich kannst du eingefügte Bilder auch wieder aus deiner Mindmap entfernen.

- Klicke in deiner Mindmap auf das Bild, das du bearbeiten willst. Es wird mit einem Rahmen versehen.
- Du veränderst die Bildgröße, indem du einen der Anfasspunkte des Rahmens mit gedrückter linker Maustaste ziehst.
- Du löschst ein Bild, indem du bei markiertem Bild (der Rahmen liegt darum) auf die `Entfernen`-Taste drückst.

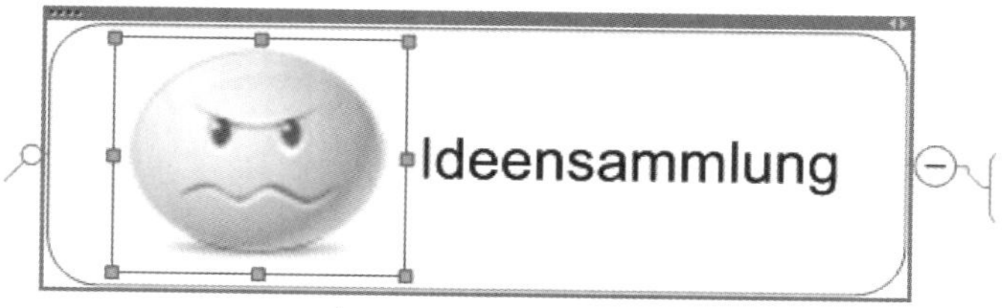

Wenn ein Rahmen um dein Bild erscheint, kannst du es in der Größe verändern oder bei Bedarf auch löschen.

Hintergrundbilder

In diesem Bereich wird eine Auswahl von Bildern für den Hintergrund dargestellt. Diese Hintergrundbilder eignen sich gut, um den, normalerweise weißen, Standardhintergrund zu *tapezieren.*

Im Bereich der Ordner kannst du zwischen mehreren Themen wählen:

- Geometrie
- Ornamente
- Papier
- Pflanzen
- Texturen

Zum Belegen deiner Mindmap wähle einfach per Mausklick einen Hintergrund aus. Das Ergebnis siehst du sofort auf deinem Bildschirm.

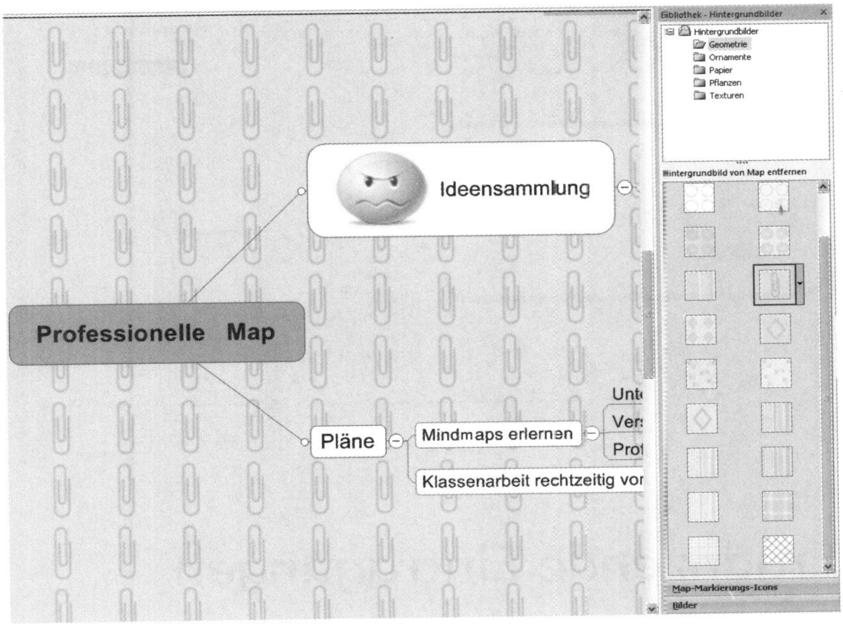

Wenn du den ausgewählten Hintergrund wieder loswerden möchtest, klicke auf den Hyperlink HINTERGRUNDBILD VON MAP ENTFERNEN. Dann bekommt deine Mindmap wieder einen weißen Hintergrund.

Formen

Die Bibliothek hält noch einige Formen für deine Schlüsselwörter bereit.

Durch die Auswahl einer Form wird diese dem *gerade markierten Zweig* zugewiesen. Das ist eine gute Möglichkeit, um bestimmte Zweige von anderen Zweigen abzuheben.

Auch in diesem Bereich kannst du Formen aus mehreren Ordnern auswählen:

- Abgerundete Rechtecke
- Ovale
- Rechtecke

Klicke das Schlüsselwort an, das eine andere Form bekommen soll, und wähle dann die gewünschte Form aus der Bibliothek aus.

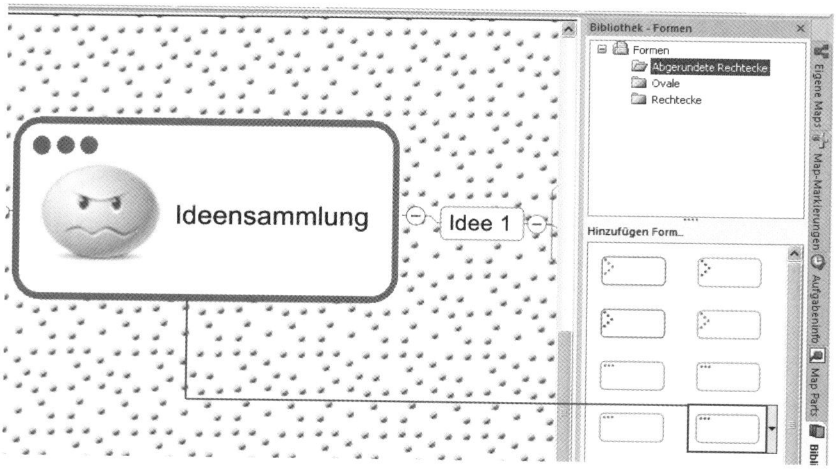

Ergänzende Eintragungen

Deine Mindmap sollte vom Grundsatz her nur aus einzelnen Schlüsselwörtern bestehen, aber es geht trotzdem oftmals nicht ohne ergänzende *Anmerkungen* oder *Kommentare*.

Nutze bei Bedarf diese ergänzenden Eintragungsmöglichkeiten. Wenn du einige Zeit nicht mit deiner Mindmap gearbeitet hast, sind diese Eintragungen äußerst hilfreich.

Auch wenn jemand anderes mit deiner Mindmap arbeiten darf, wird er sich über zusätzliche Informationen freuen.

Anmerkungen einfügen

Freie Anmerkungen sind nicht an Schlüsselwörter gebunden und können überall auf der Map hinterlegt werden.

Du erstellst eine freie Anmerkung mit einem direkten Mausklick an eine freie Stelle in der Mindmap. An der geklickten Stelle erscheint ein kleines *blaues Dreieck*.

Dahinter tippst du deine Anmerkung(en) direkt ein. Sobald du `Enter` betätigst, ist die freie Anmerkung Bestandteil deiner Mindmap.

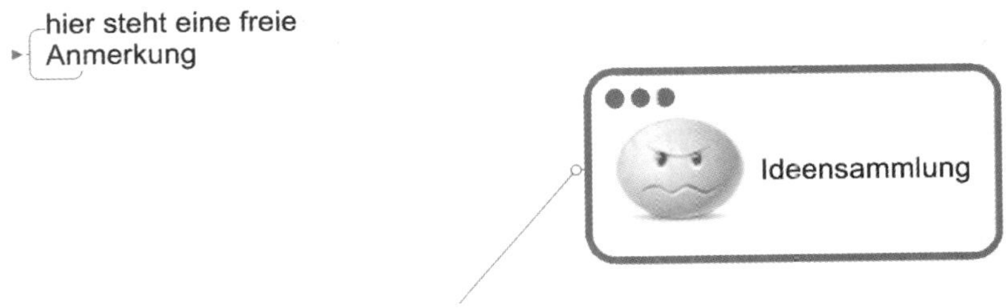

Anstatt einer freien Anmerkung hast du auch die Möglichkeit, über das Symbol ANMERKUNG eine an einen Zweig gebundene Anmerkung einzufügen.

Du musst allerdings vorher den Zweig markieren, an dem deine Anmerkung verankert werden soll.

Auch deine Anmerkungen sollen möglichst kurz sein, damit die Map nicht mit Informationen überladen wird.

Wenn du ausführliche Informationen hinterlegen willst, sind *Notizen* dazu besser geeignet.

Notizen hinzufügen

In Notizen kannst du ausführliche Hinweise zu deinen Schlüsselwörtern hinterlegen. Die Möglichkeit der Notizen grenzt schon an die Möglichkeiten einer kompletten Textverarbeitung.

Du kannst innerhalb deiner Notizen

- die Schriftart formatieren
- den Text ausrichten
- Listenpunkte einfügen
- den Einzug vergrößern oder verringern
- eine Hervorhebungsfarbe einstellen
- die Schriftfarbe verändern
- Tabellen einfügen
- einen Hyperlink erstellen
- ein Bild einfügen

Was kannst du dir noch mehr wünschen?

Um eine Notiz zu einem Schlüsselwort zu erzeugen, gehst du folgendermaßen vor:

- Markiere zunächst den mit einer Notiz zu versehenden Zweig.
- Wähle anschließend in der Multifunktionsleiste das Symbol NOTIZEN aus. Das Fenster ZWEIGNOTIZEN öffnet sich.
- Tippe hier die gewünschte Notiz ein. Probiere dabei auch ruhig die angebotenen Formatierungsmöglichkeiten aus.

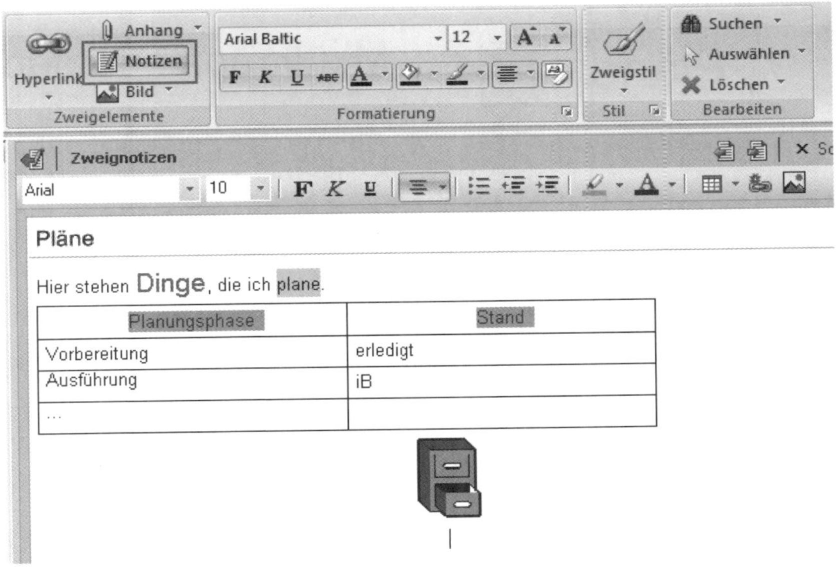

Fast schon eine eigene Textverarbeitung bietet der Notizenbereich von Mind-Manager.

Du kannst zu allen Zweigen Notizen hinterlegen.

Der Notizenbereich nimmt allerdings einen großen Teil des Fensters für die eigentliche Mindmap weg. Schließe daher jetzt deine Notiz mit einem Mausklick auf die Schaltfläche SCHLIESSEN im Fenster ZWEIGNOTIZEN.

Deine Notiz wird zusätzlich zum markierten Zweig gespeichert. Und du kannst sie trotz des geschlossenen Notizfensters erkennen.

Am Zweig selbst wird jetzt ein *Notizensymbol* hinterlegt.

Durch das Berühren des Notizensymbols mit dem Cursor wird die hinterlegte Notiz in einem *Vorschaufenster* angezeigt.

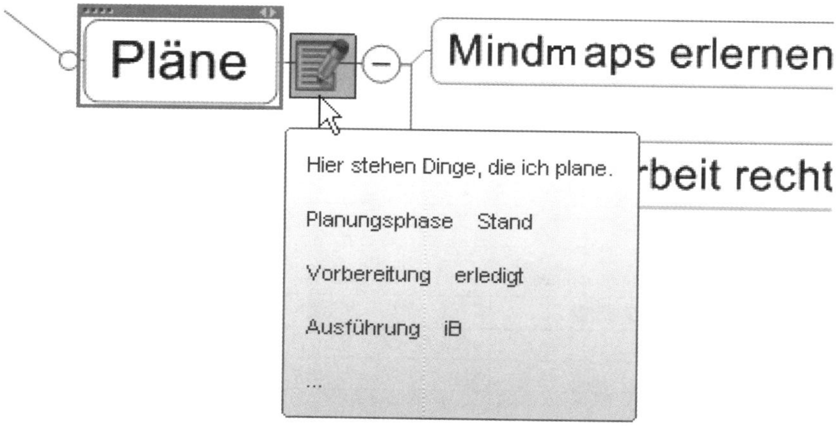

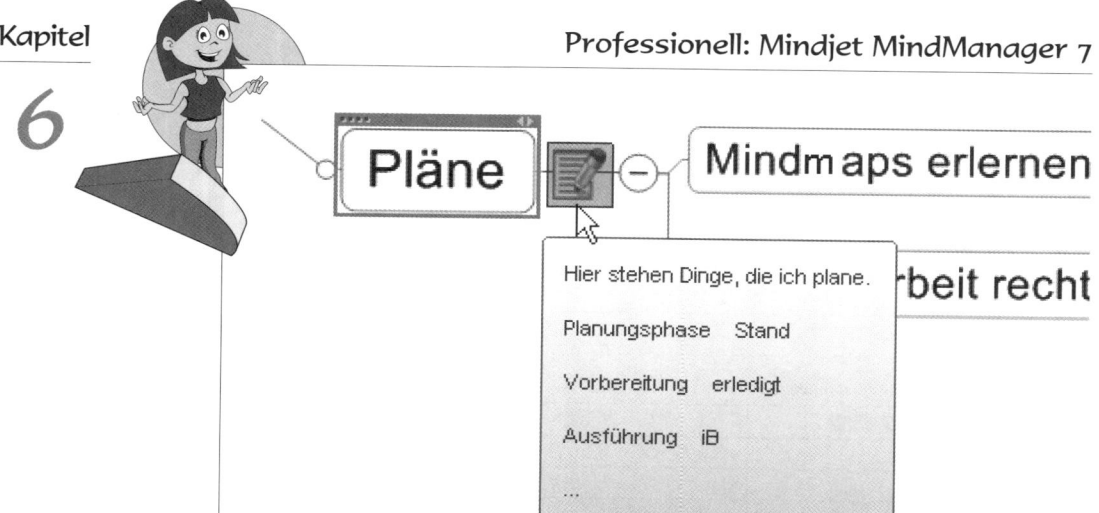

Notizen werden kenntlich gemacht.

Vor allen Dingen bei komplexen Themen oder bei Gedanken, die du seltener benutzt, sind Notizen sinnvoll.

Wenn das Notizenfenster geschlossen ist und du es wieder öffnen willst, klicke auf das NOTIZENSYMBOL. Das Notizenfenster wird wieder geöffnet und du kannst deine Notizen weiterbearbeiten.

Der Kommentar-Modus

Du bist immer noch nicht mit den Möglichkeiten zufrieden, zusätzliche Informationen zu hinterlegen? Vielleicht sind dann die Kommentare etwas für dich.

> Kommentare sind an Zweige gebunden. Markiere daher zunächst ein Schlüsselwort.

- Wechsle in der *Multifunktionsleiste* auf das Register ÜBERPRÜFEN.
- Klicke dort auf das Symbol NEUER KOMMENTAR. Das Fenster ZWEIGKOMMENTARE wird eingeblendet. Dein Name, das aktuelle Datum und die Uhrzeit werden bereits automatisch hinterlegt.
- Tippe jetzt deinen Kommentar zu diesem Schlüsselwort ein und drücke dann `Enter`.
- Markiere jetzt ein anderes Schlüsselwort.

- Klicke im Fenster ZWEIGKOMMENTARE auf das Symbol KOMMENTAR HINZUFÜGEN. Gib deinen Kommentar ein und drücke dann [Enter].
- Schließe das Fenster ZWEIGKOMMENTARE mit einem Mausklick auf das SCHLIESSEN-Symbol (das ist das kleine x am rechten Fensterrand des Kommentarfensters).

Sobald du einen Kommentar zu einem Zweig hinterlegt hast, wird dieser Kommentar durch ein eindeutiges Symbol neben dem Zweig gekennzeichnet.

Wenn du mit dem Cursor ein Kommentarsymbol auf der Map berührst, wird der zu diesem Zweig gehörende Kommentar in einem Fenster angezeigt.

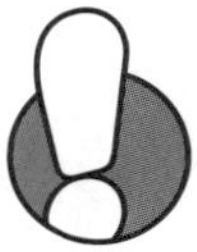

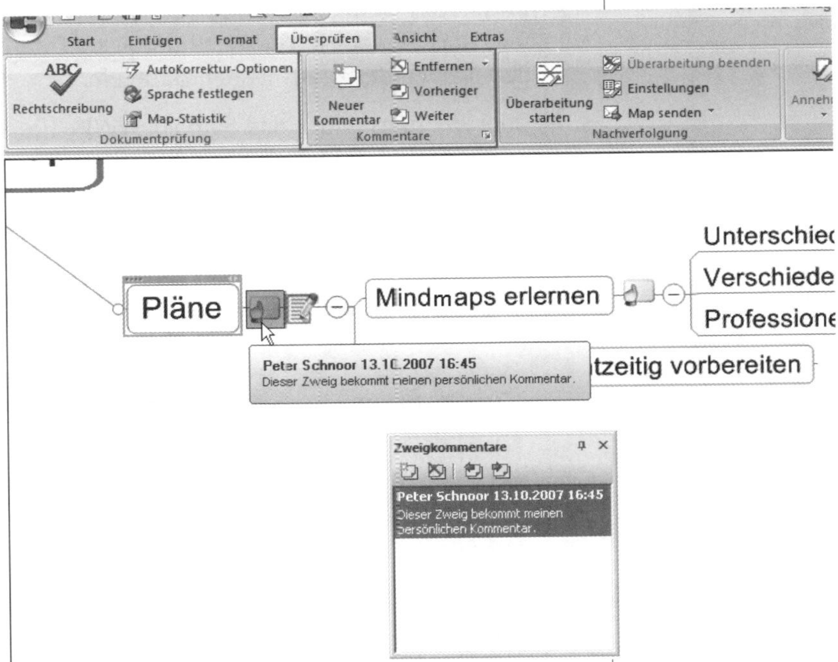

Kommentare sind auch für das Arbeiten mehrerer Anwender an einer Mindmap geeignet. Du erkennst sofort, wann welcher Anwender welchen Eintrag vorgenommen hat.

Durch die Symbole NEUER KOMMENTAR und ENTFERNEN in der Multifunktionsleiste hast du die Möglichkeit, Kommentare zu einem Zweig hinzuzufügen, Kommentare zu löschen und Kommentare zu bearbeiten.

Die Symbole VORHERIGER und WEITER dienen dazu, zwischen einzelnen Kommentaren hin- und herzuwechseln.

Hyperlinks

Anstatt (oder zusätzlich) zu einer Notiz kannst du auch problemlos *Hyperlinks* zu Dateien auf deinem PC, auf dem Netzwerk oder zu Internetadressen hinterlegen. Mit einem Doppelklick auf einen solchen Eintrag öffnet sich die entsprechende Datei oder die angegebene Seite im Internet.

- Klicke zum Hinterlegen einer solchen Hyperlinkadresse zunächst auf ein *Schlüsselwort*.
- Aktiviere anschließend in der Multifunktionsleiste das Register START und klicke dort auf das Symbol HYPERLINK.
- Im jetzt eingeblendeten Dialogfenster HYPERLINK HINZUFÜGEN gibst du über das Symbol DATEINAMEN (dargestellt durch den offenen Ordner) den Namen der zu öffnenden Datei ein.
- Oder du tippst über das Symbol WWW (Darstellung Weltkugel) die gewünschte Internetadresse ein.
- Mit einem Klick auf das Symbol ORDNER hast du die Möglichkeit, einen Ordner im Windows-Explorer zu öffnen.
- Mit einem Klick auf die Schaltfläche OK wird der ausgewählte Eintrag als Symbol auf dem markierten Zweig hinterlegt.

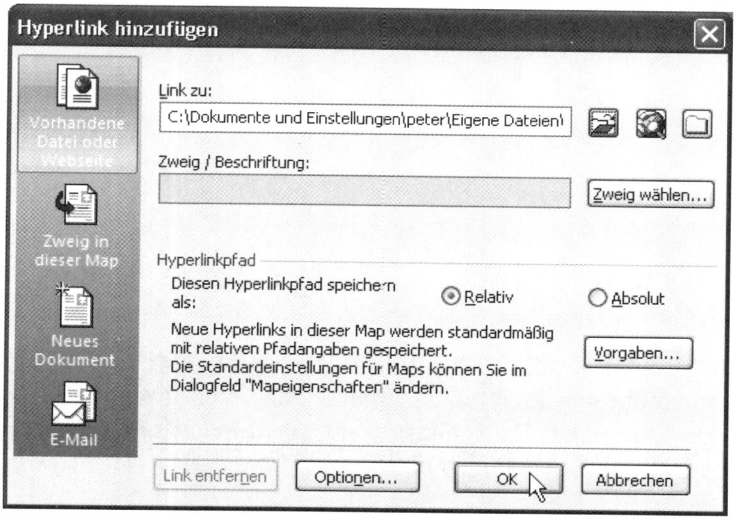

Wenn du mit dem Cursor einen solchen Eintrag berührst, wird die hinterlegte Verknüpfung angezeigt. Mit einem Mausklick auf dieses Symbol wird die hinterlegte Datei/Internetadresse oder der entsprechende Ordner geöffnet.

Anhänge hinzufügen

Kennst du aus deinem E-Mail-Programm die Möglichkeit, Anhänge zu verschicken? Du kannst auch Anhänge zu deiner Mindmap erstellen. Dadurch hast du die Möglichkeit, komplette Dokumente, MP3-Dateien, Videodateien und praktisch alle Dateiformate, die sich auf deinem PC befinden, an ein beliebiges Schlüsselwort anzuhängen.

Solltest du zum Beispiel ein Word-Dokument zum Thema deiner Mindmap benötigen, so erstellst du an dem entsprechenden Schlüsselwort einen Anhang mit dieser Datei.

- Markiere ein Schlüsselwort.
- Klicke in der Multifunktionsleiste auf das Symbol ANHANG. Das Dialogfenster ANHANG HINZUFÜGEN wird eingeblendet.
- Mit einem Mausklick auf das ORDNER-Symbol kannst du eine bestehende Datei auswählen.
- Falls die Datei erst jetzt entstehen soll, wählst du die Option NEUES LEERES DOKUMENT ALS ANHANG ANLEGEN aus. Im Auswahlfeld ERWEITERUNG legst du fest, was für eine Dokumentenart du erstellen möchtest.

Der Inhalt dieses Auswahlfelds ist davon abhängig, welche Programme auf deinem PC installiert sind. Wenn bei dir etwas anderes angezeigt wird, ist das also völlig okay.

Wenn du ein Häkchen in das Kontrollkästchen ANHANG JETZT BEARBEITEN setzt, wird das entsprechende Programm sofort zur Bearbeitung geöffnet. Sonst wird zunächst ein leeres Dokument gespeichert.

- Mit einem Klick auf die Schaltfläche OK wird der Anhang erstellt.

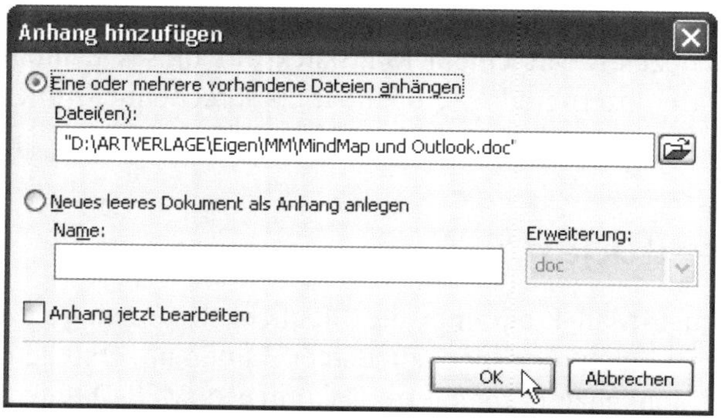

Du kannst eine bestehende Datei anhängen oder ein neues Dokument erstellen.

Der Anhang wird in der Mindmap als Büroklammer dargestellt. Sobald du die Büroklammer anklickst, öffnet sich das *Verwaltungsprogramm*. Hier kannst du die Datei öffnen, neue Dateien hinzufügen, die Datei umbenennen oder entfernen.

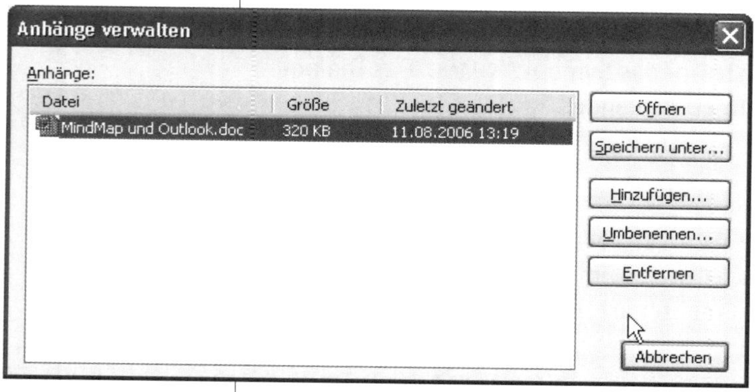

Mit Aufgabeninformationen arbeiten

Eine Mindmap im MindManager kannst du mit zusätzlichen Aufgabeninformationen versehen.

Falls du planst, für eine Klassenarbeit zu üben, ist es sinnvoll, einen *Starttermin*, einen *Endtermin* und eine *Priorität* zu dieser Aufgabe hinzuzufügen.

- Klicke das Schlüsselwort *Klassenarbeit rechtzeitig vorbereiten* an.
- Aktiviere in der Multifunktionsleiste das Symbol AUFGABENINFO. Das Aufgabenfenster für die Aufgabeninformationen wird eingeblendet.

- Wähle im Auswahlfeld PRIORITÄT die *Priorität 1* aus.
- Klicke auf das Kontrollkästchen ANFANGSDATUM. Das aktuelle Datum wird eingeblendet.

> Möchtest du an einem späteren Datum beginnen, aktiviere den kleinen Auswahlpfeil rechts im Fenster. Es wird ein *Kalender* eingeblendet, aus dem du das gewünschte Anfangsdatum per Mausklick auswählen kannst.

- Verfahre ebenso mit dem ENDDATUM.
- Wähle im Auswahlfeld FERTIG (%) den Wert *0 %* aus.
- Setze, falls noch nicht vorhanden, ein *Häkchen* in das Kontrollkästchen AUFGABENINFORMATIONEN ANZEIGEN.
- Schließe die Aufgabeninfos.

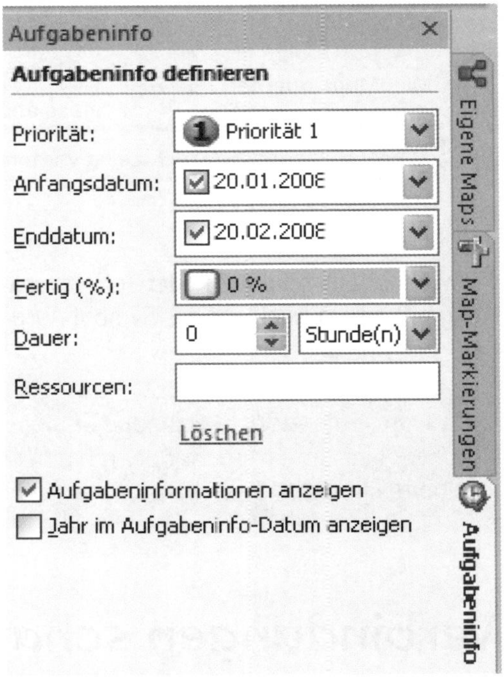

Mit ein paar Informationen zum Schlüsselwort kannst du Termine vorgeben.

Die Aufgabeninformationen werden in deiner Mindmap dargestellt. Und nicht nur das. Du kannst die Icons per Mausklick verändern.

Du hast bereits 25 Prozent deiner Aufgabe erledigt? Klicke dazu ganz einfach auf das Icon der ERLEDIGUNG. Schon wird dir der Stand der Erledigung angezeigt.

> Bei jedem Mausklick werden weitere 25 Prozent auf erledigt gesetzt, bis die Aufgabe abgeschlossen ist. Das wird dann durch ein Häkchen dargestellt.

Du bist doch noch nicht so weit? Ein weiterer Mausklick auf dieses Icon, und du beginnst wieder bei 0 Prozent.

Das gleiche Spielchen kannst du mit der *Priorität* machen. Sobald du auf dieses Symbol klickst, wird die Priorität erhöht, bis diese wieder bei eins anfängt.

Das ist doch mal eine geniale Aufgabenüberwachung.

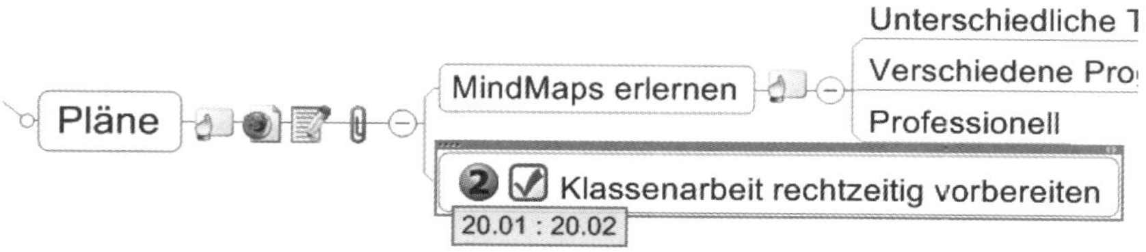

Aufgabenüberwachung per Mausklick

Für weitere Einstellungen oder Terminverschiebung ist die Aufgabenplanung mit einem Klick auf das Symbol AUFGABENINFO wieder verfügbar.

> Du kannst die Aufgabenplanung auch jederzeit aktivieren, indem du in den Registerblättern auf der rechten Seite auf das Register AUFGABENINFO klickst.

Verbindungen schaffen

Wenn Schlüsselwörter in unterschiedlichen Zweigen in Verbindungen zueinander stehen, kannst du das durch eine zusätzliche Verbindungslinie kenntlich machen.

Um das auszuprobieren, musst du deine Mindmap etwas erweitern. Schaffe einen neuen Hauptzweig mit dem Titel *Termine*. Erstelle dann zu diesem Zweig einen Unterzweig mit dem Titel *Klassenarbeit schreiben*.

Wenn du das schon selbst hinbekommst, Gratulation. Sonst gehen wir die Schritte gleich noch einmal gemeinsam durch.

Wenn dieser Unterzweig dann steht, wollen wir ihn mit dem Schlüsselwort *Klassenarbeit rechtzeitig vorbereiten* verbinden.

Los geht's.

- Aktiviere das Hauptthema *Professionelle Map*.
- Klicke auf das Symbol ZWEIG. Ein neuer *Hauptzweig* wird eingefügt.
- Tippe in diesen Zweig den Text `Termine` ein und drücke dann auf `Enter`.
- Klicke jetzt in der Multifunktionsleiste auf das Symbol UNTERZWEIG. Ein neuer Unterzweig wird erstellt.
- Gib hier ein: `Klassenarbeit schreiben` und drücke dann `Enter`.

> Ab hier geht's weiter, wenn du den ersten Teil schon alleine geschafft hast.

- Klicke in der Multifunktionsleiste auf das Symbol VERBINDUNG. Der Cursor verwandelt sich in ein Verbindungssymbol.
- Ziehe den Cursor auf das Schlüsselwort *Klassenarbeit schreiben*. Das *Halteverbotszeichen* neben dem Cursor verwandelt sich in ein *Pluszeichen*.
- Klicke auf dieses Schlüsselwort.
- Ziehe den Cursor jetzt auf das Schlüsselwort *Klassenarbeit rechtzeitig vorbereiten* und klicke dort auf die linke Maustaste. Es wird eine *Verbindungslinie* erstellt.
- Tippe in das Feld auf der Verbindungslinie ein: `Voraussetzung`.

So, jetzt hast du eine Abhängigkeit geschaffen, die auf deiner Mindmap sofort sichtbar ist.

Füge bei Bedarf noch ein paar Icons ein. Wenn du möchtest, auch ein paar Aufgabeninfos. Zum Beispiel, wann du die Klassenarbeit schreiben musst.

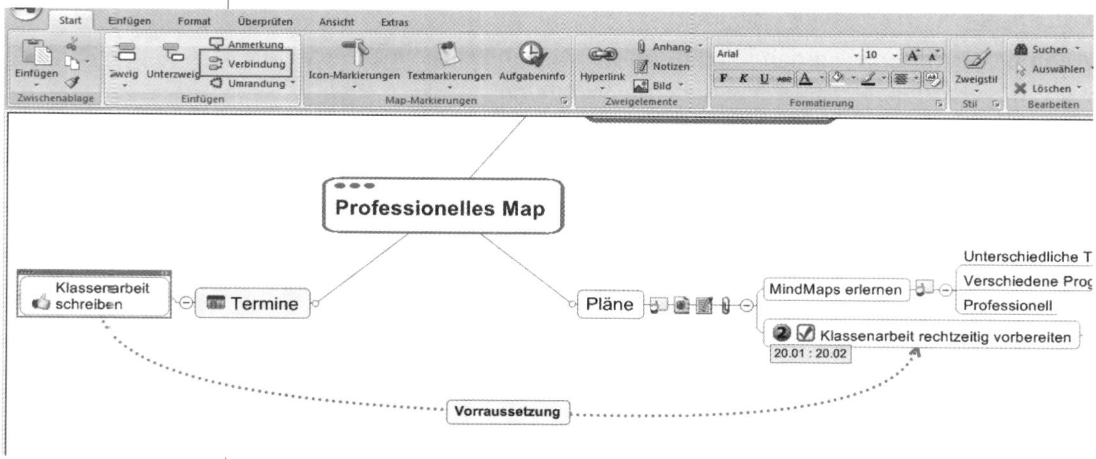

Bei den Verbindungen ist es also wichtig, dass du immer *zwei* Schlüsselwörter miteinander verbindest.

Wenn du die Verbindungslinie ändern möchtest, klickst du ganz einfach direkt darauf. Dann erscheinen an den Schlüsselwörtern zwei ANFASSPUNKTE. Mit gedrückter linker Maustaste auf die Anfasspunkte verschiebst du die Verbindungslinie so, wie du diese benötigst.

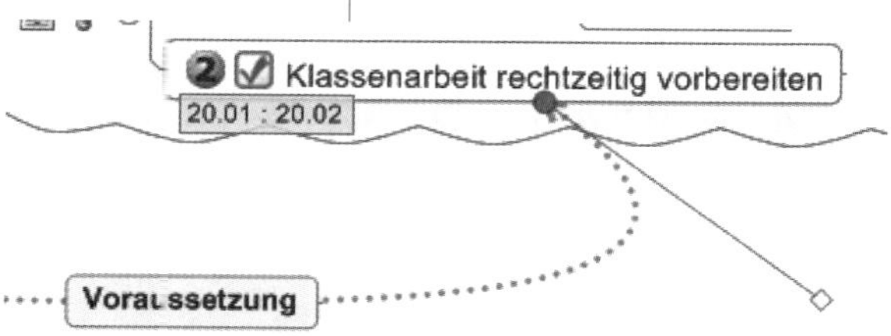

Sobald du einmal außerhalb der Verbindungslinie klickst, sind die Anfasspunkte wieder verschwunden.

Das Wichtigste betonen

Nachdem du jetzt schon prima mit dem MindManager umgehen kannst, wollen wir uns einmal die Formatierungsmöglichkeiten in deiner Mindmap etwas näher ansehen.

Aufmerksamkeit erregen

Fokussiere deine Aufmerksamkeit auf wichtige Zweige und offene Fragen, indem du

- die *Schriftfarbe* änderst
- die *Schriftgröße* änderst
- *Map-Markierungen* in Symbolform verwendest
- Zweige mit einem *Bild* illustriert
- Umrandungen hinzufügst, um die wichtigsten Bereiche zu kennzeichnen

Die Schriftfarbe ändern

Zum Ändern der Schriftfarbe klickst du auf das Schlüsselwort, dessen Farbe du ändern möchtest. Dann wählst du im Bereich der *Formatierung* die gewünschte SCHRIFTFARBE aus. So einfach ist das.

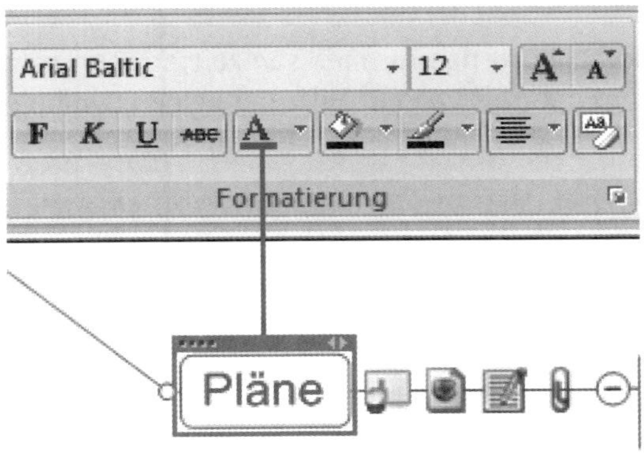

Bei dieser Gelegenheit kannst du auch noch gleich die Hintergrundfarbe für dein Schlüsselwort verändern. Wähle dazu aus dem Farbeimer rechts von der Schriftfarbe die gewünschte FÜLLFARBE aus.

Wo wir schon dabei sind, das nächste Symbol betrifft die LINIENFARBE. Sobald du diese änderst, wird die Zweigfarbe an deinem Schlüsselwort geändert.

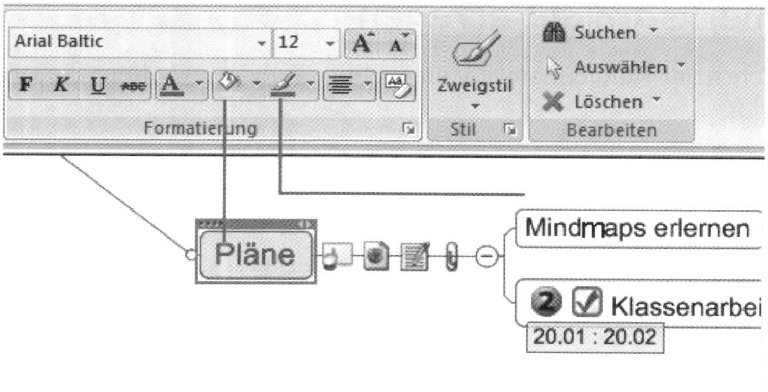

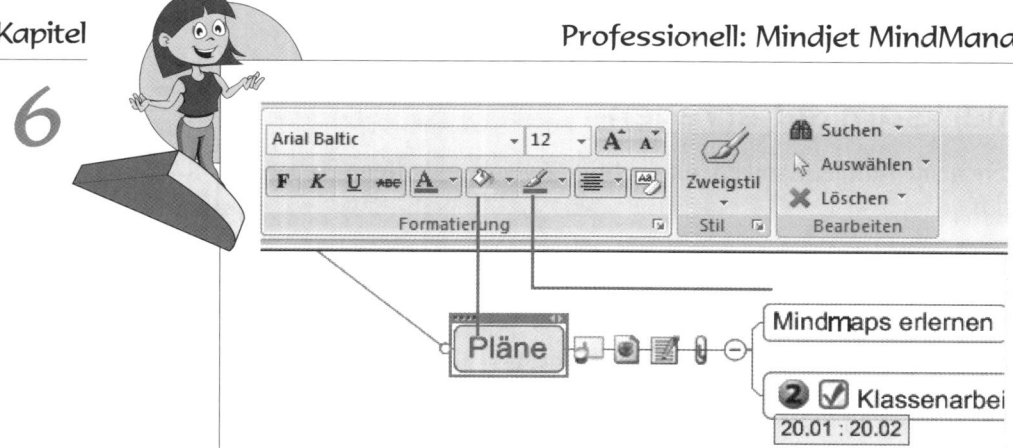

Du siehst, mit wenigen Mausklicks kannst du den Fokus auf wichtige Sachverhalte lenken.

Die Schriftgröße verändern

Eine weitere Möglichkeit, die Aufmerksamkeit auf ein Schlüsselwort zu lenken, besteht darin, die Schriftgröße zu verändern.

Markiere zunächst das Schlüsselwort, das Aufmerksamkeit erregen soll. Jetzt kannst du im Bereich der *Formatierung* mit Hilfe der beiden Symbole GRÖSSER und KLEINER den Schriftgrad deinen Wünschen anpassen.

Du hast auch die Möglichkeit, mit dem Auswahlfeld GRÖSSE zu arbeiten.

Und du kannst auch die SCHRIFTART ändern.

Mit dieser Kombinationsmöglichkeit fokussierst du blitzschnell auf dein Schlüsselwort.

Ein weiteres Hilfsmittel bieten die Symbole FETT, KURSIV und UNTERSTRICHEN, die als Ein- und Ausschalter fungieren. Beim ersten Klick wird die Funktion eingeschaltet, beim nächsten Klick wieder ausgeschaltet.

Mit Map-Markierungen und Bildern hast du schon gearbeitet. Zur Erinnerung: Schalte die BIBLIOTHEK ein, dann findest du die schönsten Mapmarkierungen (Icons) und Bilder.

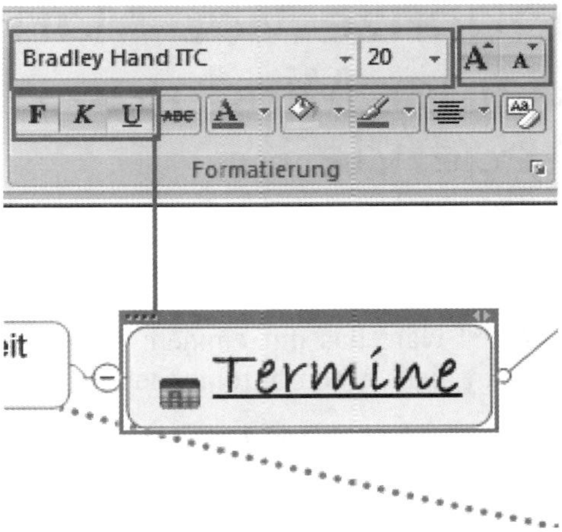

Mit wenigen Mausklicks schaffst du einen »Magnet fürs Auge«.

Umrandungen hinzufügen

Zusammenhängende Themen kannst du mit einer Umrandung versehen. Durch diese Möglichkeit hast du es viel einfacher, Gruppierungen sofort zu erkennen.

Das Schlüsselwort *Pläne* mit allen Unterzweigen soll eine gemeinsame Umrandung erhalten.

- Klicke in deiner Mindmap auf das Schlüsselwort *Pläne*.
- Klicke in der Multifunktionsleiste auf das Symbol UMRANDUNG. In einem Untermenü werden alle Umrandungsmöglichkeiten dargestellt.
- Wähle per Mausklick die *Wolken* aus. Schon sind alle Schlüsselwörte zum Thema *Pläne* von einer Wolke umgeben.

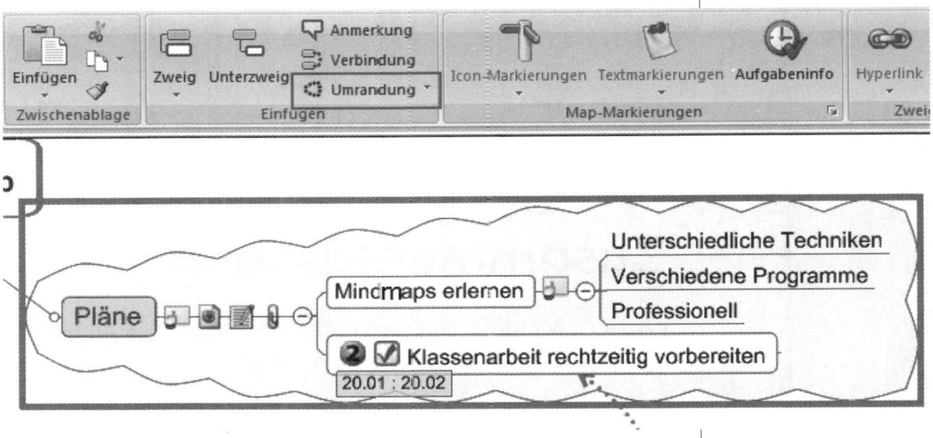

Ergänze Map-Markierungen in deiner Mindmap mit einer Legende

Zur Verbesserung der Lesbarkeit deiner Mindmap solltest du eine Legende mit allen verwendeten Map-Markierungen in deine Mindmap einfügen.

Manuell wäre das mit einigem Aufwand verbunden. Der MindManager erledigt diese Arbeit automatisch für dich.

- Wähle das Register MAP-MARKIERUNGEN (im rechten Fensterabschnitt) aus. Das Aufgabenfenster MAP-MARKIERUNGEN wird eingeblendet.
- Klicke im Bereich STRUKTURIERUNG auf den Eintrag LEGENDE IN MAP EINFÜGEN.
- Das gleichnamige Dialogfenster wird eingeblendet. Wähle hier die Option NUR MARKIERUNGEN EINFÜGEN, DIE GEGENWÄRTIG IN DER MAP BENUTZT WERDEN aus und klicke dann auf die Schaltfläche OK.
- Es wird der Hauptzweig *Legende* eingefügt, an dem alle benutzten Map-Markierungen inklusive Beschreibung als Unterzweige stehen.

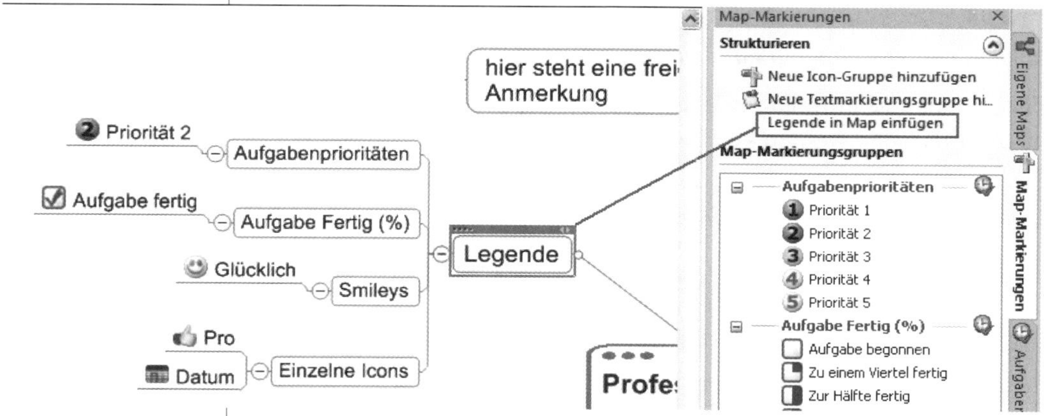

Zusammenfassung

- Der MindManager bietet dir viele Möglichkeiten, die andere Mindmap-Programme nicht bieten.
- Anstatt einer Menüleiste und Symbolleisten arbeitet der MindManager mit einer Multifunktionsleiste.

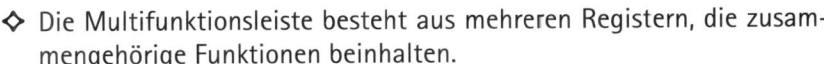

- Die Multifunktionsleiste besteht aus mehreren Registern, die zusammengehörige Funktionen beinhalten.
- Durch mehrere Ansichtsmöglichkeiten kannst du deine Mindmaps unterschiedlich darstellen.
- Zweige kannst du nach Belieben verschieben.
- Durch das Einfügen von Icons und Grafiken gestaltest du Mindmaps visuell.
- Du hast die Möglichkeit, mehrere Mindmaps gleichzeitig zu öffnen.
- Durch das Einfügen von Hintergrundbildern kannst du deine Mindmap tapezieren.
- Schlüsselwörter werden durch die Zuweisung anderer Formen kenntlich gemacht.
- Schlüsselwörter werden durch zusätzliche Anmerkungen, Notizen und Kommentare ergänzt.
- Bei Bedarf kannst du ganze Anhänge an ein Schlüsselwort anfügen.
- Durch Aufgabeninformationen werden deine Zweige terminiert und überwacht.
- Wenn Schlüsselwörter in unterschiedlichen Zweigen in Verbindung zueinander stehen, machst du das mit einer Verbindungslinie deutlich.
- Du betonst durch unterschiedliche Markierungen wichtige Schlüsselwörter.
- Durch das Einfügen einer Legende werden alle verwendeten Mapmarkierungen erklärt.

Ein paar Fragen ...

Frage 1: Warum besteht die Multifunktionsleiste aus mehreren Registern?

Frage 2: Wozu dient die Schnellstartleiste?

Frage 3: Wie erzeugst du Parallelzweige?

Frage 4: Wozu dient der Präsentationsmodus?

Frage 5: Wie verschiebst du Zweige?

Frage 6: Wie viele Bilder kannst du einem Schlüsselwort zuordnen?

Frage 7: Welche Möglichkeiten hast du, ergänzende Eintragungen zu Schlüsselwörtern zu hinterlegen?

Frage 8: Wozu dienen Aufgabeninformationen?

Frage 9: Wann benötigst du eine Verbindungslinie?

Frage 10: Durch welche Formatierungsmöglichkeiten kannst du wichtige Elemente in deiner Mindmap kenntlich machen?

Frage 11: Wann solltest du mit Umrandung arbeiten?

… und einige Aufgaben

- Sieh dir deine Mindmap in der Gliederungsansicht an. Achte dabei auf die zusätzlichen Markierungen.
- Betrachte deine Mindmap im Präsentationsmodus.
- Erstelle für deine Mindmap einen Hintergrund.
- Ergänze deine Mindmap um zusätzliche Informationen.

7

Das besondere Plus: Office-Verknüpfungen

Dieses Kapitel ist für dich interessant, wenn du mit *Microsoft Office* arbeitest. Dann stehen dir zusätzliche Möglichkeiten zur Verfügung, die das Arbeiten mit dem MindManager noch wesentlich effektiver machen.

Voraussetzung dazu ist allerdings, dass du die Version MindManager 7 *Professionell* installiert hast.

Abhängig von der Software, die auf deinem PC installiert ist, stehen dir beispielsweise folgende Exportformate zur Verfügung:

- Word
- PowerPoint
- Outlook Aufgaben
- Projekt
- Visio
- Website
- PDF-Datei
- Bilddatei

Im Bereich der *Outlook-Synchronisation* kannst du folgende Outlook-Elemente neu anlegen:

- Outlook Termine
- Outlook Notizen

- Outlook Kontakte
- Outlook Aufgaben

Du kannst sogar problemlos EXCEL BEREICHE in deine Mindmap einfügen.

Und es gibt noch eine tolle Möglichkeit: *Word-Dateien* kannst du in Mindmaps umwandeln.

Alle diese Möglichkeiten kannst du in diesem Kapitel nachlesen:

- aus einer Mindmap ein Word-Dokument erzeugen
- aus einem Word-Dokument eine Mindmap erzeugen
- aus einer Mindmap wird eine PowerPoint-Präsentation
- ein Bereich aus Excel in die Mindmap einfügen
- Synchronisation mit MS-Outlook
- Outlook-Elemente direkt in der Mindmap erzeugen

Aus einer Mindmap ein Word-Dokument erzeugen

Du kannst deine Mindmap per Knopfdruck in ein Word-Dokument umwandeln. Sinnvoll ist es allerdings, dir deine Mindmap zunächst einmal in der *Gliederungsansicht* anzusehen.

- Wähle in der *Multifunktionsleiste* das Register ANSICHT aus.
- Klicke im Bereich der *Dokumentansichten* auf das Symbol GLIEDERUNGSANSICHT.
- Die Gliederungsansicht deiner Mindmap wird angezeigt. Hier erkennst du schon die lineare Form, in die deine Mindmap umgewandelt wird.

> Die Gliederungsansicht enthält jetzt auch alle verwendeten Icons. Und diese sind voll funktionsfähig.

Wenn du mit dem Cursor einen *Notizeintrag* berührst, wird der Inhalt der Notiz in einem *Vorschaufenster* angezeigt.

Sobald du auf diesen Eintrag klickst, bekommst du das Fenster dieser ZWEIGNOTIZ eingeblendet. Per Mausklick auf die Schaltfläche SCHLIESSEN wirst du dieses Fenster wieder los.

Die Icons aus der *Aufgabenplanung* kannst du per Mausklick in einen anderen Status ändern (Erledigungsgrad, Priorität und so weiter).

Warum dann überhaupt noch eine Datenübertragung nach Word?

Wenn andere Anwender nicht den MindManager haben, ist eine Übertragung unbedingt nötig.

Oder wenn du eine Arbeit (zum Beispiel einen Deutschaufsatz) zunächst einmal kreativ erfassen und gestalten willst, wirst du das sinnvollerweise als Mindmap machen. Anschließend kannst du deine Ideen dann in ein Word-Dokument umwandeln und weiterbearbeiten. Diese Arbeit kannst du dann problemlos überall abgeben.

Eine Umwandlung ist also für alle Nutzer sinnvoll, die nicht *Mindmap-kompatibel* sind.

Du kannst dein Word-Dokument aus der *Gliederungsansicht* an Word senden. Es geht aber auch direkt aus der *Mapansicht* heraus.

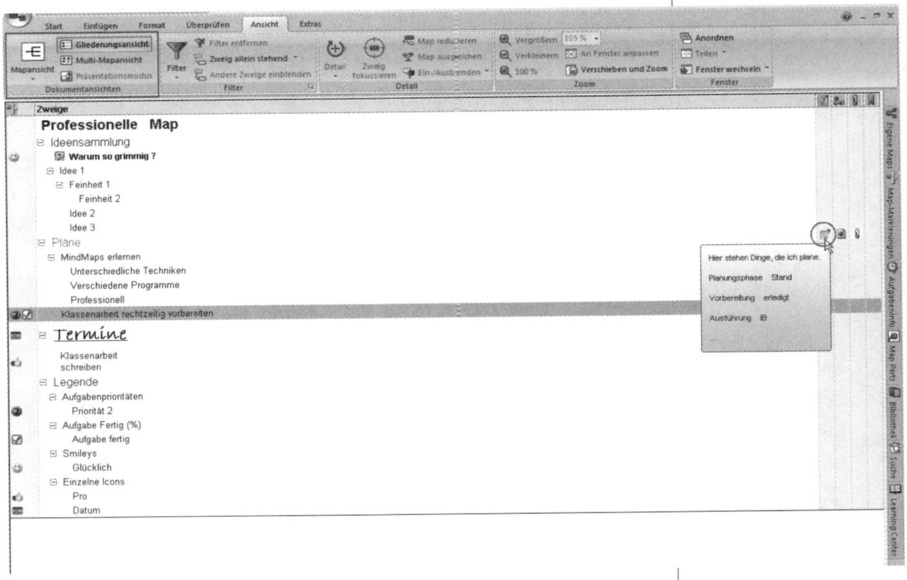

Die Gliederungsansicht ist voll funktionsfähig.

Um wieder in die Mapansicht zu gelangen, klicke in der *Multifunktionsleiste* direkt auf das Symbol MAPANSICHT.

Du kannst dein Word-Dokument auf zwei Arten erzeugen:

- Klicke auf die Schaltfläche MINDMANAGER, ziehe den Cursor auf den Befehl EXPORTIEREN und klicke im jetzt angezeigten Fenster auf den Befehl NACH MICROSOFT WORD EXPORTIEREN.

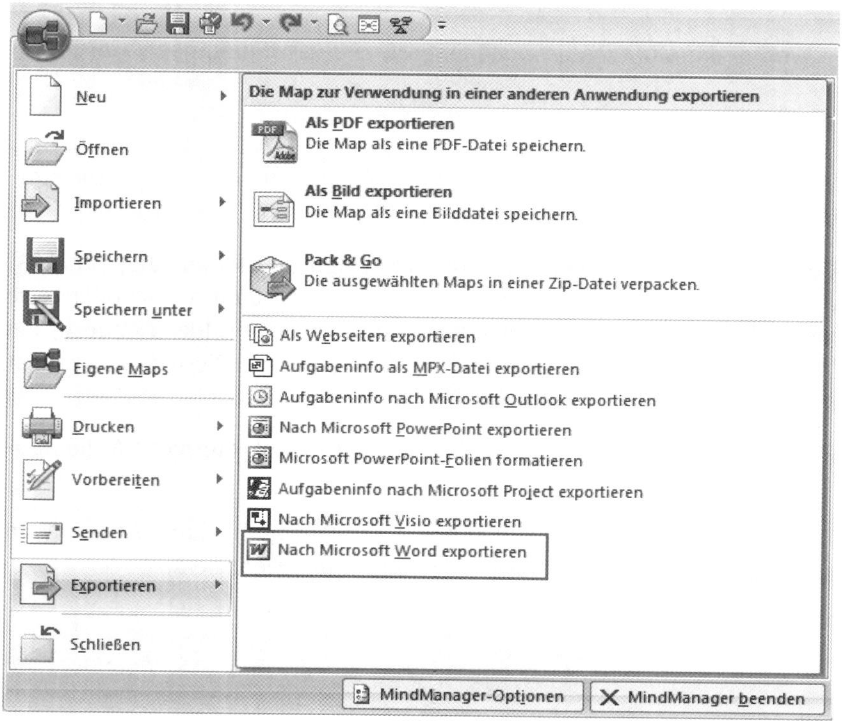

- Klicke mit der rechten Maustaste auf das Hauptthema, ziehe den Cursor in dem jetzt eingeblendeten *Kontextmenü* auf den Befehl SENDEN AN und klicke im Untermenü auf den Befehl MICROSOFT WORD.

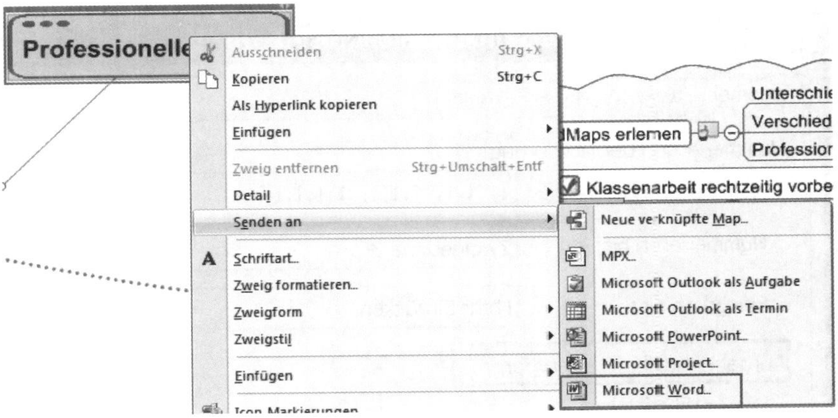

Wie du auch lieber vorgehen magst, das Ergebnis ist das gleiche.

Im ersten Fall wirst du zunächst nach dem *Namen* der zu erstellenden Word-Datei gefragt. Im zweiten Fall kommt diese Frage nicht auf, denn es wird zunächst ein Word-Dokument ohne Namen erzeugt (DOKUMENT 1), das du anschließend unter einem Namen abspeichern musst.

Auf alle Fälle erscheint das Dialogfenster *Einstellungen für das Senden an Word*.

Hier sind alle wichtigen Einstellungen schon vorgegeben, du kannst sie aber nach deinen eigenen Vorstellungen ergänzen.

Bei deiner Map wäre es sinnvoll, die *Aufgabenattribute* mit in den Export einzubeziehen.

Setze im Bereich *Aufgabenattribute exportieren* ein Häkchen in die Kontrollkästchen:

- STARTDATUM
- FÄLLIGKEITSDATUM
- PRIORITÄT
- FERTIG (%)

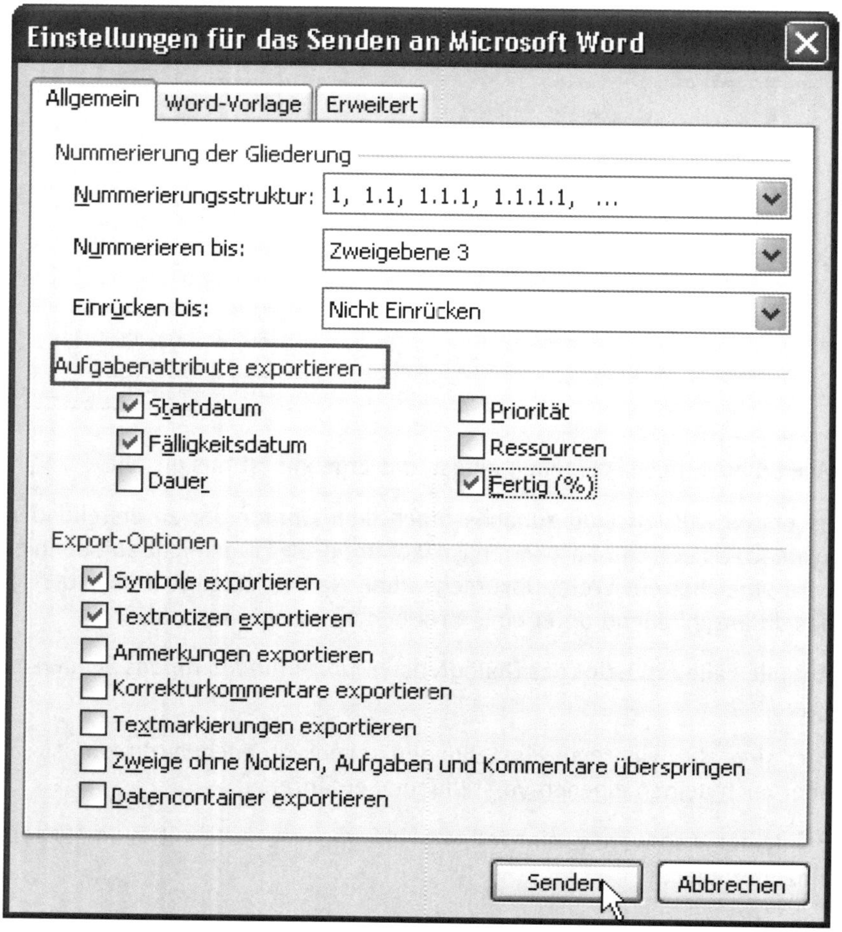

Klicke dann auf die Schaltfläche SENDEN. Dein Word-Dokument wird erzeugt.

Professionelle Map

1 Ideensammlung

1.1 Idee 1

1.1.1 Feinheit 1

Feinheit 2

1.1.2 Idee 2

1.1.3 Idee 3

2 Pläne

Siehe Dokument: www.google.de

Hier stehen Dinge, die ich plane.

Planungsphase	Stand
Vorbereitung	erledigt
Ausführung	iB
...	

2.1 MindMaps erlernen

2.1.1 Unterschiedliche Techniken

2.1.2 Verschiedene Programme

2.1.3 Professionell

2.2 Klassenarbeit rechtzeitig vorbereiten

Startdatum: 20.01.2008	Fälligkeitsdatum: 20.02.2008
Erledigt: 100 %	

3 Termine

3.1 Klassenarbeit schreiben

Siehe auch: Klassenarbeit rechtzeitig vorbereiten

So sieht deine Mindmap als Word-Darstellung aus.

Ein Word-Dokument in eine Mindmap umwandeln

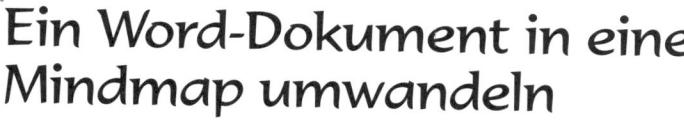

Du hast auch die Möglichkeit, ein Word-Dokument in eine Mindmap umzuwandeln. Dadurch kannst du dir zum Beispiel komplizierte Sachverhalte deutlich machen und besser durchschauen.

Wichtig ist es, dass du dein Word-Dokument vorher *gliederst.*

Das geht am einfachsten dadurch, dass du *Überschriften* in dein Dokument einfügst.

Eine *Überschrift 1* entspricht dann einem *Hauptzweig*, jede weitere Überschrift entspricht einem *Unterzweig* der entsprechenden Ebene.

Wenn du mehr über Word 2007 erfahren willst, gibt es in der Kids-Reihe das Buch *Word 2007 für Kids*. In diesem Buch erfährst du alles, was du mit Word so anstellen kannst.

Vorbereitung (Gliedern)

Zunächst soll ein Word-Dokument erstellt und dann gegliedert werden. Wenn das erledigt ist, wollen wir aus dem Word-Dokument eine Mindmap erzeugen.

Starte zunächst *Word 2007* mit einem neuen, leeren Dokument.

Du willst eine Liste deiner Bücher in Word erstellen. Unterteile diese Liste in unterschiedliche Kategorien. Tippe zunächst alles unformatiert ein.

Als Beispiel:

```
Fachbücher
Rechnen mit Excel für Kids / Gerhard Geller
PowerPoint für Kids / Pia Bork
PHP und MySQL Praxisbuch für Kids / Johann-Christian Hanke
Word 2007 für Kids / Peter Schnoor
Mindmaps für Kids / Peter Schnoor
Unterhaltungsbücher
```

```
Harry Potter Band 1-7 / J. K. Rowling
Tintenherz / Cornelia Funke
Tintenblut / Cornelia Funke
Tintentod / Cornelia Funke
```

Nachdem du deine Liste erstellt hast, speichere sie unter dem Namen *Bücherliste* ab.

Jetzt geht es ans *Gliedern.*

- Setze den Cursor vor den Eintrag *Fachbücher.*
- Klicke jetzt im Bereich der *Formatvorlagen* auf den Eintrag ÜBERSCHRIFT 1.
- Markiere jetzt die Einträge bis vor dem Text *Unterhaltungsbücher* und formatiere diesen Bereich mit ÜBERSCHRIFT 2.
- Den Text *Unterhaltungsbücher* formatierst du wieder mit der ÜBERSCHRIFT 1 und die Bücher darunter mit der ÜBERSCHRIFT 2.

Wenn du in deiner Bücherliste noch weitere Einträge hast, weise diese den unterschiedlichen Überschriftebenen zu.

Schreibe unter deiner Bücherliste den Stand der Erstellung auf. Zum Beispiel:

```
Erstellt: 22.2.2008.
```

Speichere dein Dokument danach noch einmal ab.

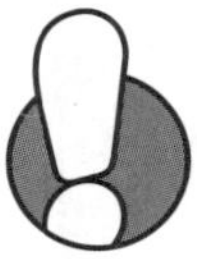

Umwandeln

Die Vorarbeit ist geleistet. Jetzt geht es an die Übertragung in deine Mindmap.

- Markiere alle Einträge.
- Aktiviere in der *Multifunktionsleiste* das Register ADD-INS. Klicke dort auf das Symbol AUSGEWÄHLTE ABSÄTZE AN MINDJET MINDMANAGER SENDEN.

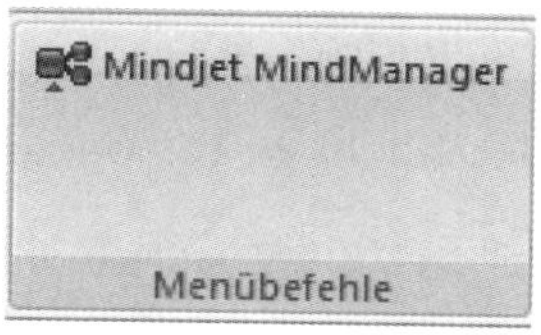

- Je nach Geschwindigkeit deines Rechners musst du jetzt etwas Geduld aufbringen. Nach einiger Zeit wird das Ergebnis im MindManager dargestellt.
- Du erkennst, dass auch nicht gegliederte Absätze mitgenommen werden, allerdings nicht als Zweig, sondern als *Zweignotiz.*

Jetzt kannst du deine Büchersammlung komfortabel und übersichtlich als Mindmap weiterbearbeiten.

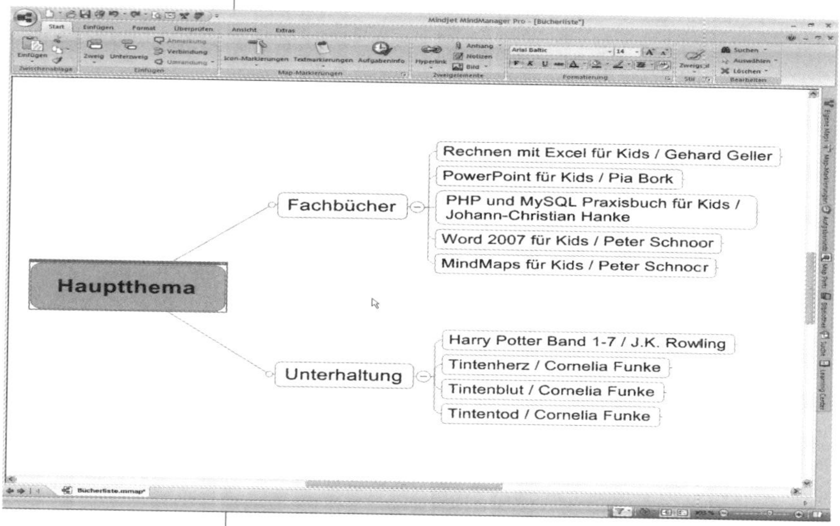

Benenne das *Hauptthema* in BÜCHERLISTE um und speichere deine Mindmap unter diesem Namen ab.

Jetzt kannst du deine Bücherliste etwas aufpeppen. Füge Bilder ein. Erstelle, wenn du möchtest, weitere Unterpunkte. Das übt den Umgang

mit Mindmaps und bereitet deine Mindmap gleichzeitig für eine PowerPoint-Präsentation vor.

Eine PowerPoint-Präsentation auf Knopfdruck

Du hast schon gelesen, dass du Mindmaps direkt im *Präsentationsmodus* vorführen kannst. Aber das Standardprogramm für Präsentationen ist *Microsoft PowerPoint*. Daher bietet dir der MindManager auch die Möglichkeit, deine Mindmap nach PowerPoint zu exportieren.

Wenn du so weit bist, übertrage deine Mindmap an PowerPoint.

Der einfache Weg

Klicke mit der *rechten* Maustaste auf das Hauptthema. Ziehe im jetzt eingeblendeten Kontextmenü den Cursor auf den Eintrag SENDEN AN und klicke im dann eingeblendeten Untermenü auf den Befehl MICROSOFT POWERPOINT.

Das Dialogfenster *Formatierungseinstellungen Microsoft PowerPoint-Export* wird eingeblendet.

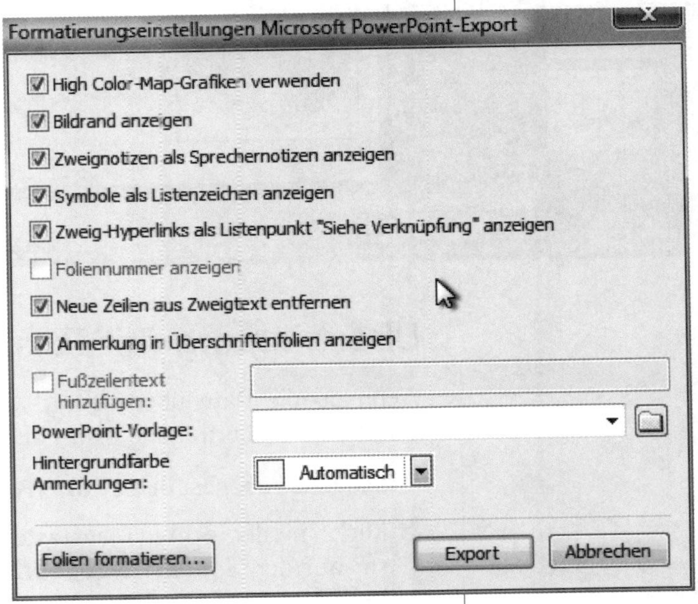

Setze die gewünschten Häkchen in diesem Dialogfenster.

Du kannst die Standardeinstellungen auch so lassen, wie diese voreingestellt sind.

Klicke dann auf die Schaltfläche EXPORT.

Ein *Fortschrittsbalken* zeigt dir an, wie weit die Datenübertragung fortgeschritten ist.

Sobald diese fertig ist, wird PowerPoint mit deiner neuen Präsentation geöffnet und du kannst sie bei Bedarf weiterbearbeiten.

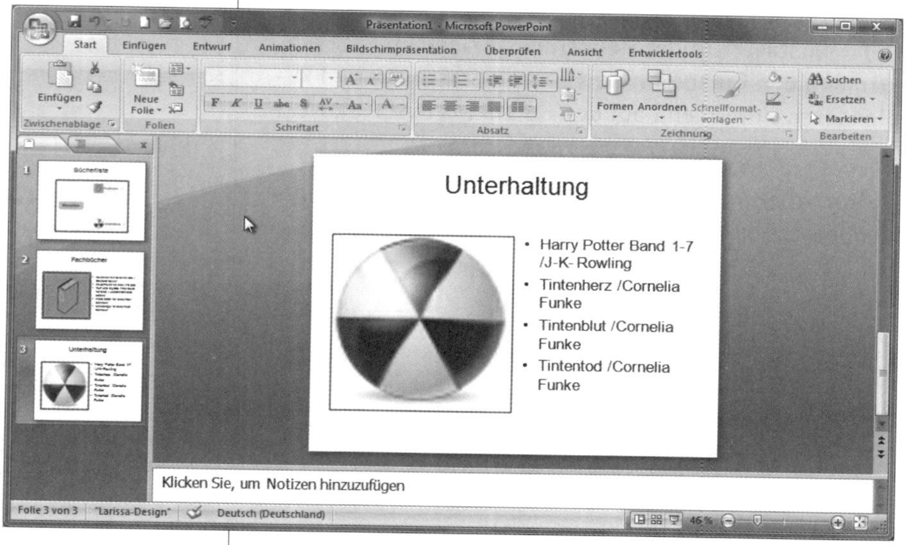

Eine PowerPoint-Präsentation ohne Umwege

Übertragung mit Format

Wenn du die Datenübertragung weitergehend beeinflussen möchtest, musst du die Übertragung etwas anders gestalten.

- Schließe zunächst deine PowerPoint-Präsentation ohne Speicherung.
- Klicke mit der rechten Maustaste auf das Hauptthema. Ziehe den Cursor auf den Eintrag SENDEN AN und klicke im dann eingeblendeten Untermenü auf den Befehl MICROSOFT POWERPOINT.

- Das Dialogfenster FORMATIERUNGSEINSTELLUNGEN MICROSOFT POWERPOINT-EXPORT wird eingeblendet. Also bisher alles, wie gehabt.
- Klicke jetzt in diesem Dialogfenster auf die Schaltfläche FOLIEN FORMATIEREN. Im MindManager wird das *Aufgabenfenster* POWERPOINT-FOLIEN FORMATIEREN eingeblendet.
- Du kannst jetzt jede einzelne Folie nach deinen Vorstellungen formatieren.
- Klicke die erste Folie an. Wähle dann im Bereich *Bildquelle* MAP-BILD (2 EBENEN) aus und betrachte dir das Ergebnis in der Folienvorschau.
- Aktiviere die zweite Folie. Stelle die *Bildquelle* von Zweig auf MAP-BILD (2 EBENEN) ein.
- Klicke die dritte Folie an. Stelle die *Bildquelle* zum Beispiel auf KEIN BILD ein.
- Klicke im *Aufgabenbereich* jetzt auf die Schaltfläche EXPORT.
- Du wirst im jetzt eingeblendeten Dialogfenster EXPORTIEREN DER MAP ALS nach einem Speichernamen gefragt. Gib, falls noch nicht vorgegeben, den Namen `Bücherliste` ein und betätige dann die Schaltfläche SPEICHERN.

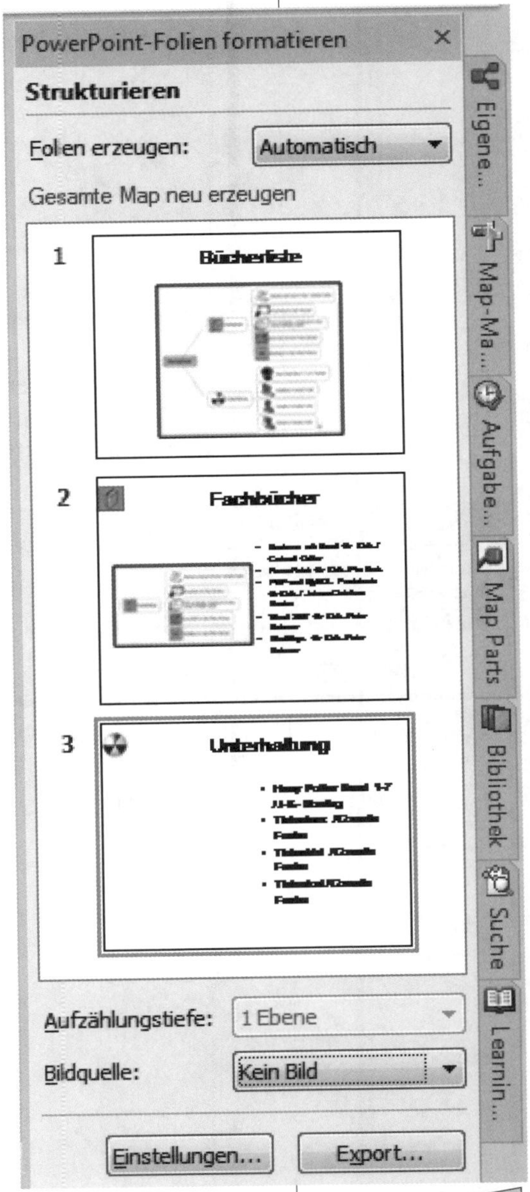

PowerPoint-Folien vor der Übertragung formatieren

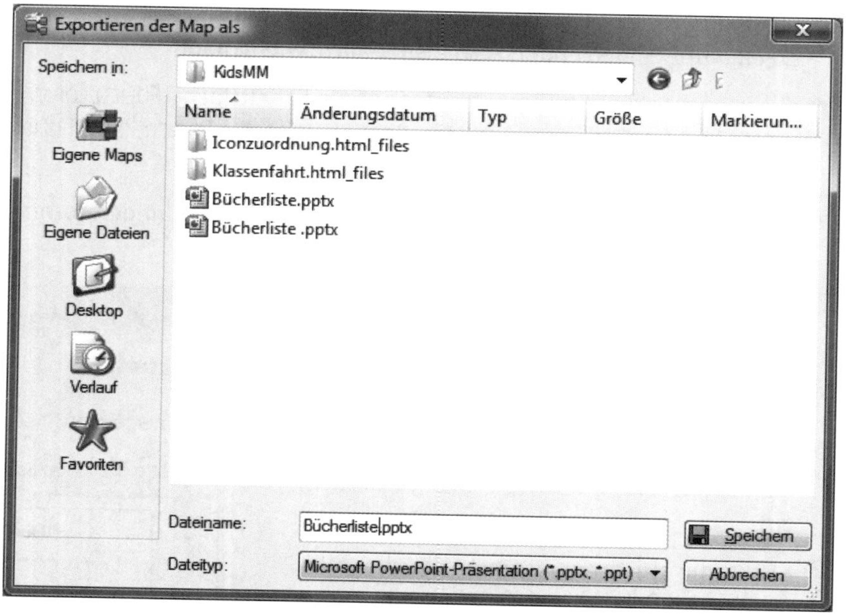

➢ Das Dialogfenster STATUS DES MICROSOFT POWERPOINT-EXPORTS wird eingeblendet. Wenn der Fortschrittsbalken sein Ziel erreicht hat, klickst du auf die Schaltfläche ÖFFNEN.

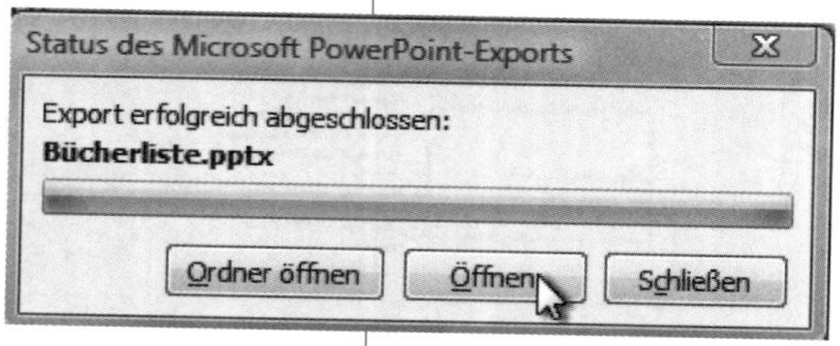

➢ PowerPoint wird geöffnet und deine Mindmap ist bereit für die Präsentation.

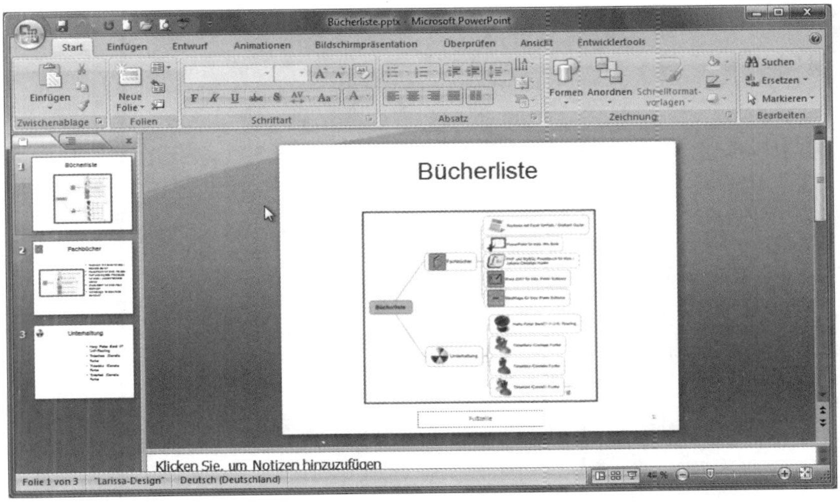

Berechnungen mit Excel und ab in die Map

Wenn du schon mit Excel gearbeitet hast, weißt du die Rechenkünste des Programms sicherlich zu schätzen.

Erfreulicherweise kannst du Bereiche aus Excel direkt mit deiner Mindmap verknüpfen. Das wollen wir doch gleich einmal ausprobieren.

Öffne Excel und gib in eine leere Arbeitsmappe ein:

`Kaufdatum:`	`20.11.2007`
`Kaufpreis:`	`19,95 €`
`Verliehen an:`	`-`
`Standort:`	`Bücherschrank 1`

Wenn das geschehen ist, speichere deine Excel-Datei ab.

Nenne die Datei `Bücher`.

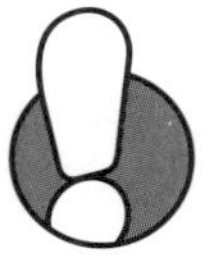

Wundere dich nicht über die Dateiendungen. Der MindManager 7 arbeitet am besten mit Microsoft Office 2007 zusammen, daher diese Endungen.

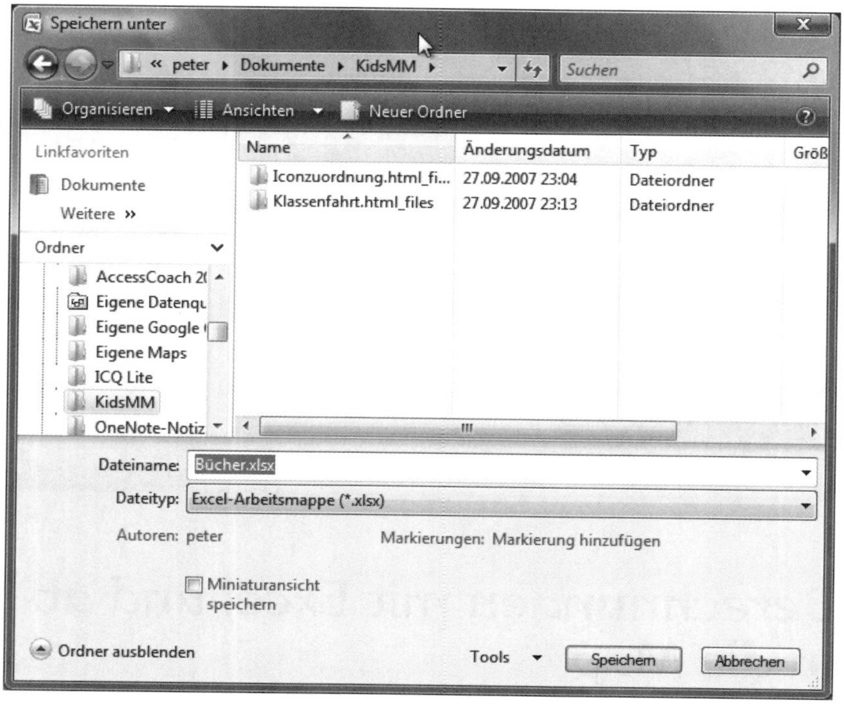

- Gehe jetzt im MindManager in den Zweig, in dem dein *Word-Buch* steht. Klicke diesen Zweig an.
- Aktiviere in der *Multifunktionsleiste* das Register EINFÜGEN.
- Klicke dort auf das Symbol EXCEL-BEREICH.
- Deine Excel-Arbeitsmappe wird eingeblendet. Markiere jetzt den gewünschten Bereich in Excel.

Der markierte Bereich wird von umlaufenden *Ameisen* kenntlich gemacht.

- Klicke im Dialogfenster *Datenbereich* auf die Schaltfläche OK.

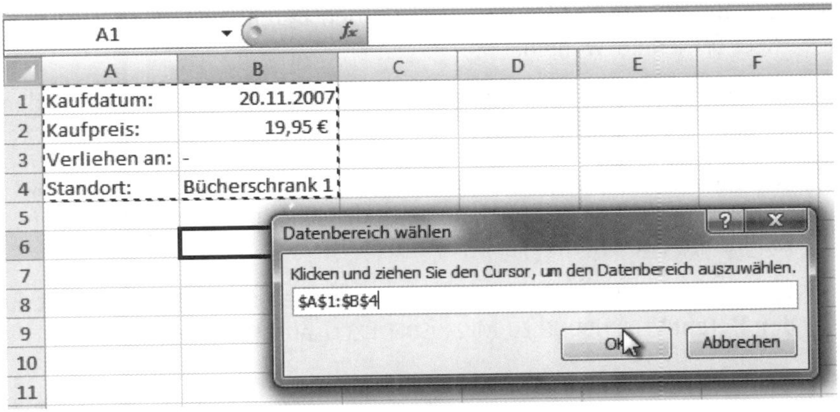

Als Ergebnis wird der markierte Bereich aus der Excel-Tabelle als Zweig in der Mindmap angezeigt.

Der markierte Bereich aus Excel wird als verknüpfter Zweig angezeigt.

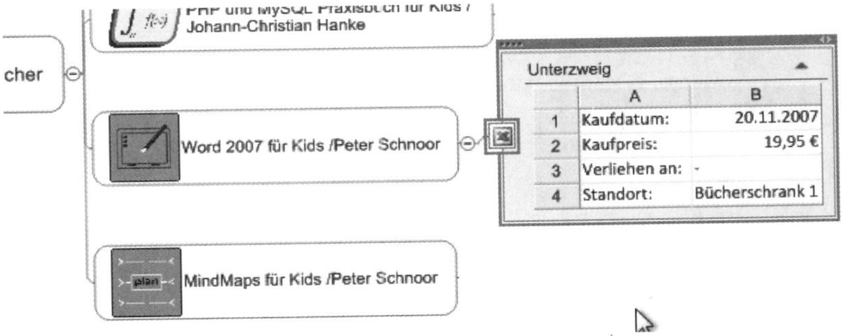

Da es sich bei dieser Verbindung um eine *direkte Verknüpfung* mit Excel handelt, führen Änderungen in Excel auch zu Änderung in der Mindmap.

Die Bearbeitung findet über das *Kontextmenü* statt. Hier findest du alle relevanten Bearbeitungsmöglichkeiten.

- Zum Bearbeiten der Daten musst du den Befehl TABELLE IN MICROSOFT EXCEL ÖFFNEN auswählen.
- Damit die *aktuellen* Daten aus Excel angezeigt werden, benutzt du den Befehl AKTUALISIEREN.
- Falls du mit vielen Daten arbeitest, solltest du vielleicht die DIAGRAMMANSICHT auswählen. Dann kannst du die schnöden Zahlen als schönes Diagramm darstellen.
- Wenn du keine Verknüpfung mehr zu Excel haben möchtest, wählst du den Befehl VERBINDUNG ZU MICROSOFT EXCEL AUFHEBEN aus.

> Dann werden keine Aktualisierungen mehr durchgeführt. Dir stehen allerdings in dieser gelösten Tabelle auch nicht mehr die Funktionen von Excel zur Verfügung.

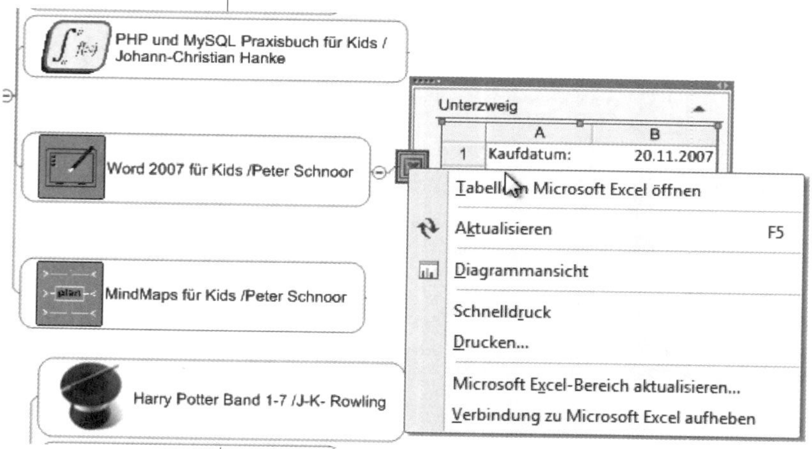

Das i-Tüpfelchen obenauf: Outlook-Synchronisation

Mindmapping gehört zu den kreativsten Methoden, die es zur Darstellung von Ideen und Gedanken gibt. Warum solltest du Mindmaps dann nicht auch zur Aufgabenplanung, zur Erstellung von Terminen, zum Anlegen von Kontakten und Notizen einsetzen?

Der MindManager ist bestens auf diese Aufgaben vorbereitet.

Synchronisation

Damit es keine Doppeleintragungen zu Kalendereinträgen und Aufgaben in Outlook gibt, solltest du die beiden Programme MindManager und Outlook miteinander synchronisieren.

Dabei gibt es zwei Vorgehensweisen:

- Du planst deine Aufgaben übersichtlich mit den Werkzeugen und Möglichkeiten des MindManagers und synchronisierst dann das Ergebnis mit Outlook (*kreative Methode*).
- Du hast deine *Aufgaben* bereits in Outlook erfasst, willst diese aber übersichtlich und bildhaft als Mindmap darstellen. Dann importiere die Aufgaben in eine Mindmap.

Von Outlook in die Mindmap

Damit deine Aufgaben nicht als Zweig in einer bereits bestehenden Mindmap landen, musst du zunächst eine kleine Vorarbeit leisten:

Erstelle eine neue, leere Mindmap. Klicke dazu in der *Schnellstartleiste* auf das Symbol NEU.

Wichtig zu wissen:

Beim Speichern der Änderungen erfolgt ein Hinweis, dass ein Programm versucht, auf deine in Outlook gespeicherten E-Mail-Adressen zuzugreifen. Das ist eine unkorrekte Fehlermeldung, keiner will auf deine E-Mail-Adressen zugreifen, aber die Änderungen aus der Mindmap sollen natürlich gespeichert werden. Klicke deshalb in diesem Fall auf die Schaltfläche JA. Dadurch gewährst du dem MindManager kurzzeitig Zugriff auf Outlook.

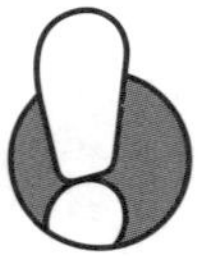

Voraussetzung für die Synchronisation ist, dass du in Outlook bereits ein paar Aufgaben erstellt hast. Falls nicht, solltest du das vorher machen.

Sobald einige Aufgaben in Outlook vorhanden sind, geht es an den Import.

- Klicke im MindManager auf die Schaltfläche MINDMANAGER.
- Ziehe den Cursor auf den Befehl IMPORTIEREN.

- Klicke im jetzt eingeblendeten Fenster auf den Eintrag MICROSOFT OUTLOOK-AUFGABEN IMPORTIEREN.
- Das Dialogfenster ASSISTENT FÜR DAS IMPORTIEREN VON MICROSOFT OUTLOOK-AUFGABEN wird eingeblendet. Aktiviere hier die Option AUFGABEN UNTER DEM HAUPTZWEIG EINFÜGEN und klicke dann auf die Schaltfläche WEITER.
- Falls du in Outlook mehrere Aufgabenordner erstellt hast, erscheint jetzt das Dialogfenster zur Auswahl des Aufgabenordners, den du importieren möchtest. Markiere den entsprechenden Ordner und betätige dann die Schaltfläche WEITER.

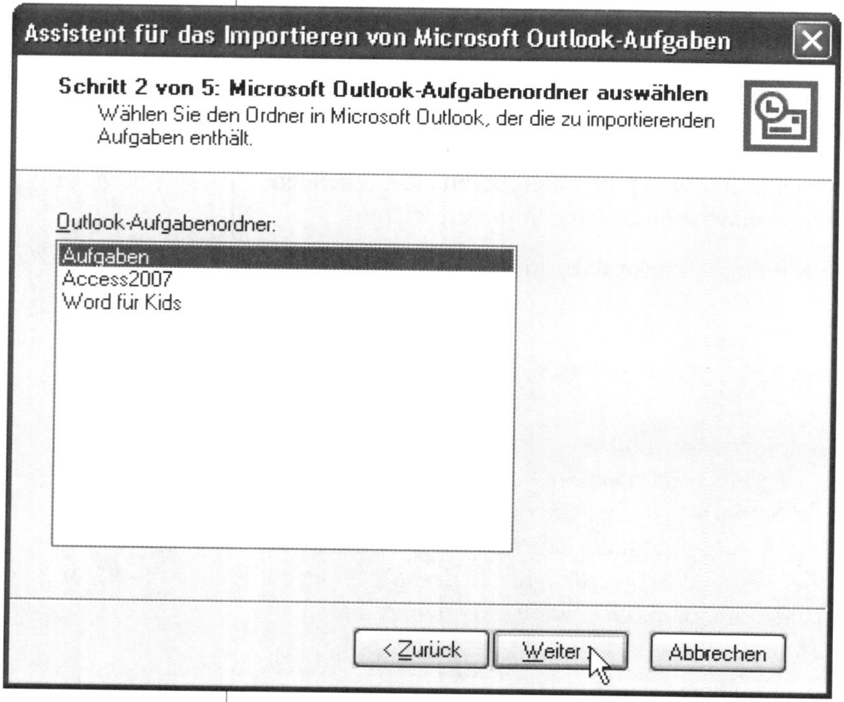

- Im jetzt eingeblendeten Dialogfenster legst du fest, ob du alle Aufgaben importieren möchtest, oder nur eine bestimmte Auswahl treffen willst. Die Auswahl kannst du dann im unteren *Filterbereich* festlegen. Klicke anschließend auf die Schaltfläche WEITER.

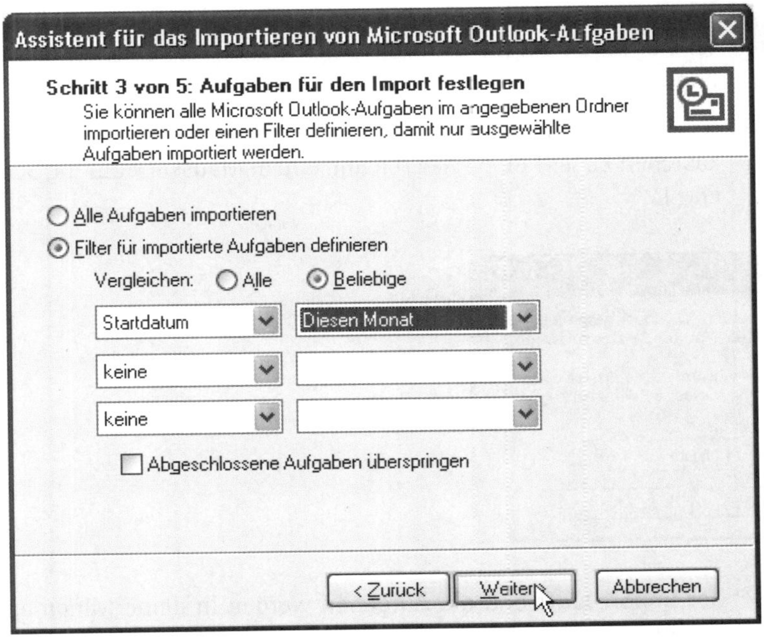

≫ Jetzt hast du noch die Möglichkeit, nach bestimmten Feldern zu *gruppieren*. Ein weiterer Mausklick bringt dich in das letzte Dialogfenster des Assistenten.

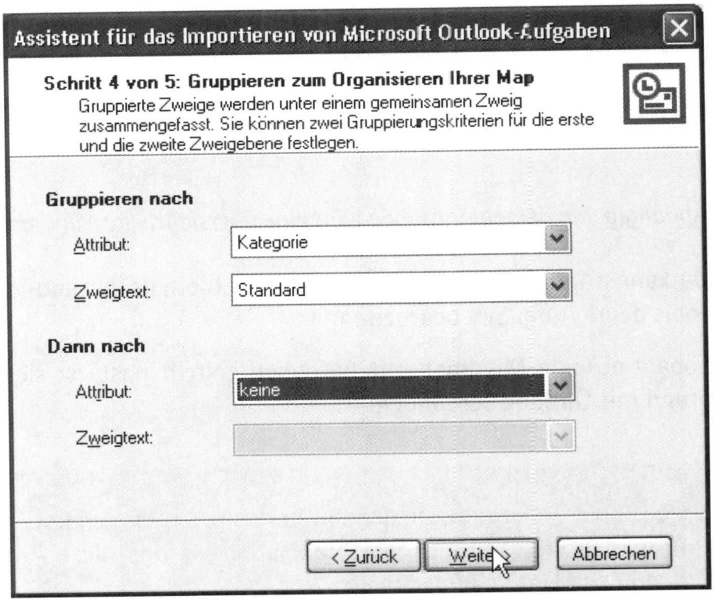

- Hier bekommst du noch einmal die *Übersicht* aller Einstellungen zu sehen. Mit einem Klick auf die Schaltfläche FERTIGSTELLEN beginnt der Import.
- Das Sicherheitsfenster bestätigst du mit einem Haken in dem Kontrollkästchen ZUGRIFF GEWÄHREN FÜR und einem Mausklick auf die Schaltfläche JA.

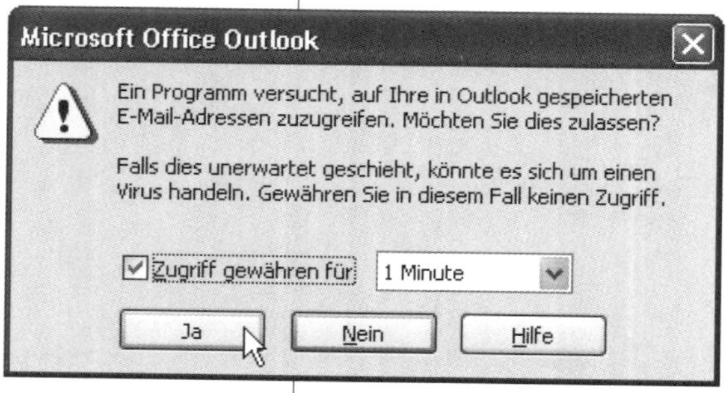
Microsoft Office Outlook
Ein Programm versucht, auf Ihre in Outlook gespeicherten E-Mail-Adressen zuzugreifen. Möchten Sie dies zulassen?
Falls dies unerwartet geschieht, könnte es sich um einen Virus handeln. Gewähren Sie in diesem Fall keinen Zugriff.
Zugriff gewähren für
1 Minute
Ja
Nein
Hilfe

- Der Import läuft und die Aufgaben werden in deine Mindmap übernommen.

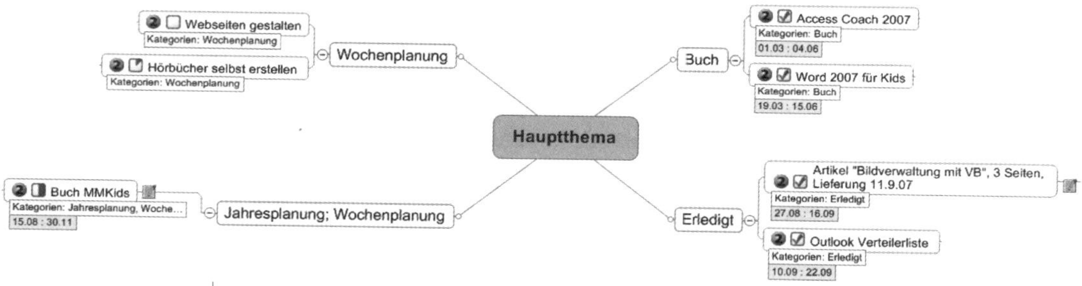

Abhängig von deinen Aufgaben wird eine übersichtliche Mindmap erzeugt.

Du kannst in der Mindmap jetzt mit allen hier zur Verfügung stehenden Tools deine Aufgaben bearbeiten.

Sobald du eine Mindmap mit Aufgaben erstellt hast, ist sie im Hintergrund mit Outlook verbunden.

Du kannst Änderungen in deiner Mindmap vornehmen und auch neue Aufgaben erstellen. Per Synchronisation werden diese Änderungen dann nach Outlook übertragen.

Auch neue Aufgaben aus Outlook werden mit der Synchronisation in deine Mindmap übertragen.

Um einen Abgleich der Daten durchzuführen, aktiviere wieder die Schaltfläche MINDMANAGER. Ziehe die Maus dann auf den Eintrag IMPORTIEREN.

Jetzt findest du anstelle des Befehls OUTLOOK IMPORTIEREN den Befehl MICROSOFT OUTLOOK-AUFGABEN SYNCHRONISIEREN.

Sobald du auf diesen Befehl klickst, wird das entsprechende Dialogfenster eingeblendet. Klicke auf die Schaltfläche OK, und die Synchronisation beginnt.

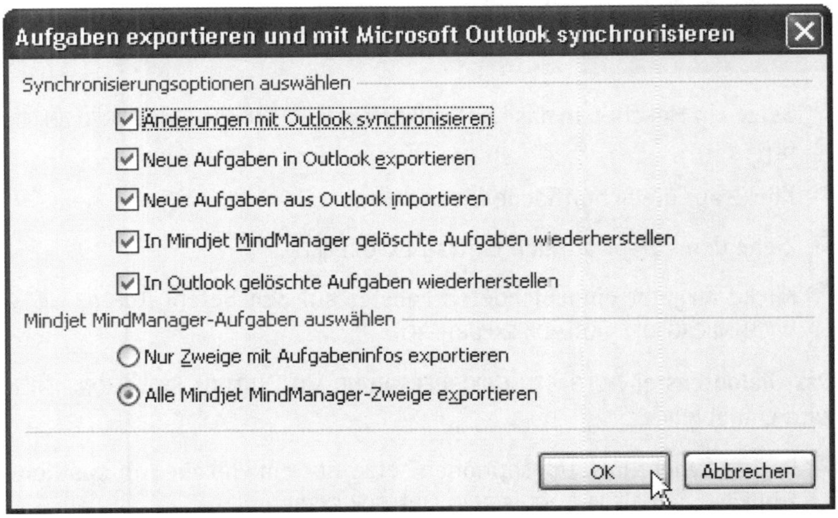

Exportfunktion

Du kannst auch Zweige einer bestehenden Mindmap als Aufgaben nach Outlook exportieren.

➢ Erstelle zunächst eine neue Mindmap.

➢ Nenne das *Hauptthema* `Aufgabenexport`.

- Lege einen Hauptzweig an: `Bewerbungsgespräche vorbereiten`.
- Füge folgende AUFGABENINFORMATIONEN hinzu:

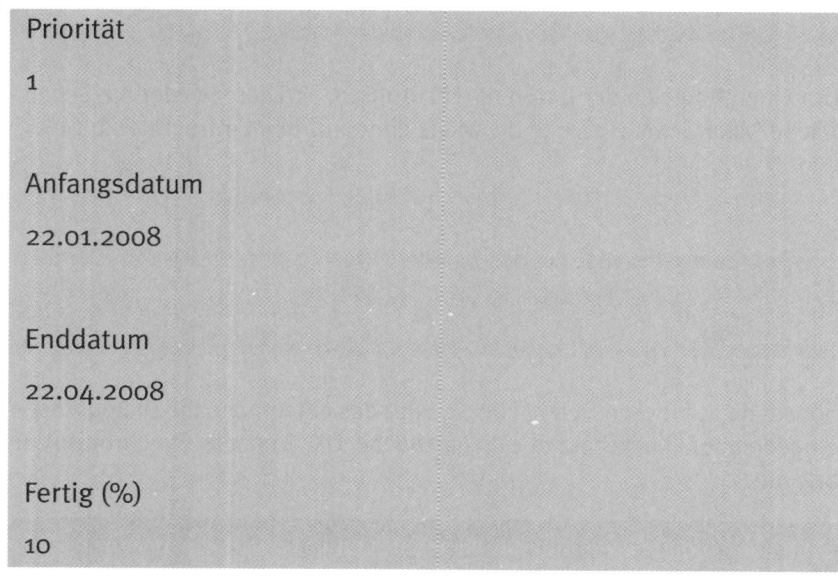

Priorität	
1	
Anfangsdatum	
22.01.2008	
Enddatum	
22.04.2008	
Fertig (%)	
10	

- Setze ein Häkchen in das Kontrollkästchen JAHR IN AUFGABENINFO ANZEIGEN.
- Klicke auf die Schaltfläche MINDMANAGER.
- Ziehe den Cursor auf den Eintrag EXPORTIEREN.
- Klicke im jetzt eingeblendeten Fenster auf den Befehl AUFGABENINFO NACH MICROSOFT OUTLOOK EXPORTIEREN.

Das Dialogfenster AUFGABEN EXPORTIEREN UND MIT OUTLOOK SYNCHRONISIEREN wird eingeblendet.

- In den Synchronisationsoptionen setze nur ein Häkchen in das Kontrollkästchen NEUE AUFGABEN IN OUTLOOK EXPORTIEREN.
- Wähle die Option NUR ZWEIGE MIT AUFGABENINFO EXPORTIEREN aus.

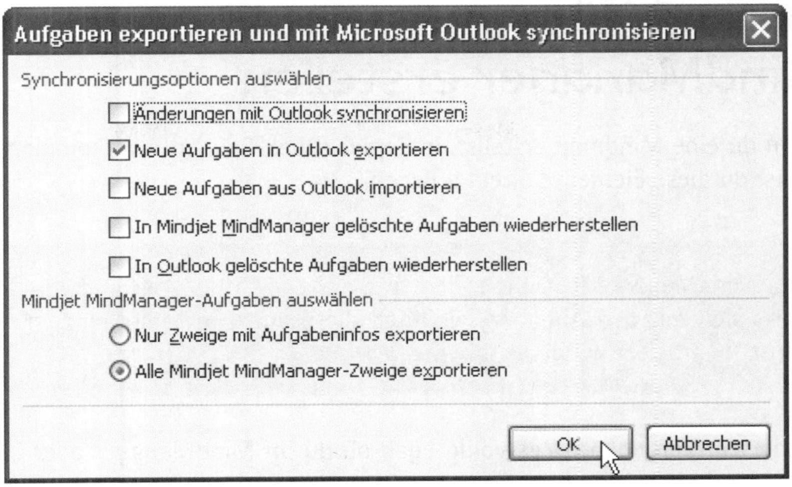

- Klicke auf die Schaltfläche OK.
- Bestätige im Sicherheitsfenster den Zugriff auf Outlook.
- Das war es schon. Die neue Aufgabe ist in Outlook gelandet und kann dort weiterbearbeitet werden.

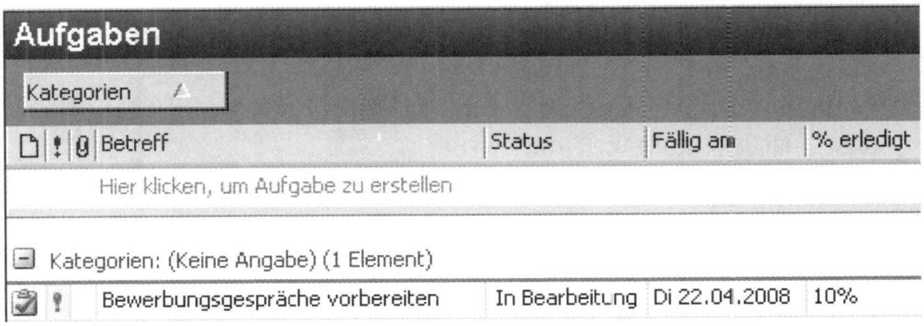

Alle Aufgabeninfos wurden mitexportiert und stehen dir auch in Outlook zur Verfügung.

Du siehst, die Möglichkeiten sind gewaltig. Noch viel einfacher arbeitest du aber mit dem direkten Zugriff auf die Outlook-Elemente. Wie das geht, liest du jetzt.

Outlook-Elemente direkt im MindManager erstellen

Wenn du eine Mindmap erstellst, in dem Outlook-Elemente vorkommen, kannst du diese Elemente direkt anlegen.

Der MindManager legt diese Elemente dann in Outlook an und verlinkt sich mit den Angaben, wodurch diese auch im MindManager direkt bearbeitet werden können.

Bei diesem Vorgehen ist es völlig egal, ob du im MindManager oder in Outlook arbeitest, denn die Programmelemente sind unmittelbar miteinander verbunden.

Um diese Technik auszuprobieren, erstelle eine neue Mindmap mit dem Hauptthema *Outlook*.

Jetzt soll ein Outlook-Element eingefügt werden.

- Aktiviere in der Multifunktionsleiste das Register EINFÜGEN. Dort findest du im Bereich OUTLOOK die Symbole NEUER TERMIN, NEUE AUFGABE, NEUER KONTAKT und NEUE NOTIZ.

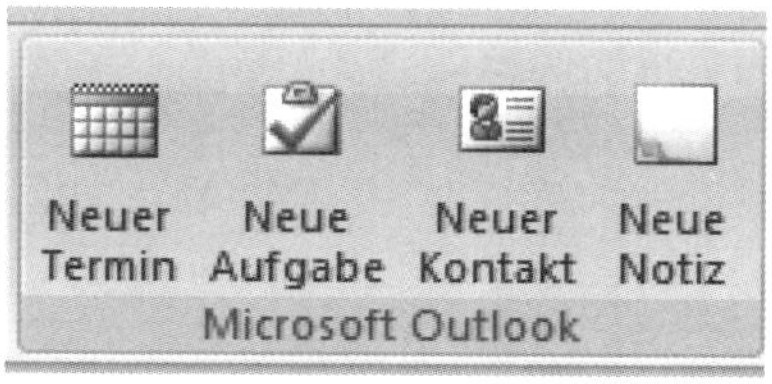

- Klicke auf das Symbol NEUER TERMIN. Das Dialogfenster UNBEKANNT – TERMIN wird eingeblendet.

Es handelt sich hierbei um das Original-Outlook-Element TERMINE.

- Lege in diesem Fenster einen Termin fest. Klicke anschließend auf die Schaltfläche SPEICHERN UND SCHLIESSEN.

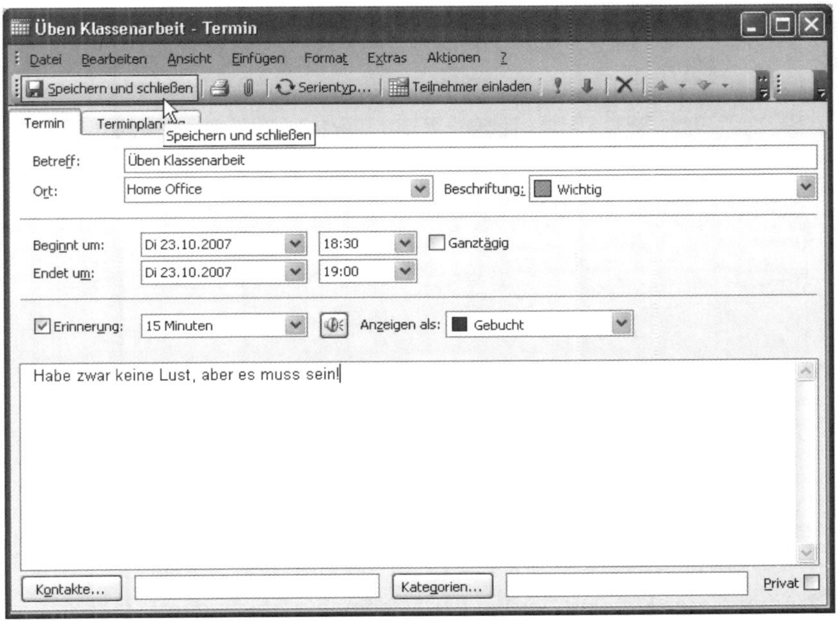

Das Original-Outlook-Element wird eingeblendet.

➢ Die Sicherheitsfrage erscheint, erlaube hier den Zugriff auf Outlook. Danach wird das Element in Outlook gespeichert und in der Mindmap grafisch dargestellt.

Das Outlook-Element wird in der Mindmap grafisch hinterlegt.

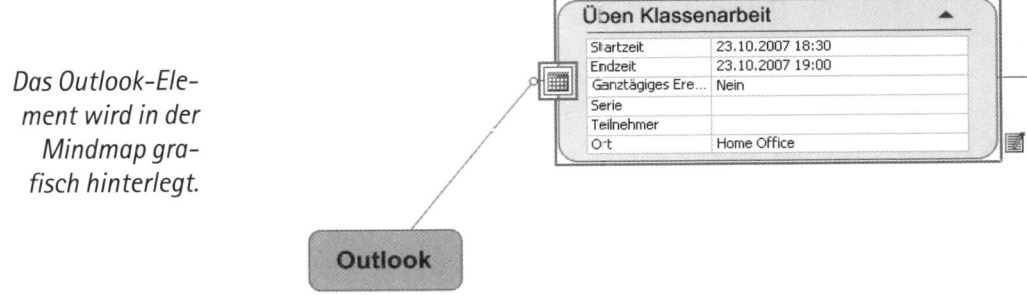

➢ Markiere wieder den Hauptzweig OUTLOOK und füge jetzt das Outlook-Element AUFGABE ein. Klicke dazu auf das Symbol NEUE AUFGABE. Die Aufgabenerstellung von Outlook wird eingeblendet. Fülle dieses Fenster aus und klicke dann auf die Schaltfläche SPEICHERN UND SCHLIESSEN.

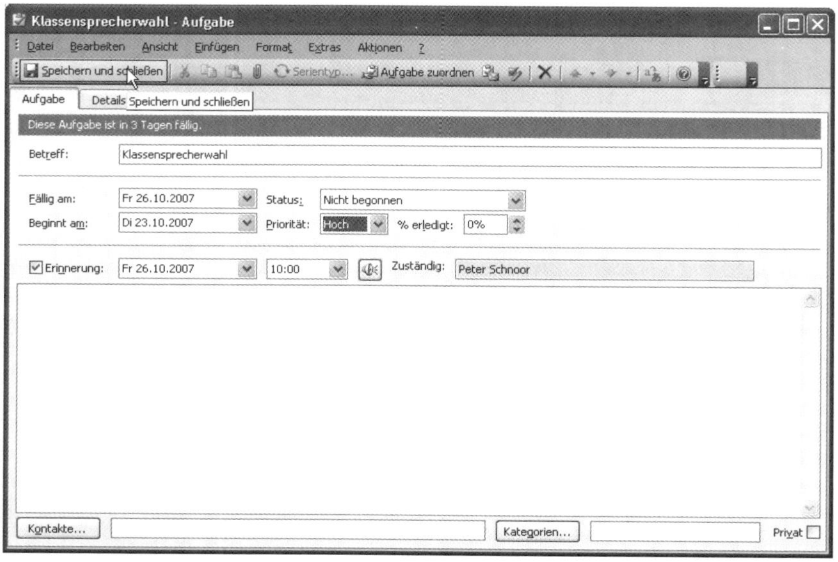

➢ Auch dieses Element wird in der Mindmap grafisch dargestellt.

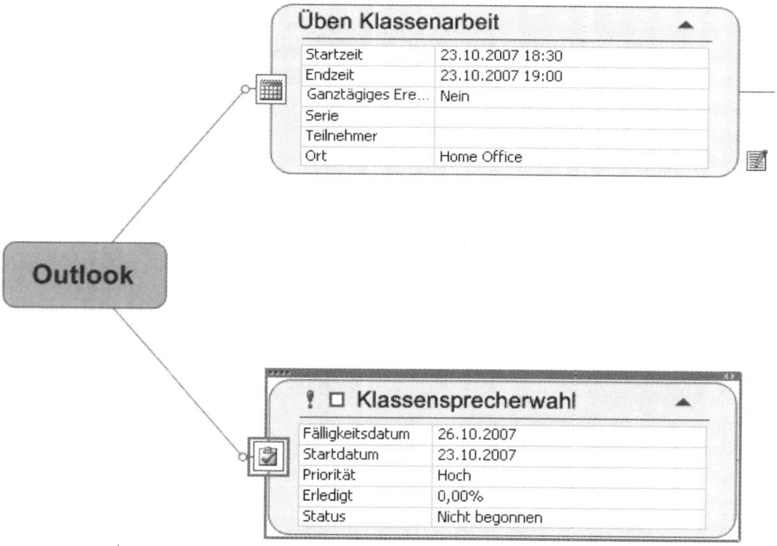

➢ Wiederhole diese Vorgehensweise auch für die Elemente NEUER KONTAKT und NEUE NOTIZ. Damit füllt sich deine Mindmap langsam mit Outlook-Elementen.

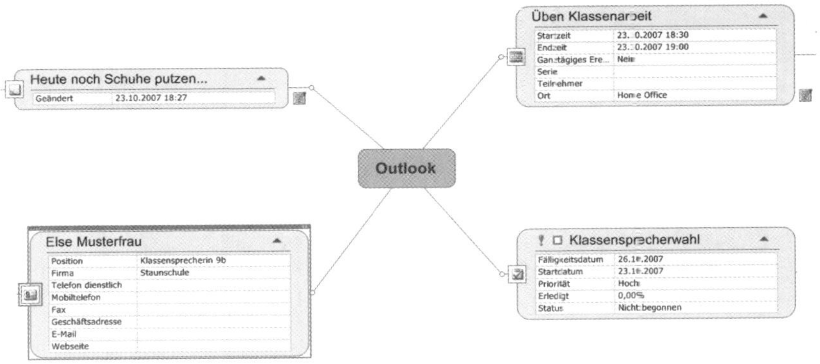

Alle hier erstellten Elemente sind auch in Outlook vorhanden.

Wenn du jetzt Änderungen an den Elementen vornimmst, wird jedes Mal das Outlook-Element geöffnet.

Das bedeutet, du arbeitest Änderungen direkt in Outlook ein und brauchst nie wieder zwischen diesen beiden Programmen zu synchronisieren.

Um Änderungen an einem Element vorzunehmen, klicke einfach auf das entsprechende Outlook-Symbol vor dem Zweig. Das Outlook-Element wird direkt geöffnet.

Noch genauer erkennst du die Möglichkeiten der Outlook-Elemente, wenn du mit der *rechten* Maustaste auf das Outlook-Symbol vor dem Zweig klickst. Das Kontextmenü zeigt dir alle Bearbeitungsmöglichkeiten an.

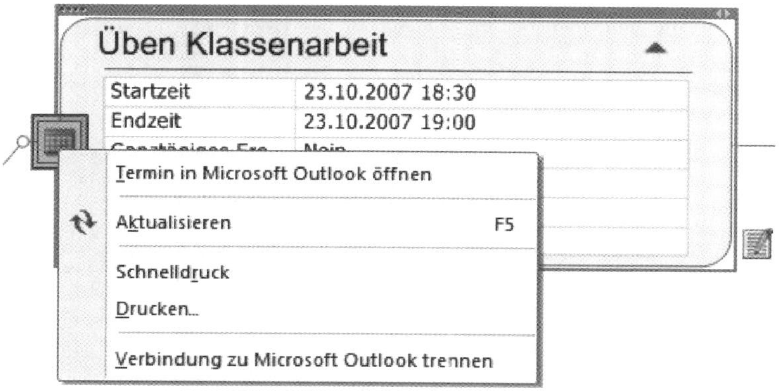

Du erkennst in dem Kontextmenü, dass du auch die Möglichkeit hast, die Aufgaben von Outlook zu trennen und die Map als reine Mindmap stehen zu lassen.

Klicke dazu mit der rechten Maustaste auf das Aufgabensymbol der zu lösenden Aufgabe und klicke anschließend im Kontextmenü auf den Befehl VERBINDUNG ZU MICROSOFT OUTLOOK TRENNEN.

Das Aufgabensymbol verwandelt sich in ein Tabellensymbol und du kannst diese Aufgabe jetzt getrennt von Outlook bearbeiten. Klicke dazu doppelt in die Tabelle.

Änderungen werden jetzt in diesem Element nur in der Mindmap gespeichert, die Verbindung zu Outlook ist aufgehoben.

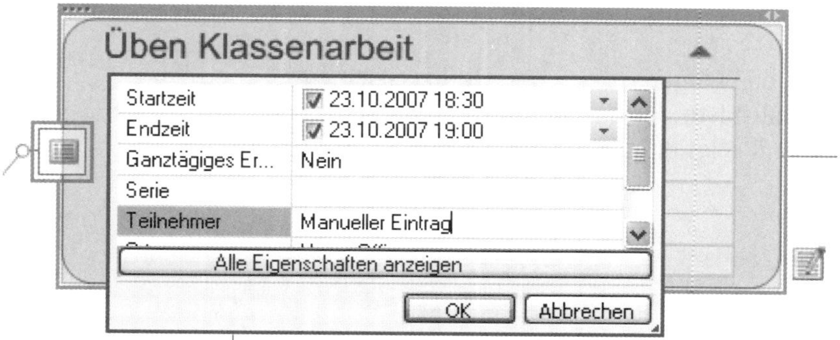

Hier handelt es sich um ein von Outlook gelöstes Element, das direkt in der Mindmap geändert wird.

Ob nun mit oder ohne Verknüpfung zu Outlook, in deiner Mindmap kannst du alle grafischen Elemente einfügen, um die Übersicht zu erhöhen und das Augenmerk auf wichtige Elemente zu lenken.

Zusammenfassung

- Mindmaps werden per Mausklick zu Word-Dokumenten.
- Sobald du ein Word-Dokument gegliedert hast, kannst du die Inhalte in eine Mindmap exportieren.
- Trotz des integrierten Präsentationsmodus kann es sinnvoll sein, deine Mindmap in eine PowerPoint-Präsentation zu exportieren. Dabei stehen dir bereits in der Mindmap Möglichkeiten zur Verfügung, die Präsentation zu formatieren.
- Mit der Verknüpfung zu Excel-Bereichen werden Ausschnitte aus Excel-Tabellen in der Mindmap dargestellt.
- Aufgaben aus der Mindmap können zu Aufgaben in Outlook werden. Diese Daten lassen sich synchronisieren.
- Du hast auch die Möglichkeit, Aufgaben aus Outlook in eine Mindmap zu importieren.
- Outlook-Elemente aus einer Mindmap werden direkt in Outlook bearbeitet. In diesem Fall brauchst du keine Synchronisation der Elemente durchzuführen.

Ein paar Fragen ...

Frage 1: Wann ist es sinnvoll, eine Mindmap in ein Word-Dokument zu exportieren?

Frage 2: Welche Vorteile hast du, wenn du ein Word-Dokument in eine Mindmap exportierst?

Frage 3: Was musst du vor einem Word-Export beachten?

Frage 4: Wie bekommst du einen Arbeitsbereich aus Excel in deine Mindmap?

Frage 5: Was ist der Vorteil beim Einfügen von Outlook-Elementen in deine Mindmap?

... und zwei Aufgaben

- Erstelle aus deiner Mindmap PROFESSIONELLE MAP ein Word-Dokument.
- Erstelle aus deiner Mindmap PROFESSIONELLE MAP eine PowerPoint-Präsentation.

8

Das bin ich: Internetseite selbst gemapt

Du möchtest dich selbst im Internet präsentieren? Auch dabei kann der MindManager dich unterstützen.

Er erstellt für dich Internetseiten, ohne dass du etwas programmieren musst.

Dabei kannst du die *Mapansicht* in das Internet stellen. Du hast aber auch die Möglichkeit, herkömmliche Webseiten *(lineare Lesetechnik)* zu erstellen.

Und bei dieser Gelegenheit erfährst du gleich, wie du eine *Bewerbungsseite* im Internet erstellen kannst.

In diesem Kapitel lernst du,

- wie du mit dem MindManager Internetseiten erstellst
- wie du eine Internetbewerbung erstellt

Stelle dich vor

Was hältst du von einer eigenen Internetseite. Das ist dir zu viel Arbeit? Dann lasse diese Arbeit doch den MindManager für dich machen.

Mit Hilfe einer Mindmap kannst du deinen Internetauftritt bestens vorbereiten. Stelle dich und deine Hobbys mit einer Mindmap zusammen – und stelle das Ergebnis dann ins Internet.

Oder du hast ein bestimmtes Anliegen? Mittlerweile surfen auch viele Personalverantwortliche durch das Netz der Netze. Wenn du dich im Internet mit einer eigenen Seite bewerben willst – warum nicht?

Probiere doch einfach einmal aus, eine Bewerbung mit einer Mindmap zu erstellen.

Das kann auf Papier geschehen oder mit FreeMind oder einem anderen Programm deiner Wahl.

Wenn du anschließend aus deiner Mindmap eine Internetpräsentation erstellen willst, bietet sich allerdings der MindManager an.

Bewerbung in einer Mindmap verfassen

Erstelle eine neue Mindmap und benenne den Hauptzweig in `Meine Bewerbung` um.

Erstelle jetzt die Zweige:

- Vorstellung
- Interessen
- Lebenslauf
- Schulabschluss
- Hobbys
- Lichtbild

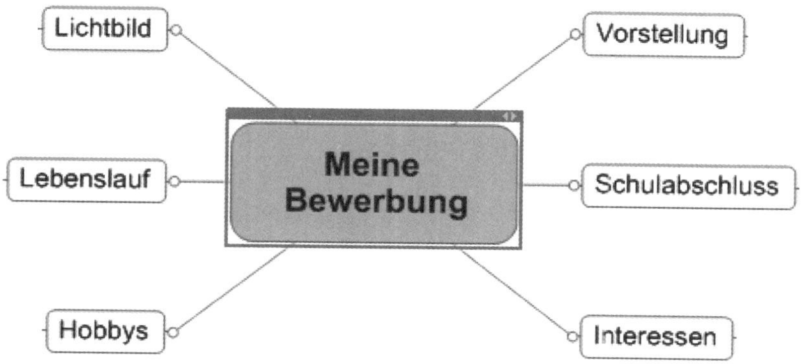

Die Vorstellung

Jetzt geht es um deine Vorstellung. Da es sich um eine Onlinevorstellung handelt, musst du nicht genau die Form einhalten, die bei einer schriftlichen Bewerbung vorgegeben ist. Schließlich soll der Leser deiner Seite zunächst nur neugierig gemacht werden. Wenn dann ein Kontakt hergestellt wird, solltest du eh deine schriftliche Bewerbung einreichen.

Per Internetseite willst du zunächst nur das Interesse von Firmen wecken. Und viel Text macht sich auf einer Internetseite eh nicht so gut.

Da du nicht weißt, wer über deine Internetseite stolpert, halte den Text recht allgemein.

Trotzdem muss der Inhalt der Vorstellung sauber und einwandfrei sein.

Sinngemäß kannst du folgenden Text einstellen:

```
Sehr geehrte Damen und Herren,

am (Datum) verlasse ich die Musterschule mit der mittleren
Reife. Ich bin an einem technischen Beruf interessiert und
würde mich über eine Kontaktaufnahme sehr freuen.

Hans Bewerber
```

Den Text hängst du am besten in einen eigenen Unterzweig zum Zweig *Vorstellung*.

> *Zeilenumbrüche* und *Leerzeilen* innerhalb eines Zweiges bekommst du hin, indem du innerhalb des Textes `Shift` gedrückt hältst und dabei `Enter` betätigst.

Damit deine Vorstellung zu einem Eycatcher wird, formatiere den Hintergrund mit einer Hintergrundfarbe, zum Beispiel Gelbbraun.

Das Schlüsselwort *Vorstellung* belegst du auch mit dieser Hintergrundfarbe. Und fügst dann aus der *Bibliothek* BILDER ein Bild ein. Das hier dargestellte Bild stammt aus dem Bildverzeichnis `aero`.

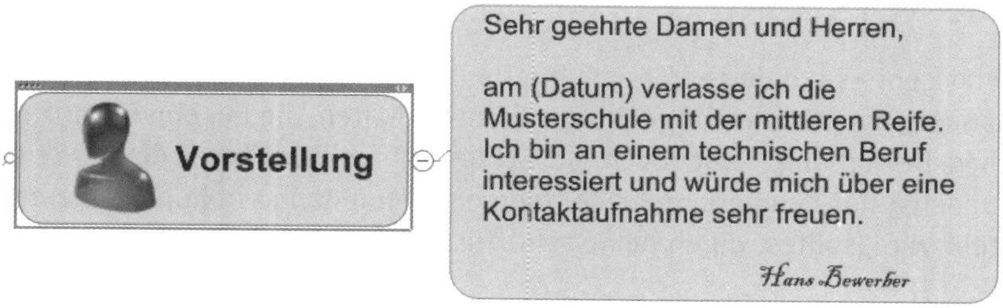
Vorstellung
Sehr geehrte Damen und Herren,
am (Datum) verlasse ich die Musterschule mit der mittleren Reife. Ich bin an einem technischen Beruf interessiert und würde mich über eine Kontaktaufnahme sehr freuen.
Hans Bewerber

So könnte dein Zweig mit der Vorstellung aussehen.

Schulabschluss

Auch dein Schulabschluss soll noch einmal explizit dargestellt werden. Das geht recht übersichtlich mit einer *Tabelle*.

Aber wie bekommst du jetzt eine Tabelle in deine Mindmap? Das ist gar nicht schwer.

- Markiere den Zweig *Schulabschluss*.
- Aktiviere in der Multifunktionsleiste das Register EINFÜGEN.
- Klicke im Bereich WEITERE ZWEIGELEMENTE auf das Symbol BENUTZERDEFINIERTE EIGENSCHAFTEN. Das Dialogfenster BENUTZERDEFINIERTE EIGENSCHAFTEN DEFINIEREN wird eingeblendet.
- Klicke auf die Schaltfläche NEU. Jetzt wird im rechten Dialogfensterbereich das Feld NAME aktiviert. Tippe hier ein: `Schule`.
- Klicke anschließend wieder auf die Schaltfläche NEU. Tippe jetzt in das Feld NAME ein: `Abschluss`.
- Jetzt soll noch das Jahr vermerkt werden, in dem du die Schule verlässt. Also ist zunächst ein weiterer Klick auf die Schaltfläche NEU fällig. Tippe dann in das Feld NAME den Begriff `Jahr` ein.

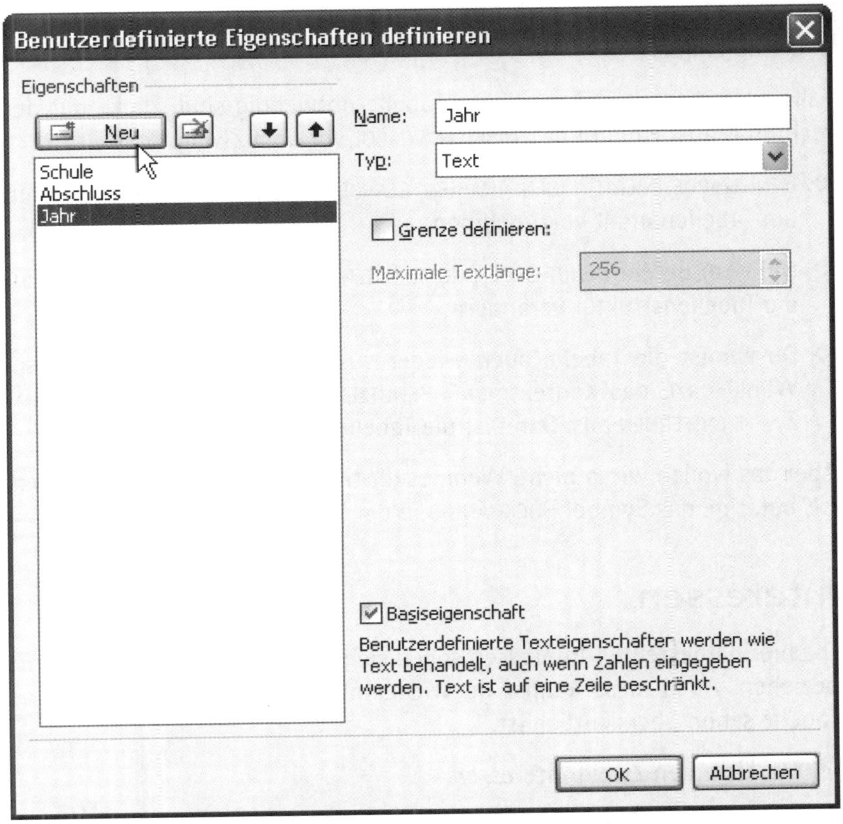

In diesem Dialogfenster definierst du die Felder deiner Tabelle.

- Diese Felder sollen für deine Tabelle reichen. Klicke auf die Schaltfläche OK. Die eben definierte Tabelle wird in deine Mindmap eingefügt.
- Klicke jetzt doppelt in den *Tabellenbereich*. Dadurch kannst du die einzelnen Felder der Tabelle auffüllen.
- Wenn das erledigt ist, klicke auf die Schaltfläche OK und anschließend einmal außerhalb dieses Zweiges. Deine Tabelle zum Schulabschluss ist fertig angelegt.

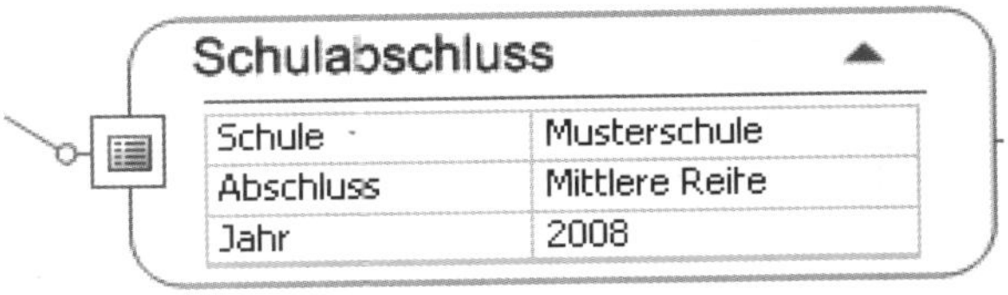

Mit einem Klick auf den GRÜNEN PFEIL kannst du den Inhalt der Tabelle aus- und einblenden.

Falls noch Änderungen an dieser Tabelle notwendig sind, klicke mit der rechten Maustaste auf das TABELLENSYMBOL vor dem Zweig.

- BENUTZERDEFINIERTE EIGENSCHAFTEN BEARBEITEN erlaubt dir, Änderungen am Tabelleninhalt vorzunehmen.
- Mit dem Befehl BENUTZERDEFINIERTE EIGENSCHAFTEN DEFINIEREN kannst du die Tabellenstruktur verändern.
- Du kannst die Tabelle auch wieder aus deiner Mindmap entfernen. Wähle dazu das Kontextmenü BENUTZERDEFINIERTE EIGENSCHAFTEN VOM ZWEIG ENTFERNEN aus. Dann ist die Tabelle verschwunden.

Aber das wollen wir ja nicht. Wenn es dir trotzdem aus Versehen passiert ist, betätige das Symbol RÜCKGÄNGIG in der Schnellstartleiste.

Interessen

Die hier dargestellten Interessen sollen sich auf deine berufliche Zukunft beziehen. Auch diese kannst du wieder als Tabelle aufführen, da eine Tabelle schön übersichtlich ist.

- Markiere den Zweig *Interessen.*
- Klicke auf das Symbol BENUTZERDEFINIERTE EIGENSCHAFTEN.
- Betätige in dem jetzt eingeblendeten Dialogfenster die Schaltfläche NEU.
- Benenne die Felder, in denen du gut bist. Klicke dann auf die Schaltfläche OK.
- Schreibe deine *Kenntnistiefe* in die Felder.

Schon hast du den nächsten Zweig gefüllt.

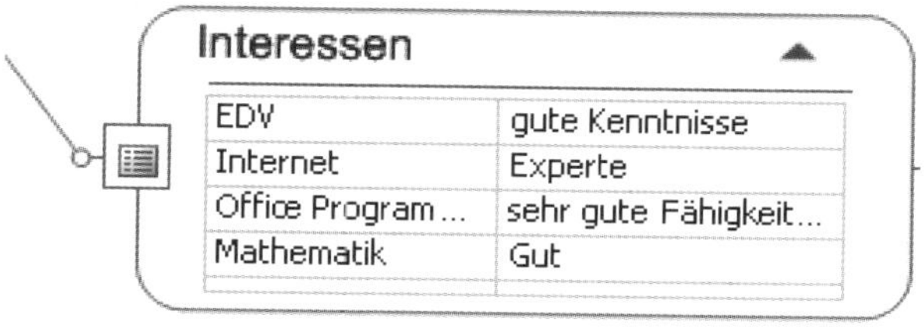

Hobbys

Erstelle auch für deine Hobbys eine Tabelle. Halte dich mit dem Inhalt etwas zurück. Du solltest Hobbys anführen, die entfernt auch etwas mit deinem Berufswunsch zu tun haben.

Lebenslauf

Der Vollständigkeit halber habe ich hier auch den Lebenslauf mit aufgeführt. Aber möchtest du wirklich deinen gesamten Lebenslauf für jedermann ins Internet stellen? Das würde ich nicht machen. Deine persönlichen Daten muss ja nicht jeder kennen.

> Denn im Internet wird mit solchen Daten auch viel Unfug getrieben.

Erstelle lieber einen neuen Zweig, in dem du mitteilst, dass du deinen Lebenslauf gerne an interessierte Firmen schickst.

Aber die sollen sich zunächst bei dir melden. Also erstellst du noch einen zweiten Unterzweig mit deiner E-Mail-Adresse.

Damit die E-Mail-Adresse auch funktioniert:

- Klicke mit der rechten Maustaste auf den Zweig mit deiner E-Mail-Adresse. Im dann eingeblendeten Kontextmenü wählst du den Befehl HYPERLINK HINZUFÜGEN aus. Das gleichnamige Dialogfenster wird eingeblendet.
- Klicke in diesem Dialogfenster auf das Symbol E-MAIL. Tippe in das Feld E-MAIL-ADRESSE deine komplette E-Mail-Adresse ein.
- Die Zeile *Betreff* kannst du gleich vorbelegen: `Meine Bewerbung`.
- Klicke abschließend auf die Schaltfläche OK.

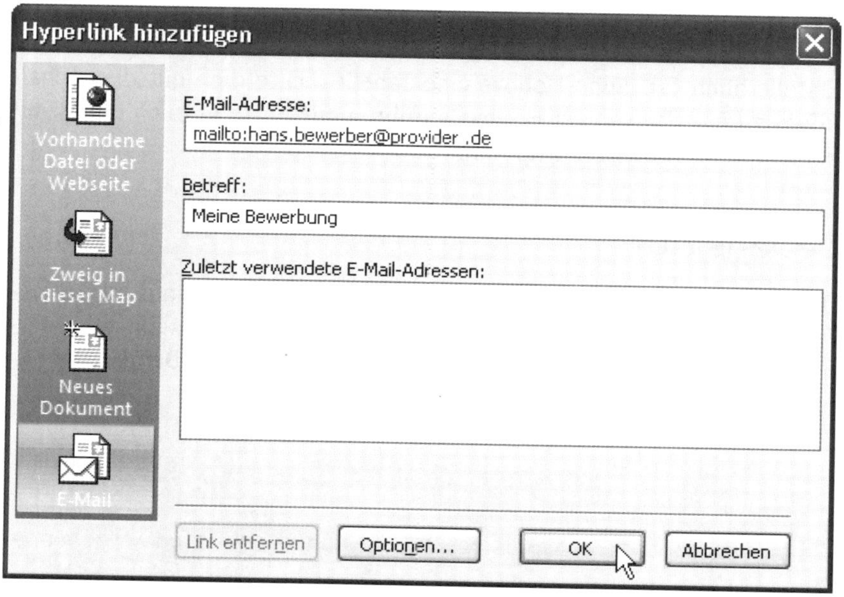

Lichtbild

Möchtest du dein Bild ins Internet stellen? Wenn ja, so hinterlege es zunächst in deiner Mindmap. Denke daran, dass du dich bewirbst. Also keine Urlaubsaufnahme, sondern ein richtig gutes Bild.

- Klicke mit der rechten Maustaste auf den Zweig *Lichtbild*.
- Ziehe den Cursor im Kontextmenü auf den Befehl BILD.
- Klicke jetzt auf den Befehl AUS DATEI. Das Dialogfenster `Bild hinzufügen` wird eingeblendet. Wähle das gewünschte Bild aus. Klicke dann auf die Schaltfläche EINFÜGEN.
- Ziehe das Bild über die Anfasspunkte auf eine akzeptable Größe.

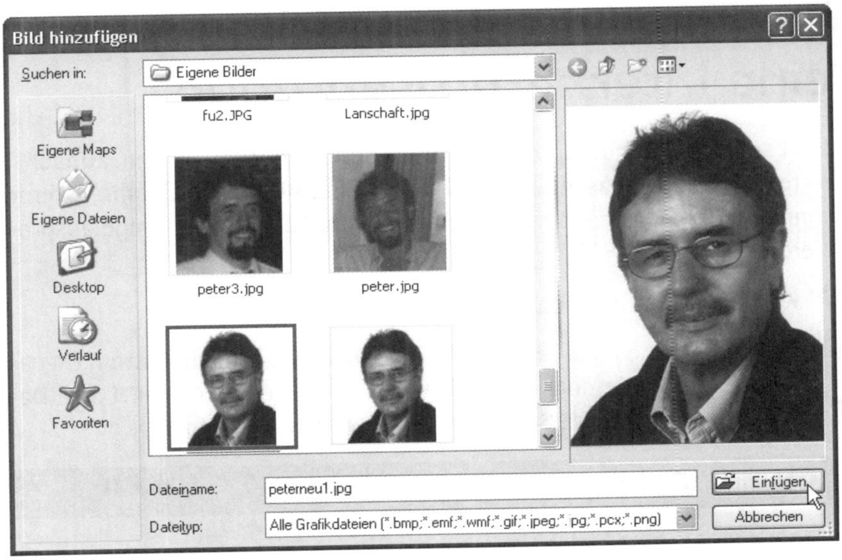

So, jetzt hast du alle relevanten Ziele in deine Mindmap eingeführt. Bevor es ins Internet geht, formatiere deine Mindmap noch so, dass wichtige Punkte hervorgehoben werden.

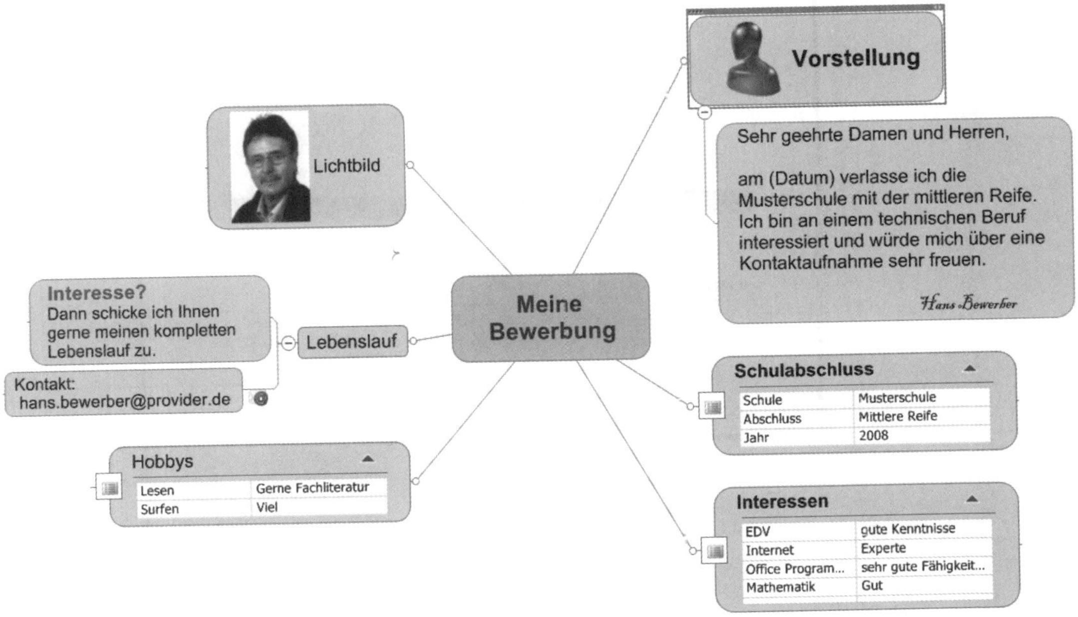

Erzeuge aus deiner Mindmap eine Internetpräsentation

Jetzt soll deine Mindmap zu einer Internetpräsentation werden. Zunächst erstellst du diese Präsentation auf deinem PC. Also keine Gefahr, Externe können diese Seite noch nicht sehen. Aber du kannst viele Dinge ausprobieren.

- Klicke auf die Schaltfläche MINDMANAGER.
- Ziehe im jetzt eingeblendeten Menü den Cursor auf den Eintrag EXPORTIEREN und wähle dort den Befehl ALS WEBSEITEN EXPORTIEREN aus. Das Dialogfenster ALS WEBSEITEN SPEICHERN wird eingeblendet.

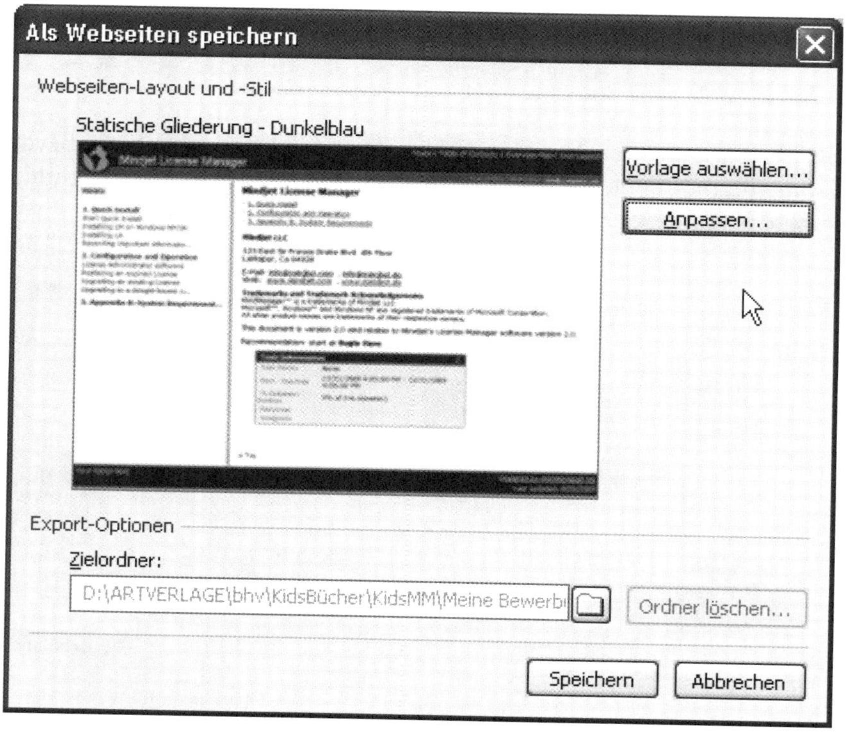

➢ Ein Mausklick auf die Schaltfläche VORLAGE AUSWÄHLEN führt dich in die Auswahl der vorhandenen Webvorlagen.

Die Vorlagen enthalten von einer einfachen Gliederung bis hin zur dynamischen Gliederung alle Möglichkeiten der Webseitenerstellung.

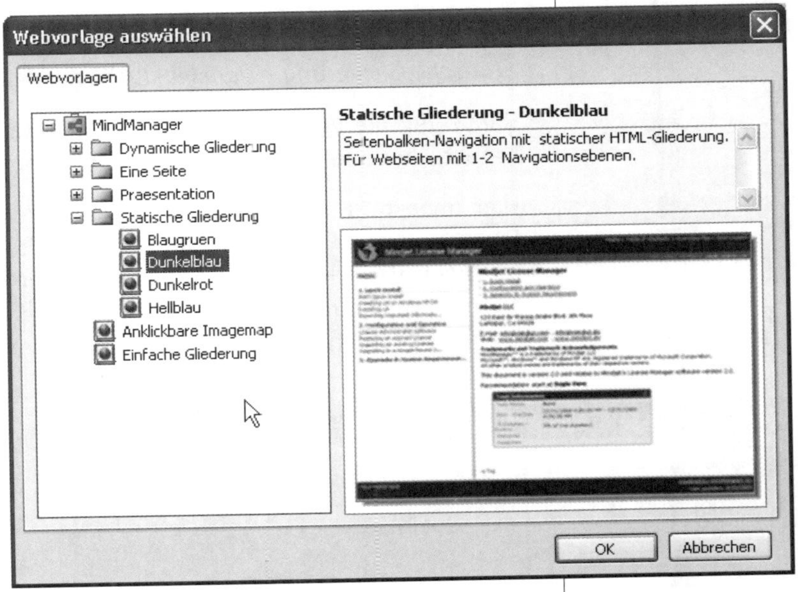

In diesem Dialogfenster kannst du eine Webvorlage auswählen, die deinen persönlichen Anforderungen entspricht.

Die vom MindManager vorgeschlagene *Statische Gliederung* ist für Webseiten mit zwei Navigationsebenen gut geeignet. Also somit auch für deine Bewerbung. Du kannst noch eine andere Farbgebung auswählen. Aber Blau ist vertraueneinflößend und somit nicht verkehrt.

Sieh dir trotzdem die anderen Bereiche einmal an. Vielleicht entspricht davon ja etwas deinem persönlichen Geschmack.

- Anklickbare Imagemap: Erzeugt eine Imagemap mit *aktiven Links* in der aktuell gewählten Mapansicht. Die erzeugte Bilddatei und der HTML-Code für die Imagemap lassen sich einfach in andere Webseiten einbinden.
- Einfache Gliederung: Exportiert deine Mindmap auf eine Internetseite mit einer Liste aller Zweige und einem Inhaltsverzeichnis.

- Präsentation: Exportiert deine Mindmap als Mapgrafiken in Form einer fortlaufenden Präsentation. Diese Vorlage ist geeignet für das Intranet oder schnelle Internetverbindungen, da bei einer umfangreichen Mindmap eine hohe Anzahl an Grafikdateien erzeugt wird.
- Eine Seite: Exportiert deine Mindmap auf eine Internetseite mit einer Liste aller Zweige und einem Inhaltsverzeichnis.
- Dynamische Gliederung: Seitenbalken-Navigation mit JavaScript-Gliederung. Für Webseiten mit mehr als zwei Navigationsebenen.

Nachdem du dir alle Vorlagen angesehen hast, aktiviere wieder die Vorlage *Statische Gliederung – Dunkelblau*. Klicke dann auf die Schaltfläche OK.

Damit du die Aufbereitung deiner Webseite noch weiter definieren kannst, klicke auf die Schaltfläche ANPASSEN.

Hier findest du in den Registern PAGINIERUNG UND NAVIGATION, ERWEITERTE EINSTELLUNGEN und VORLAGEN BEARBEITEN weiterreichende Voreinstellungsmöglichkeiten für den Export. Du solltest die Einstellungen allerdings nur ändern, wenn du dich in diesem Bereich auskennst. Sonst lass die Einstellungen so stehen, wie sie sind, und klicke auf die Schaltfläche OK.

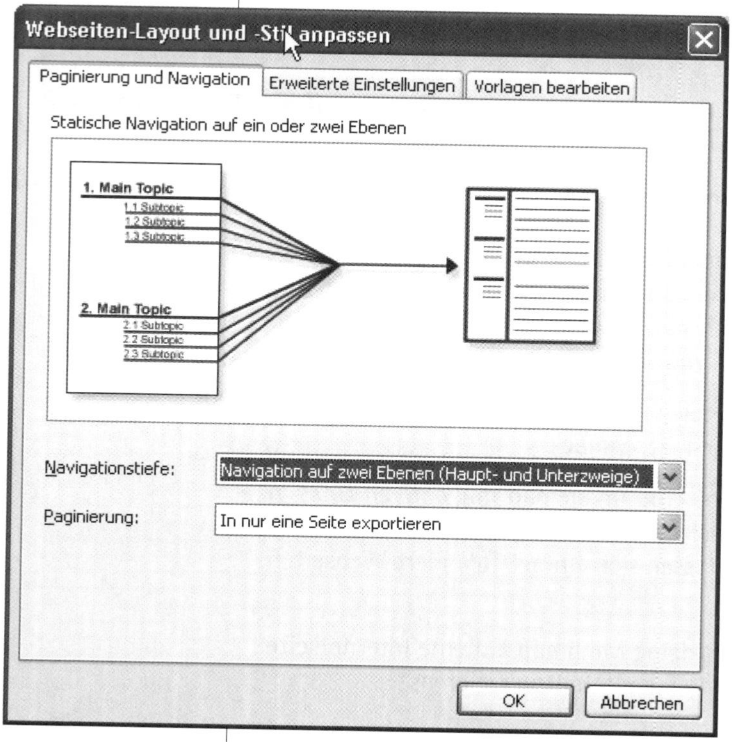

Ein Mausklick auf die Schaltfläche SPEICHERN startet den Export deiner Webseiten.

Nach erfolgreichem Export wird das Dialogfenster SPEICHERUNG ALS WEBSEITEN ERFOLGT eingeblendet.

Du hast jetzt die Möglichkeit, den neu angelegten Ordner über die Schaltfläche ORDNER ÖFFNEN zu öffnen oder dir die Webseiten mit Hilfe der Schaltfläche ÖFFNEN direkt anzusehen. Mit einem Klick auf die Schaltfläche SCHLIESSEN beendest du den Vorgang.

Klicke auf die Schaltfläche ÖFFNEN, um die erstellten Webseiten zu betrachten.

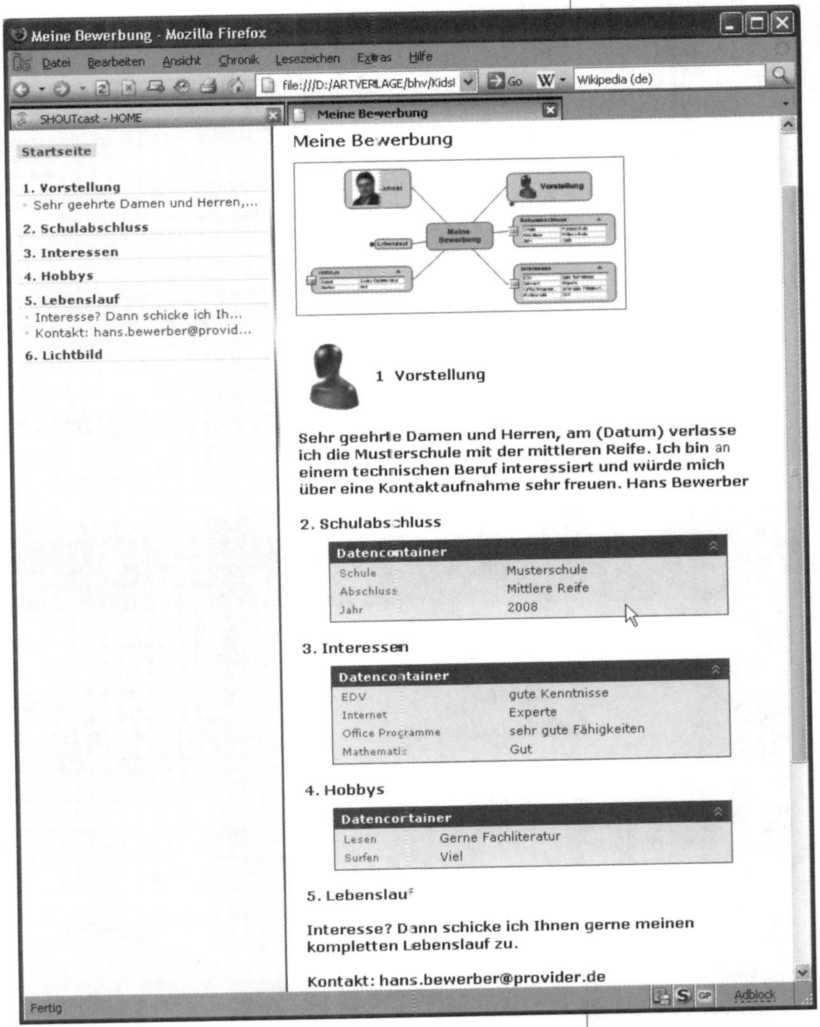

Das Ergebnis deiner Mindmap als Website

Das sieht doch schon gar nicht schlecht aus. Und etwas Interaktivität ist auch schon eingebaut. Im oberen rechten Bereich der Internetseite findest du die Hyperlinks *Inhalt*, *Übersichtsmappe* und *Iconlegende*.

Sobald du auf den Hyperlink INHALT klickst, wird deine Internetseite als Auflistung von Hyperlinks aufgebaut. So landet der Leser per Mausklick direkt in dem Bereich, der ihn besonders interessiert.

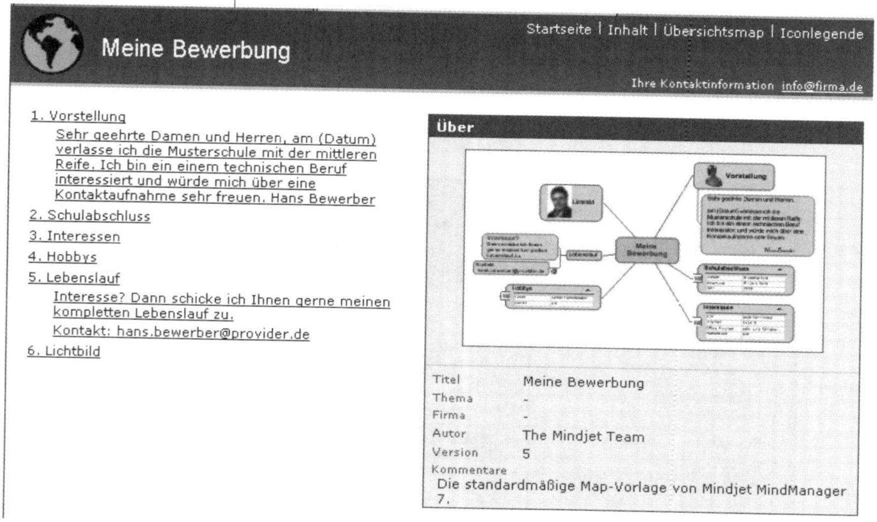

Mit einem Klick auf den Hyperlink ÜBERSICHTSMAP wird deine Mindmap dargestellt.

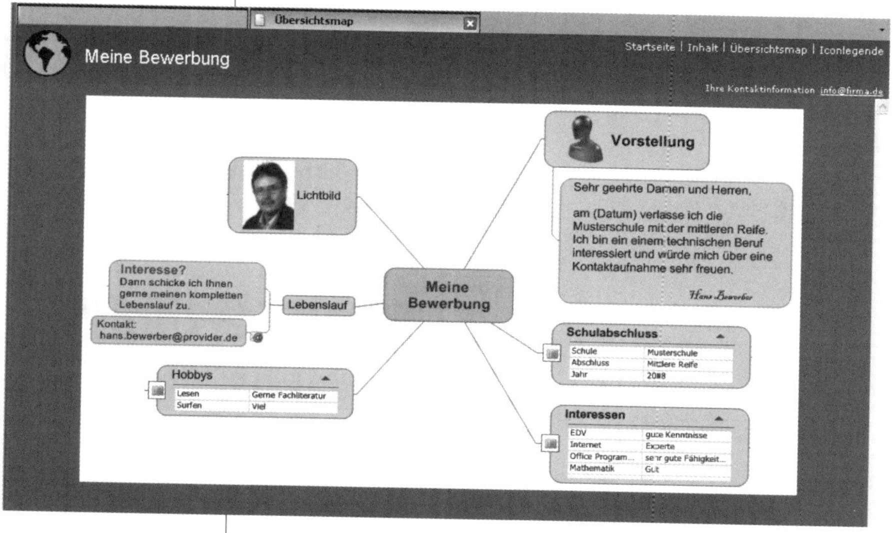

Der Betrachter deiner Website hat also jede Menge an Möglichkeiten, deine Bewerbung so darzustellen, wie er am besten damit zurechtkommt.

Wenn du in deiner Mindmap mit Icons arbeitest, kann über den Hyperlink ICONLEGENDE sogar eine Beschreibung deiner verwendeten Hyperlinks angezeigt werden.

Internet-Präsentation

Du hast deine Mindmap für die Internetbewerbung ja recht klein gehalten. Dann kannst du auch versuchen, deine Internetbewerbung als *Präsentation* aufzubauen.

- Aktiviere die Schaltfläche MINDMANAGER.
- Ziehe den Cursor auf den Eintrag EXPORTIEREN.
- Klicke im Untermenü auf den Befehl ALS WEBSEITEN EXPORTIEREN.
- Aktiviere im Dialogfenster ALS WEBSEITEN SPEICHERN die Schaltfläche VORLAGE AUSWÄHLEN.
- Wähle die Vorlage PRÄSENTATION BLAUGRÜN aus.

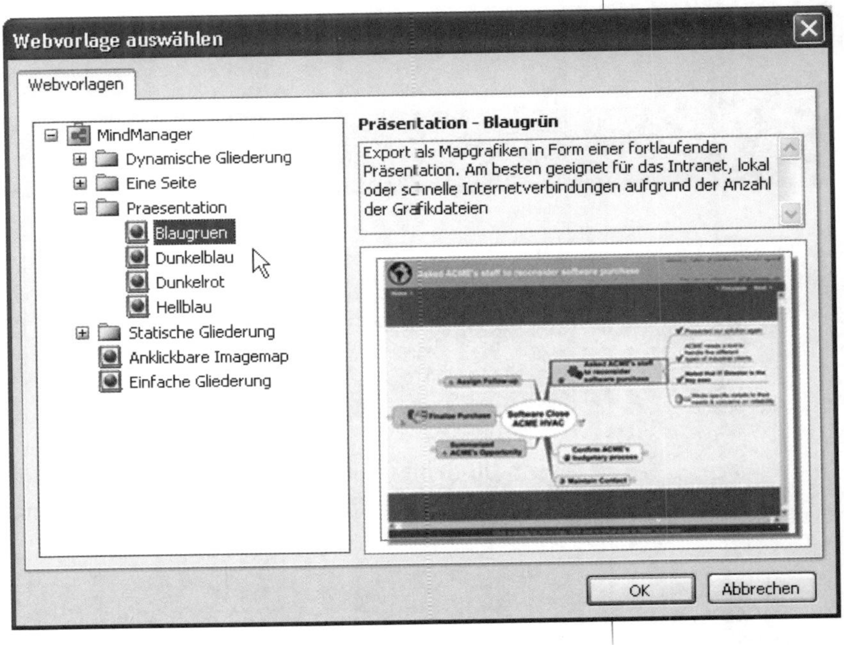

- Klicke auf die Schaltfläche OK.

➢ Mit einem Mausklick auf die Schaltfläche SPEICHERN erstellst du jetzt deine Webseiten.

Das Ergebnis ist auch nicht schlecht. Zunächst werden nur die Hauptzweige dargestellt. Sobald sich ein Unterzweig an einem Hauptzweig befindet, wird dieses durch ein *Pluszeichen* abgebildet.

Per Klick auf dieses PLUS-Zeichen wird der entsprechende Unterzweig eingeblendet.

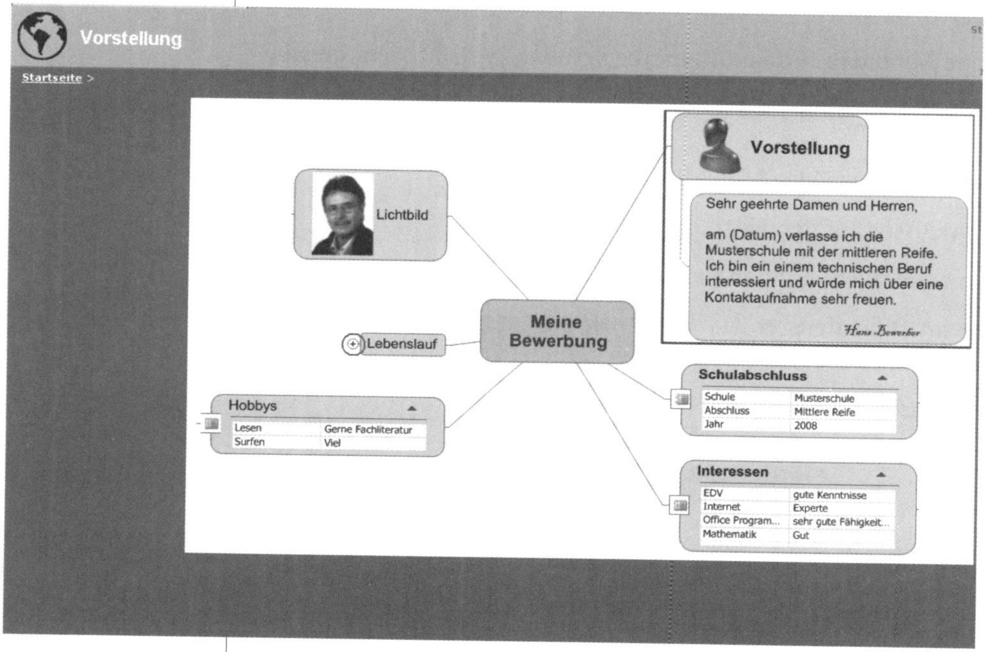

Eine neue Website ist also in kürzester Zeit erstellt. Und dazu benötigst du keinerlei Programmierkenntnisse.

Wenn du deine Websites ins Internet stellen möchtest, brauchst du also »nur« noch einen Provider und eine Internetdomain.

Im Hintergrund hat das Programm waschechte Internetseiten mit der Endung *HTML* (Hypertext Markup Language, das ist die »Sprache« des Internets) erstellt.

Diese Dateien spielst du auf deine Domain, und schon kann die ganze Welt über deine Bewerbung stolpern.

Viel Spaß beim »Intermappen«. Und falls es um eine Bewerbung geht, viel Erfolg.

Zusammenfassung

- Mit dem MindManager erstellst du aus einer Mindmap ohne Umwege eine Internetpräsentation.
- Mit Tabellen kannst du Sachverhalte deutlich darstellen. Du kannst auch einen Zweig als Tabelle anlegen.
- Mit den benutzerdefinierten Eigenschaften wird eine Tabellenstruktur aufgebaut und geändert.
- Per Doppelklick in diese Tabelle kannst du die Tabelleninhalte, aber nicht die Struktur ändern.
- Mit dem grünen Pfeil in der oberen rechten Ecke deiner Tabelle kannst du die Tabelleninhalte ein- oder ausblenden.
- Deine Internetadresse legst du mit einem Hyperlink fest. Du musst dann nur das Format E-MAIL-ADRESSE auswählen.
- Über die Export-Funktionen erstellst du eine Internetpräsentation.
- Du kannst vor dem Export deiner Webseiten aus einer Anzahl an Vorlagen die Vorlage auswählen, die dir am besten gefällt.

Ein paar Fragen ...

Frage 1: Wann solltest du in einer Mindmap mit Tabellen arbeiten?

Frage 2: Wie änderst du Tabelleneinträge?

Frage 3: Wie änderst du die Tabellenstruktur?

Frage 4: Was sollte nicht in einer Onlinebewerbung per Internet stehen?

Frage 5: Warum solltest du deine E-Mail-Adresse in deine Internetpräsentation legen?

Frage 6: Über welchen Weg erzeugst du Webseiten?

... und zwei Aufgaben

- Erstelle eine Mindmap mit deinen persönlichen Hobbys. Wende hierbei alle Mindmap-Techniken an, die du bereits kennst.
- Exportiere deine Mindmap in Webseiten und sieh sie dir anschließend mit deinem Browser an.

9

Zeitplanung einmal anders: Termine und Zeiten mit dem MindManager verwalten

Zeitplanung ist für dich bestimmt kein Fremdwort. Denke doch einfach mal an deinen *Stundenplan*. Das ist doch auch eine Zeitplanung, oder?

Jetzt stelle dir deinen Stundenplan einmal als Mindmap vor. Mit allen zusätzlichen Möglichkeiten, die es hier gibt.

Einen solchen *Mindmap-Stundenplan* werden wir in diesem Kapitel erstellen.

Da du diese Form des Stundenplans wahrscheinlich noch öfters benötigst, soll die Rohform zunächst als *Map-Vorlage* gespeichert werden. Auf diese Vorlage kannst du dann immer wieder zugreifen.

Anschließend brauchst du anstatt meines vorgegebenen Stundenplans nur deinen eigenen Stundenplan einzugeben, und schon kannst du alle Vorteile deines *gemapten* Stundenplans nutzen.

Wenn der Stundenplan erledigt ist, lernst du, wie du deine Mindmap als *Kalenderwerkzeug* einsetzen kannst. Dann kannst du deine Wochenplanung schön übersichtlich in einer Mindmap verwalten.

Als Letztes lernst du dann das *Projektgeschäft* kennen. Und dabei natürlich auch, wie du ein Projekt mit einer Mindmap verwalten kannst. Das geht nämlich viel übersichtlicher als zum Beispiel mit *Microsoft Excel* oder *Microsoft Project*.

Bei diesen Aktivitäten lernst du auch gleich die *Filterwerkzeuge* des MindManagers kennen.

In diesem Kapitel lernst du,

- wie du eine Vorlage erstellst
- wie du einen Fokus setzen kannst
- wie du einen Taschenkalender als Mindmap aufbaust
- wie du ein Projekt mit einer Mindmap verwalten kannst

Erstelle deinen Stundenplan in einer Mindmap

Das Schöne an einem Stundenplan als Mindmap ist die Übersichtlichkeit und die Möglichkeit des Einsatzes von grafischen Mitteln.

Anstatt die Wochentage als Hauptzweige und die Uhrzeiten als Unterzweige zu erstellen, bietet sich das Arbeiten mit Tabellen an. Dann wird dein Stundenplan schön übersichtlich.

- Erstelle eine neue Mindmap.
- Ändere den Eintrag *Hauptthema* in `Stundenplan` um.
- Füge einen neuen Hauptzweig ein.
- Nenne diesen Hauptzweig `Montag`.
- Aktiviere das Registerblatt EINFÜGEN.
- Klicke im Bereich WEITERE ZWEIGELEMENTE auf das Symbol BENUTZERDEFINIERTE EIGENSCHAFTEN. Das Dialogfenster BENUTZERDEFINIERTE EIGENSCHAFTEN DEFINIEREN wird eingeblendet.
- Klicke auf die Schaltfläche NEU und gib die Zeiten deiner ersten Unterrichtsstunde ein.

Erstelle deinen Stundenplan in einer Mindmap

➢ Fülle die Struktur dieser Tabelle so, dass alle Unterrichtsstunden erfasst werden. Gehe dabei nicht nur von Montag aus.

Um universell zu bleiben, beginne mit der frühesten Stunde und ende mit der letztmöglichen Stunde. Da die Tabelle später als Kopiervorlage eingesetzt wird, ersparst du dir dadurch viel Arbeit.

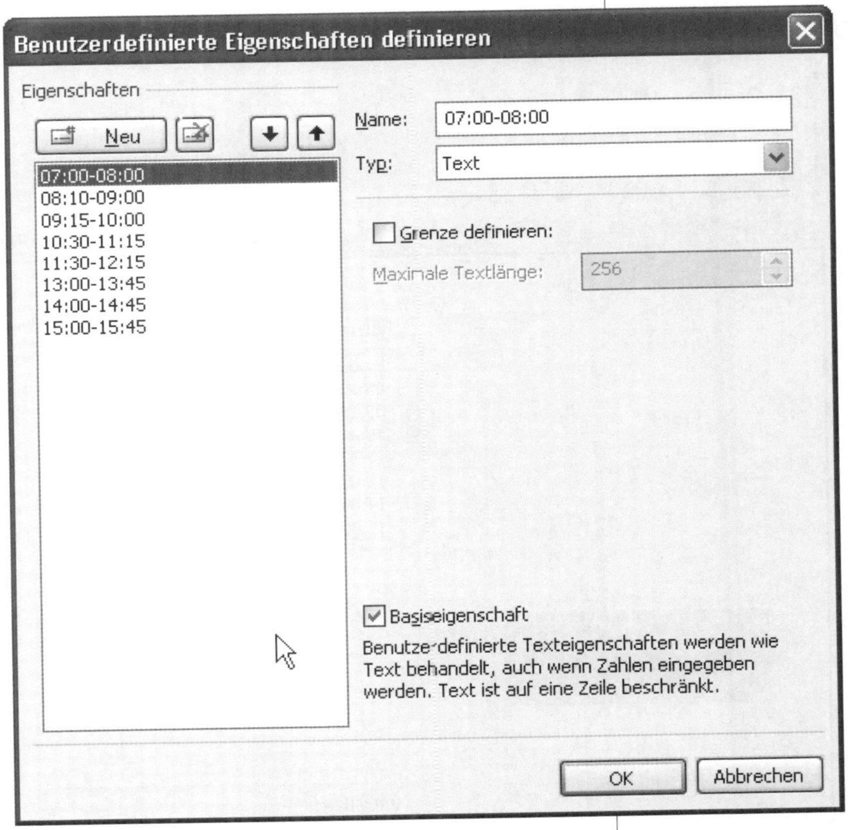

So könnte die Definition deiner Tabelle aussehen.

➢ Wenn du alle Zeiten eingetragen hast, klicke auf die Schaltfläche OK.

Gib jetzt noch keine Daten in die Tabelle ein.

Du hättest viel zu tun, wenn du diese Tabellendefinition für jeden Tag neu erstellen würdest. Stattdessen benutze lieber die Kopierfunktionen.

- Aktiviere das Register START.
- Markiere die Tabelle *Montag.*
- Klicke im Bereich ZWISCHENABLAGE auf das Symbol KOPIEREN.
- Markiere das Hauptthema *Stundenplan.*
- Führe jetzt einen Mausklick auf das Symbol EINFÜGEN aus. Die Tabelle wird eingefügt.

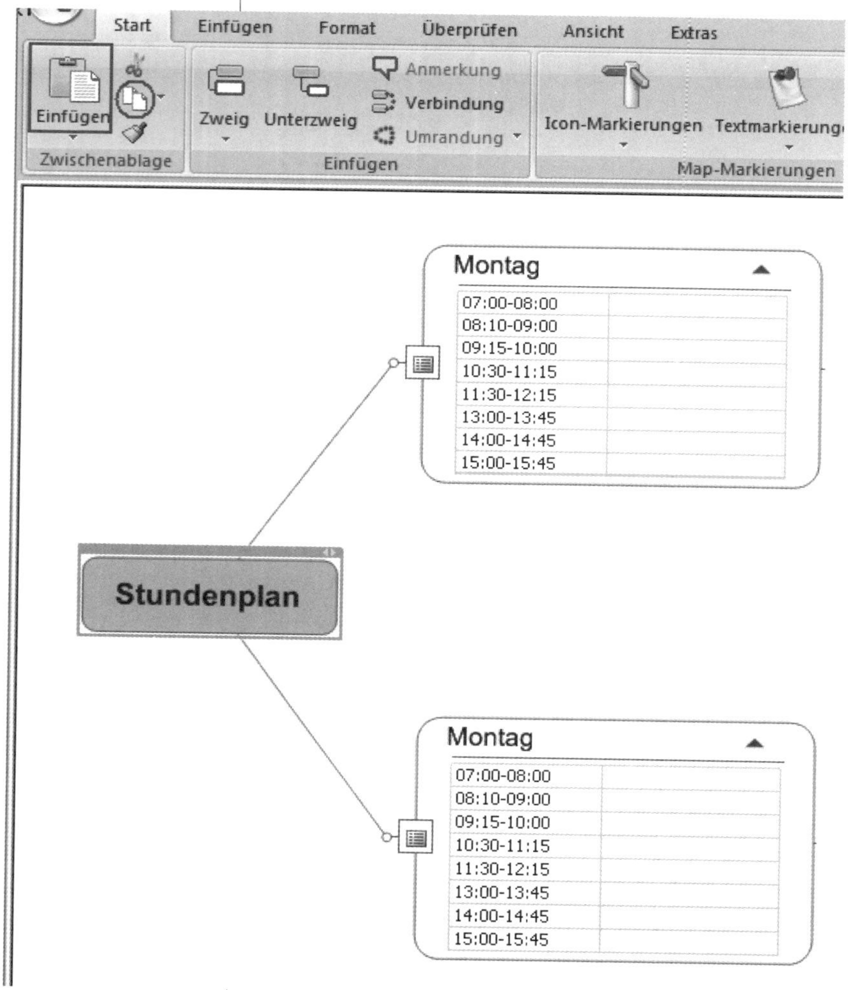

Erstelle deinen Stundenplan in einer Mindmap

- Da ja alle fünf Wochentage erfasst werden sollen, markiere wieder den *Stundenplan* und klicke nochmals auf das Symbol EINFÜGEN. Wiederhole diese Vorgänge, bis du fünf Tabellen erzeugt hast.
- Fünf Montage zu haben, schafft ja nichts weg. Jetzt benennst du die Tabellenüberschriften um. Wie das geht, zeige ich dir an einer Tabelle: Klicke eine Tabelle an. Dann ist sie markiert. Klicke jetzt direkt auf die Überschrift *Montag*. Der *Editiermodus* wird eingestellt. Klicke jetzt doppelt auf *Montag*. Dadurch ist der komplette Eintrag markiert. Tippe jetzt den gewünschten Wochentag ein. Klicke dann einmal außerhalb der Tabelle. Das war's.
- Wiederhole den Vorgang für alle Tabellen. Setze abschließend ein Bild in das Hauptthema Stundenplan.

In der Beispielmap stammt dieses Bild aus der Bibliothek AERO.

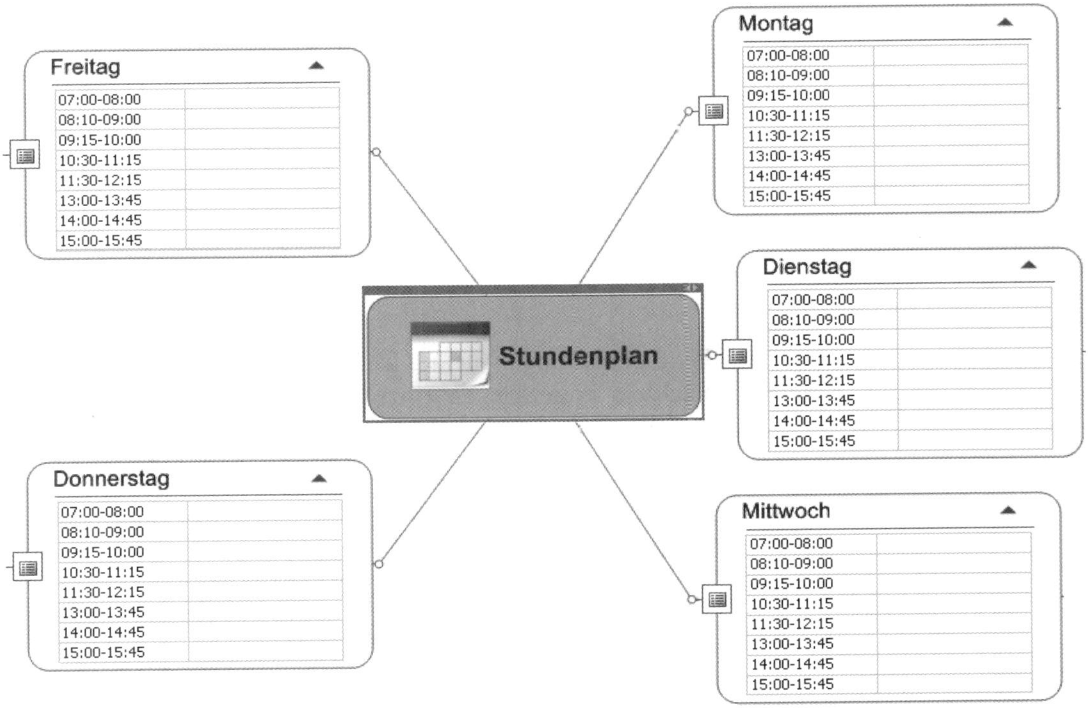

Der Grundaufbau deines Stundenplans ist hiermit erledigt. Aber die Darstellung ist noch nicht optimal. Als Zweiganordnung würde es besser aussehen, wenn die Wochentage nebeneinander stehen und das Thema Stundenplan als Überschrift dargestellt wird.

Eine solche Anordnung wird auch *Organigramm* genannt und häufig zur Darstellung einer *Organisationsstruktur* angewandt.

Aber wir nutzen diese Darstellung jetzt für unsere Zwecke.

- Aktiviere in der *Multifunktionsleiste* das Register FORMAT.
- Markiere das Hauptthema *Stundenplan.*
- Klicke im Bereich ZWEIGE auf das Symbol ZWEIGANORDNUNG.
- Wähle im jetzt eingeblendeten Untermenü das Symbol ORGANIGRAMM aus.
- Passe die Map an das Fenster an (Symbol in der Schnellstartleiste).

So sieht das Blankoformular deines Stundenplans schon sehr gut aus. Wenn du möchtest, hinterlege die einzelnen Tabellen noch mit einer Hintergrundfarbe. Wenn du jede Tabelle mit einer anderen Farbe hinterlegst, kannst du die einzelnen Tabellen recht gut voneinander unterscheiden.

Zur farblichen Hinterlegung markierst du eine Tabelle und wählst dann im Bereich FORMATIERUNG über den FARBEIMER die passende Hintergrundfarbe aus.

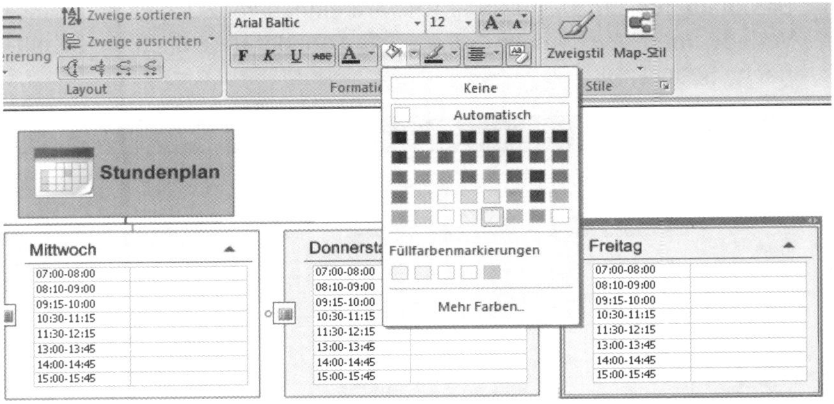

Als Vorlage abspeichern

Das Blankoformular für deinen Stundenplan ist fertiggestellt. Jetzt musst du es auch noch als Vorlage abspeichern. Dann kannst du immer wieder darauf zugreifen.

- Aktiviere die Schaltfläche MINDMANAGER.
- Ziehe den Cursor auf den Eintrag SPEICHERN UNTER.
- Klicke im Menü auf den Befehl MINDMANAGER-MAP-VORLAGE.

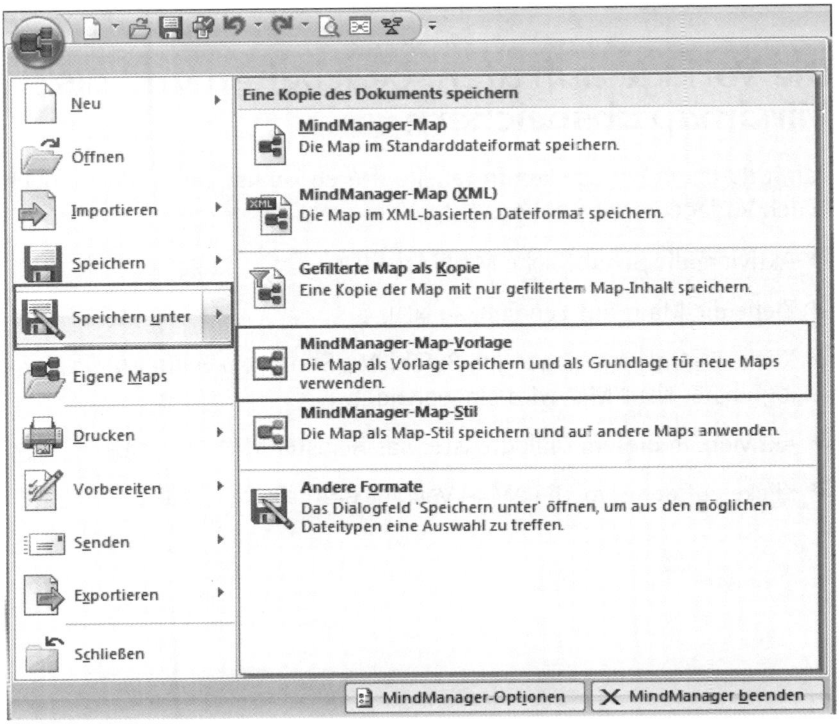

➢ Das Dialogfenster SPEICHERN UNTER wird eingeblendet. Speichere deine Vorlage unter dem Namen *Stundenplan* ab. Betätige dazu die Schaltfläche SPEICHERN.

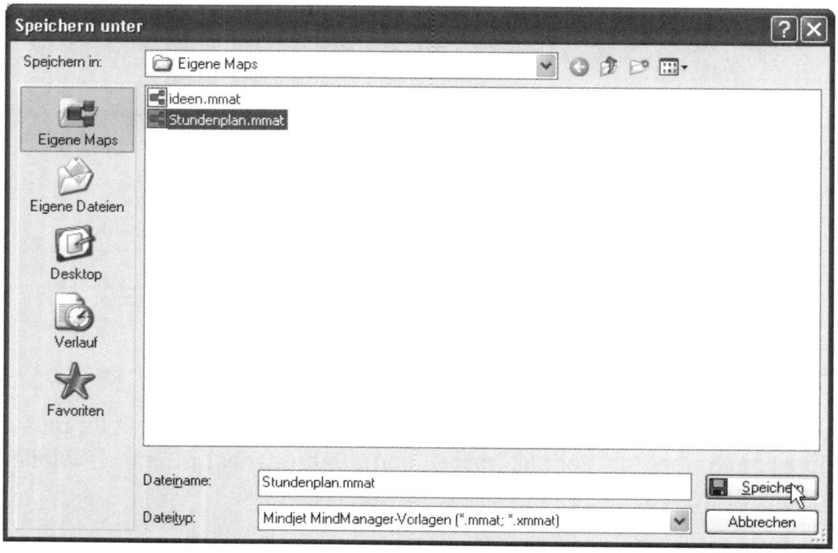

Damit hast du deinen Stundenplan als Map-Vorlage abgespeichert. Aber du hast noch keinen direkten Zugriff darauf. Das soll jetzt geändert werden.

Die Vorlage aufrufen, bearbeiten und als Mindmap abspeichern

Damit du deine Vorlage komfortabel aufrufen kannst, musst du sie noch in den Vorlagenordner stellen.

➢ Aktiviere die Schaltfläche MINDMANAGER.

➢ Ziehe die Maus auf den Eintrag NEU.

➢ Klicke im Untermenü auf den Befehl AUS STILEN UND VORLAGEN. Das Dialogfenster NEUE MAP wird eingeblendet.

➢ Aktiviere in diesem Dialogfenster das Register MAP-VORLAGEN.

➢ Klicke auf den Hyperlink MAP-VORLAGE HINZUFÜGEN.

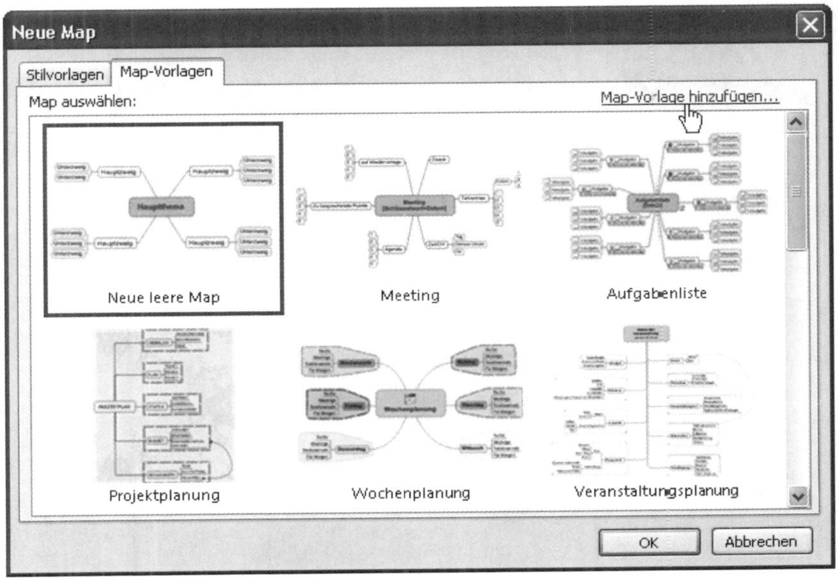

≫ Suche im jetzt eingeblendeten Ordner den Pfad aus, in dem du deine Vorlage gespeichert hast. Klicke dann auf die Schaltfläche ÖFFNEN.

≫ Deine Map-Vorlage wird in dieses Fenster mit aufgenommen und du kannst dadurch jederzeit eine neue Mindmap auf Basis dieser Vorlage erzeugen.

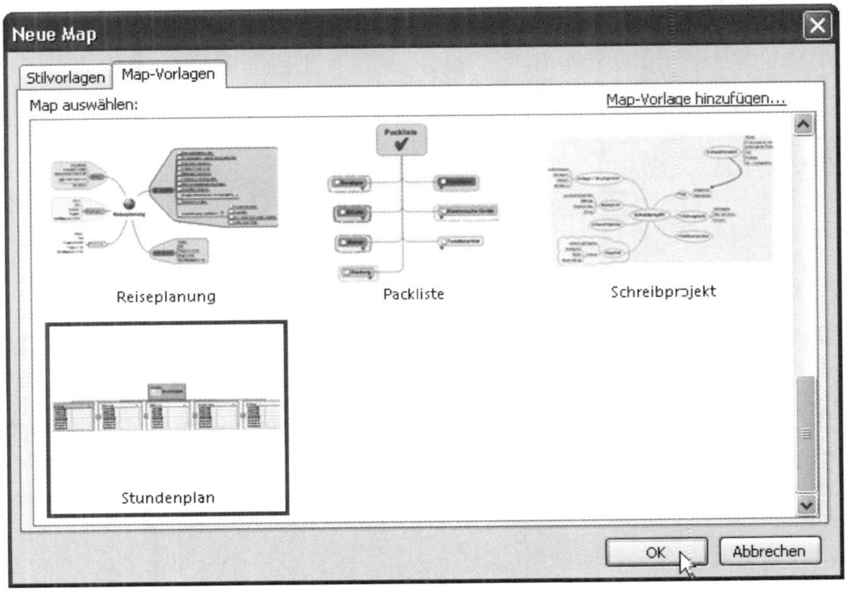

Mit einem Mausklick auf die Schaltfläche OK wird eine neue Mindmap auf Basis der Vorlage STUNDENPLAN erzeugt.

Mit einem Doppelklick direkt in eine Tabelle kannst du diese bearbeiten.

Fülle so deinen aktuellen Stundenplan mit deinen Daten auf.

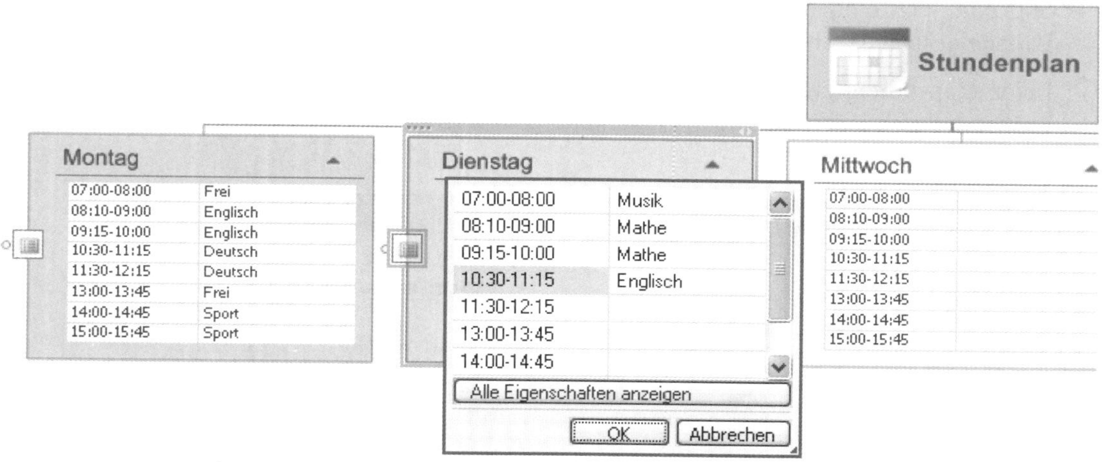

Damit das Arbeiten mit deinem Stundenplan noch mehr Spaß bringt, füge doch ein paar Bilder ein.

Dir sind die Stunden zu klein dargestellt? Dann experimentiere doch etwas mit der Darstellung herum. Ziehe zum Beispiel den Dienstag unter den Montag und den Donnerstag unter den Mittwoch. Klicke dann in der

Schnellstartleiste auf das Symbol MAP AN FENSTER ANPASSEN. Schon sieht das Ganze wieder völlig anders aus.

Viel Spaß beim Experimentieren!

So könnte dein fertiger Stundenplan aussehen.

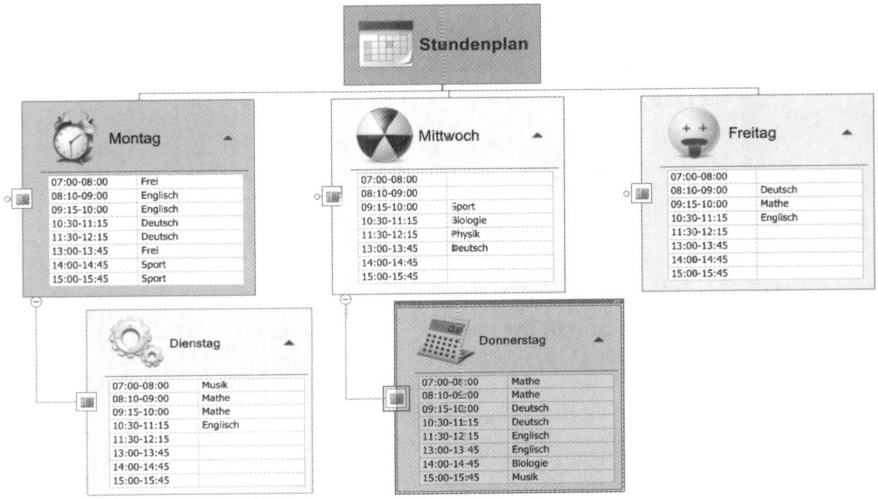

Den Fokus auf einen einzelnen Tag setzen

Wenn du nicht immer die komplette Woche deines Stundenplans sehen möchtest, kannst du auch dafür sorgen, dass du nur einen Tag siehst. Und das funktioniert mit den *Filterfunktionen*.

- Aktiviere in der Multifunktionsleiste das Register ANSICHT.
- Markiere in deinem Stundenplan den Tag, den du angezeigt bekommen möchtest.
- Klicke in der Multifunktionsleiste im Bereich FILTER auf das Symbol ZWEIG ALLEIN STEHEND.

Alles klar? Der ausgewählte Wochentag steht jetzt völlig für sich allein auf dem Bildschirm und du kannst dich voll darauf konzentrieren.

Montag
07:00-08:00 Frei
08:10-09:00 Englisch
09:15-10:00 Englisch
10:30-11:15 Deutsch
11:30-12:15 Deutsch
13:00-13:45 Frei
14:00-14:45 Sport
15:00-15:45 Sport

Ein allein stehender Zweig

Möchtest du wieder den kompletten Stundenplan sehen? Dazu reicht ein Mausklick auf das Symbol ANDERE ZWEIGE EINBLENDEN aus.

Durch diese Filterfunktion kannst du dich immer auf den aktuellen Tag konzentrieren. Im Laufe dieses Kapitels wirst du noch weitere Filterfunktionen kennen lernen.

Vergiss deinen Taschenkalender und setze einen Mindmap-Kalender ein

Ein Taschenkalender ist eine schöne Sache. Du kannst dein Gedächtnis entlasten, weil deine wichtigen Termine ja in deinem Kalender stehen.

Anstatt mit einem Taschenkalender zu arbeiten, ist es auch spannend, eine Mindmap als Kalender einzusetzen. Durch die Darstellung in der Mindmap kannst du dir Termine noch viel besser merken und musst nicht immer in deinem Taschenkalender nachsehen.

Die Wochenplanung

Für die Wochenplanung bietet dir der MindManager bereits eine Vorlage, die du gut weiterverwenden kannst.

- Klicke auf die Schaltfläche MINDMANAGER.
- Ziehe den Cursor auf den Eintrag NEU.
- Klicke im jetzt eingeblendeten Menü auf den Befehl AUS STILEN UND VORLAGEN.
- Aktiviere im jetzt eingeblendeten Dialogfenster NEUE MAP das Register MAP-VORLAGEN. Markiere dort die WOCHENPLANUNG und klicke dann auf die Schaltfläche OK.

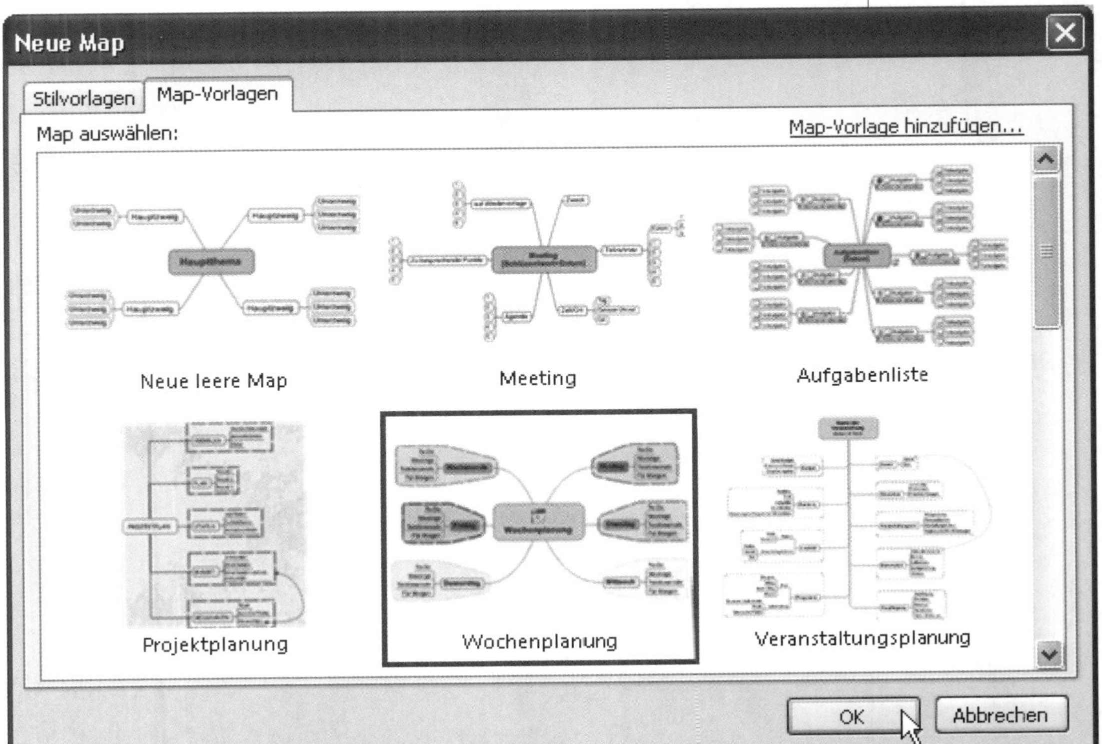

Nicht schlecht, was dir der MindManager hier zaubert. Die fünf Wochentage sind bereits hinterlegt. Zu jedem Wochentag hast du bereits die Unterzweige *To-Do*, *Meetings*, *Telefonanrufe* und *für Morgen* hinterlegt. Du brauchst also nur noch deine Woche zu planen. Probiere das einmal aus, damit du ein Gefühl für diese Art der Wochenplanung bekommst.

Hier siehst du, wie meine kommende Woche aussieht:

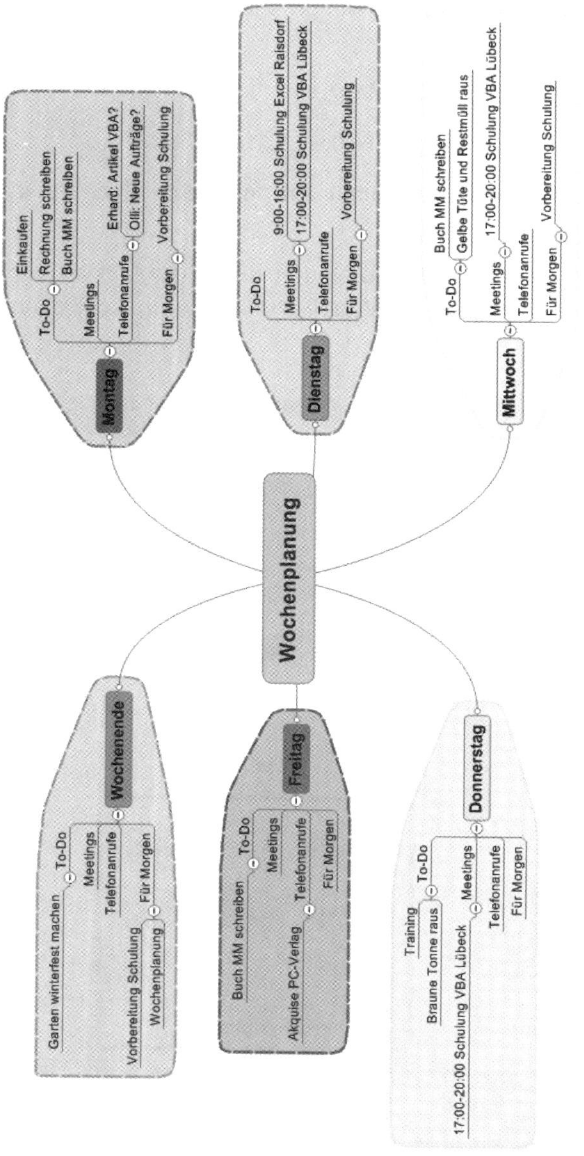

So sieht meine nächste Woche aus. Und bei dir?

Du kannst diesen Kalender um weitere Kategorien ergänzen. In der Praxis haben sich die in der Vorlage vorgeschlagenen Zweige allerdings gut bewährt.

Du solltest besonders wichtige Termine jetzt noch mit Hilfe der *Aufgabeninfo* kenntlich machen. Ich denke da besonders an Prioritäten.

Außerdem ist es sinnvoll, mit weiteren Elementen aus der Bibliothek die Wochenplanung zu visualisieren. Dadurch merkst du dir Termine viel besser.

Setze einen Mindmap-Kalender ein

Das Ergebnis nach der Überarbeitung sieht bei mir so aus:

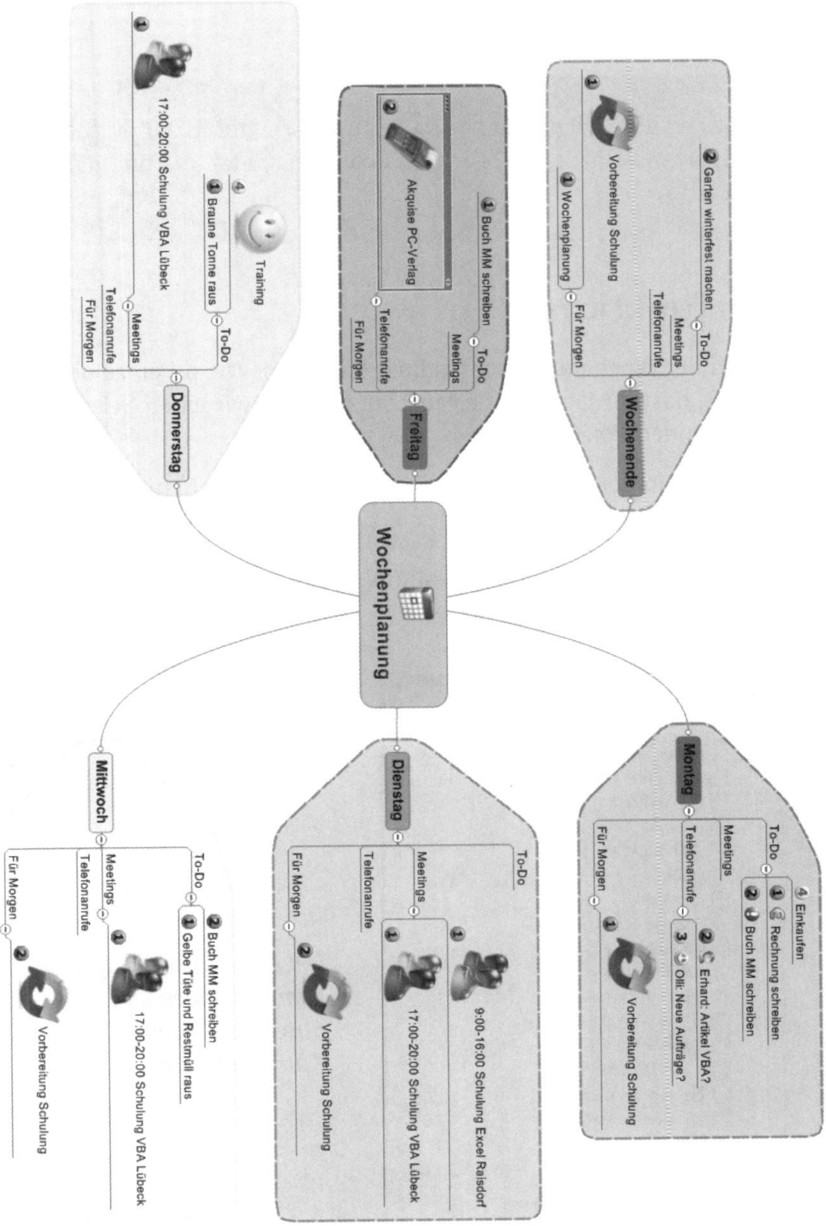

Du brauchst nicht für jede Woche ein neues Kalenderblatt anzulegen. Ändere die Einträge in der Wochenplanung einfach für die neue Woche.

Du brauchst nicht für jede Woche ein neues Kalenderblatt anzulegen. Ändere die Einträge in der Wochenplanung einfach für die neue Woche. Dann hast du wenig Pflegeaufwand und beschäftigst dich trotzdem völlig ausreichend mit deinen Terminen.

Du wirst feststellen, dass nur sehr selten ein Blick auf deinen Mindmap-Kalender nötig ist, da du die Daten jetzt im Kopf verankert hast.

Filterfunktionen

Auch bei der Wochenübersicht kannst du filtern. Wie du einzelne Zweige darstellst, hast du ja schon gelesen. Jetzt gehen wir einen Schritt weiter und setzen den *Power-Filter* ein.

- Aktiviere in der Multifunktionsleiste zunächst das Register ANSICHT.
- Klicke auf das Symbol FILTER.
- Wähle im Untermenü den Befehl POWER-FILTER aus. Das gleichnamige Dialogfenster wird eingeblendet.

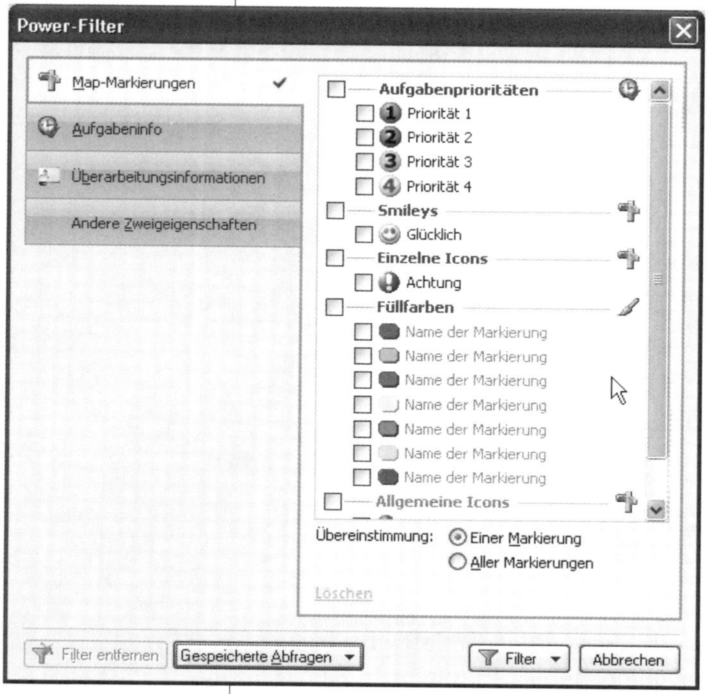

Mit dem Power-Filter kannst du nach den unterschiedlichsten Kriterien filtern.

Wir sehen uns die *Map-Markierungen* etwas näher an. Denn wir haben davon ja einige verwendet. Das geht schon los bei der *Füllfarbe* der einzelnen Wochentage.

Diese Filtermethode bietet dir die Möglichkeit, nach *Map-Markierungen, Aufgabeninfos, Überarbeitungsinformationen* und *anderen Zweigeigenschaften* zu filtern.

Die Filterauswahl wird mit Häkchen vor den einzelnen Markierungen festgelegt.

Dabei kannst du auch die Kombination mehrerer Häkchen anwenden.

Der Montag soll gefiltert werden:

- Setze einen Haken in das Kontrollkästchen vor der FÜLLFARBE Rot.
- Klicke auf die Schaltfläche FILTER und wähle dort den Befehl ÜBEREINSTIMMENDE ZWEIGE ANZEIGEN aus.

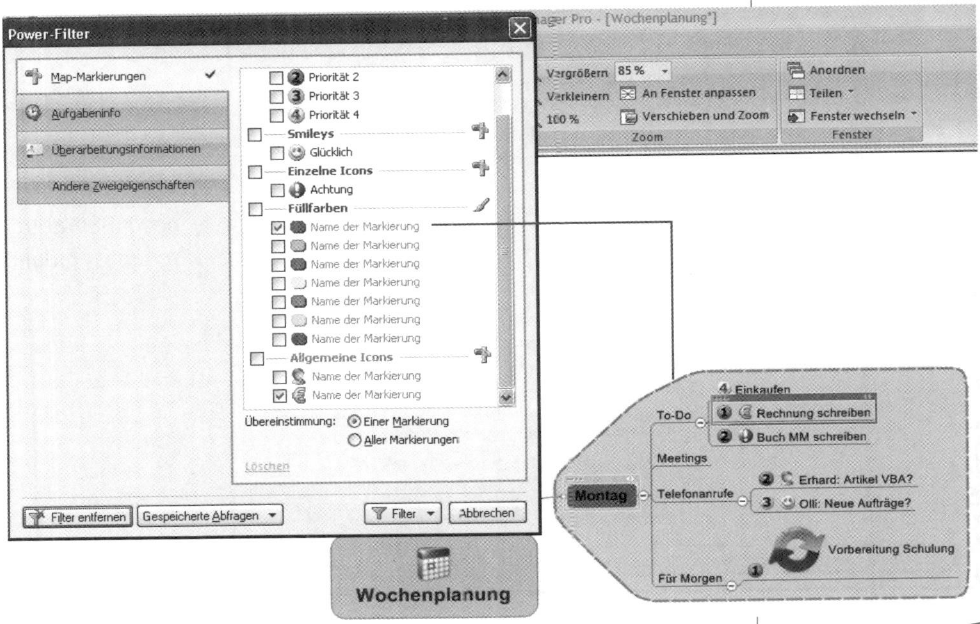

Das Filterergebnis zeigt dir jetzt nur den ausgewählten Tag an. So soll es sein.

Per Mausklick auf die Schaltfläche FILTER ENTFERNEN werden wieder alle Zweige ungefiltert dargestellt.

Aber Vorsicht! Dadurch ist nicht das Häkchen im Power-Filter entfernt worden. Das musst du bei der nächsten Filterfunktion manuell machen, sonst wird diese Einstellung weiter mitverwendet.

Du möchtest alle Termine mit der Priorität 1 und 2 darstellen? Kein Problem:

- Öffne den Power-Filter.
- Entferne das Häkchen vor der FÜLLFARBE.
- Setze ein Häkchen vor der PRIORITÄT 1 und PRIORITÄT 2.
- Wende den Power-Filter an.

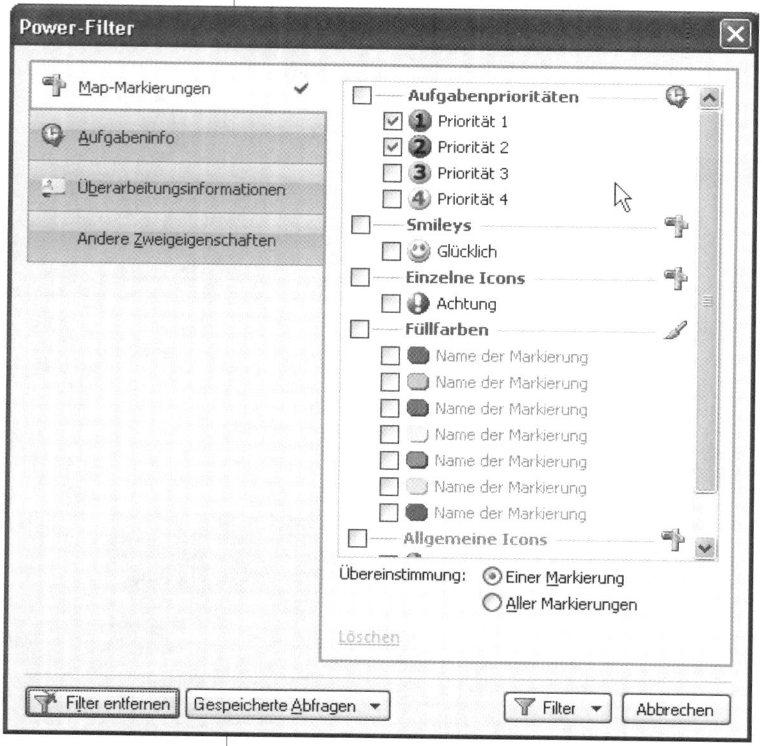

Auch eine Filterung nach mehreren Kriterien ist möglich.

Du kannst deine Abfragen sogar abspeichern und später wieder aufrufen. Dazu klickst du lediglich auf die Schaltfläche GESPEICHERTE ABFRAGEN und wählst zum Speichern den Menüpunkt ABFRAGE SPEICHERN aus. Nach der Eingabe eines Namens wird deine Abfrage gespeichert.

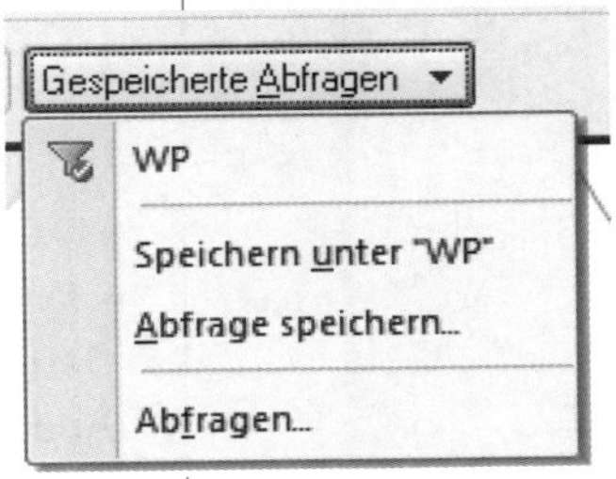

Du rufst deine Abfrage auf den gleichen Weg wieder auf. Ein Klick auf die Schaltfläche GESPEICHERTE ABFRAGEN und dann wählst du aus dem Menü den Namen der gespeicherten Abfrage aus. Genial.

Die Monatsplanung

In der Monatsplanung planst du schon einmal grob vor, was du so alles vorhast. Die Verfeinerung machst du dann in der Wochenplanung.

Sinnvollerweise baust du deine Monatsplanung vom Inhalt her so auf wie deine Wochenplanung. Dann brauchst du bei der Wochenplanung nur die relevanten Zweige aus der Monatsplanung herauszukopieren.

Baue also eine Mindmap auf, die die fünf Wochen des Monats beinhaltet.

- Erstelle eine neue Mindmap. Nenne das Hauptthema `Monatsplanung`.
- Kopiere einen Tag aus deiner *Wochenplanung*. Markiere dazu den *Montag* in deiner Wochenplanung. Klicke im Register START auf das Symbol KOPIEREN.
- Aktiviere deine neue Mindmap und klicke auf die Schaltfläche EINFÜGEN. Der komplette Montag mit allen Unterzweigen wird eingefügt.
- Ändere den Eintrag *Montag* in `1. Woche` um.
- Lösche die eventuell vorhandenen Unterzweige hinter den Kategorien.

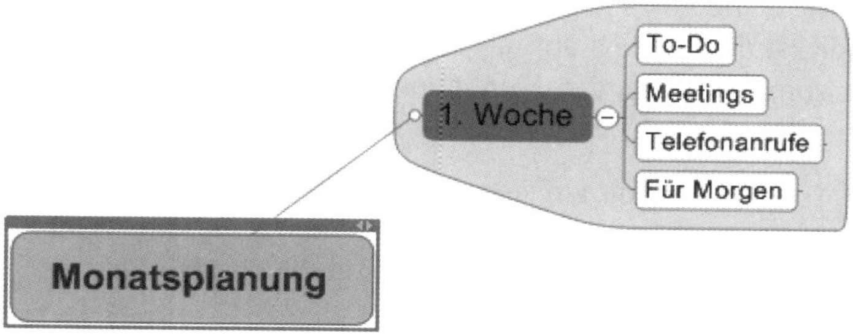

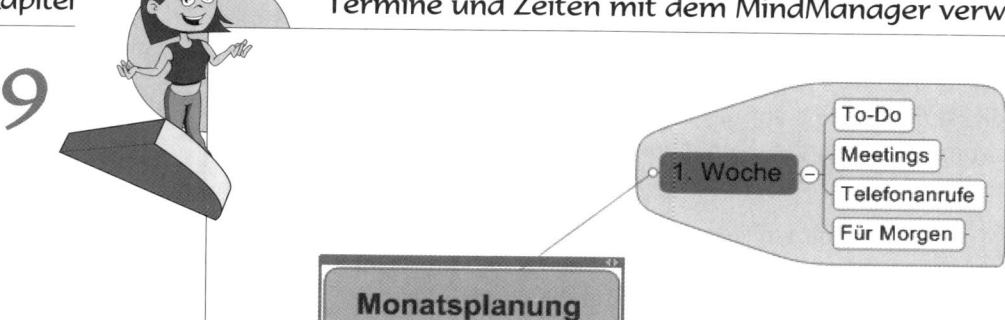

Damit steht die erste Woche. Kopiere diese und füge sie viermal ein. Ändere dann die Bezeichnung der Wochen, und das Gerüst für deine Monatsplanung steht fest.

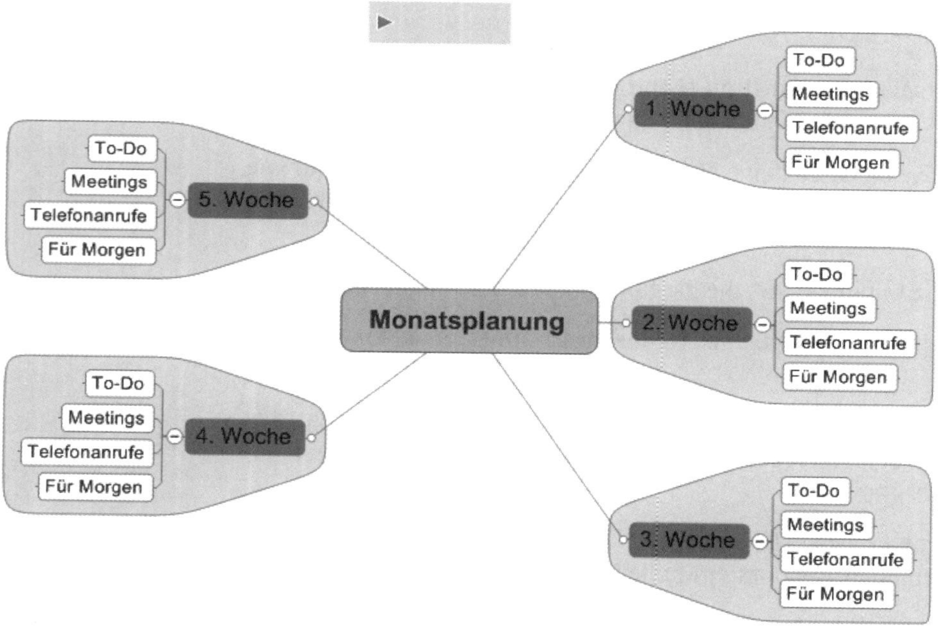

Die Jahresplanung

Auf die gleiche Art und Weise erzeugst du dir eine *Jahresübersicht.* Hier kannst du schon bekannte Ereignisse, wie zum Beispiel Geburtstage, eintragen.

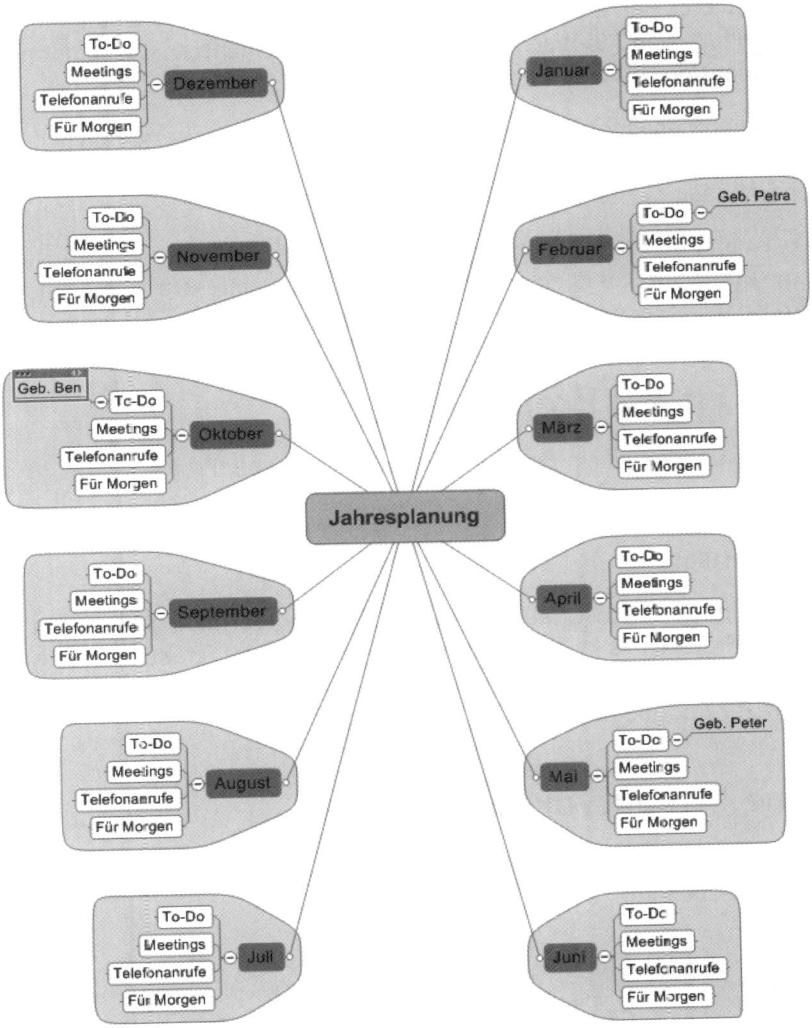

So, jetzt steht deiner effektiven Planung nichts mehr im Wege. Wenn dir diese Art deiner Kalenderverwaltung gefällt, kannst du sie auch noch verfeinern. Das Planen bringt dann richtig Spaß.

Projektieren mit einer Mindmap

Bei bestimmten Gelegenheiten ist es sinnvoll, mit einem Projektplan zu arbeiten. Dafür gibt es viel Software, die zum Teil recht teuer ist.

Dabei bietet sich eine Mindmap geradezu für die Projektplanung an. Die Verbindung von Aufgabeninfos und visuellen Elementen ist eine optimale Kombination für die Projektplanung.

Der MindManager bietet sehr effektive Möglichkeiten zur einfachen und übersichtlichen Strukturierung und Gliederung von Vorgängen, Aufgaben und Abhängigkeiten.

Du kannst deine Mindmap-Projekte mit Filterfunktionen leicht auswerten. Du erhältst mit einer »Projekt-Mindmap« eine sehr übersichtliche Projektstruktur sowie eine optimale Projekttransparenz.

Was ist ein Projekt?

Was ist überhaupt ein Projekt? Per Definition ist ein Projekt:

- zeitlich begrenzt
- einmalig

Diese Einmaligkeit ist natürlich relativ. Aber du erkennst, dass es sich bei einem Projekt um keine Routineaufgaben handelt. So ist zum Beispiel auch eine Bewerbung ein Projekt (ich wünsche dir jedenfalls, dass sie nicht zur Routineaufgabe wird).

Eine Projektvorlage öffnen

Der MindManager bietet dir für die Projektarbeit bereits einige vorgefertigte Vorlagen an.

Den Weg zu den Vorlagen kennst du bereits.

Wähle diesmal die Map-Vorlage PROJEKTPLANUNG aus.

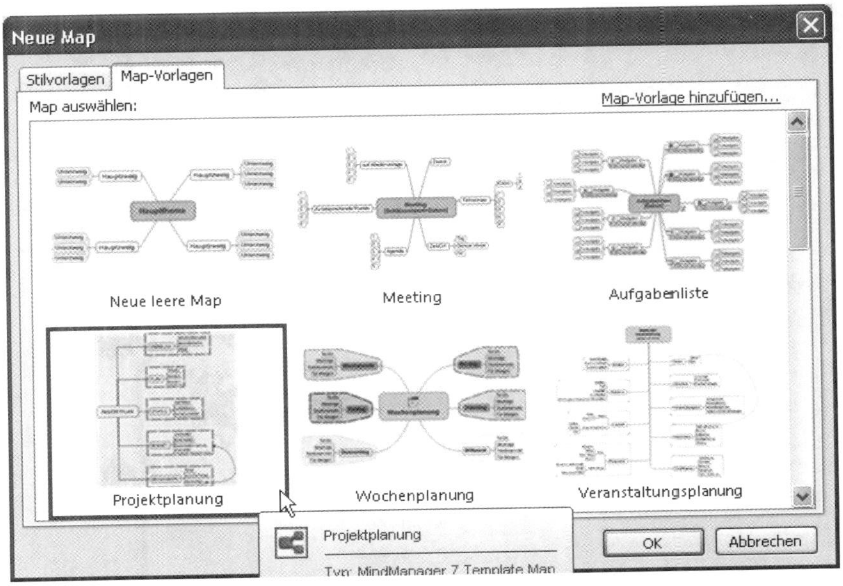

Um das Stichwort Bewerbung gleich wieder aufzugreifen, wollen wir doch einmal eine Projektplanung für deine Bewerbung erstellen.

Halte dich dabei an die bereits eingetragenen Zweige.

Im Bereich *Überblick* geht es zunächst um den Projektinhaber. Wer das ist, ist leicht zu erkennen: du. Also füge in einem Unterzweig deinen Namen ein.

An den Zweig *Beschreibung* gehört die *Projektbeschreibung*. Also schreibe hier rein, als was du dich bewerben möchtest.

Der Zweig *Ziele* soll festhalten, wo du einmal hin willst. Denn mit dem Finden eines Ausbildungsplatzes ist deine berufliche Karriere ja noch nicht zu Ende.

Jetzt geht es in den *Planungsbereich*. Drei Phasen zur Erreichung deines Zieles sind schon vorbereitet. Fülle diese auch. Du kannst bei Bedarf natürlich auch Phasen streichen oder hinzufügen.

Wenn das erledigt ist, geht es im Bereich *Status* um die Projektüberwachung. Doch diesen Bereich solltest du erst füllen, wenn du die anderen Zweige mit Aufgabeninformationen versehen hast.

Die Zweige *Budget* und *Ressourcen* kannst du aus deinem Projekt streichen, da deine Bewerbungen wahrscheinlich kein besonderes Budget erfordern, obwohl sie natürlich auch Geld kosten. Als Ressource bist ohnehin nur du selbst zuständig.

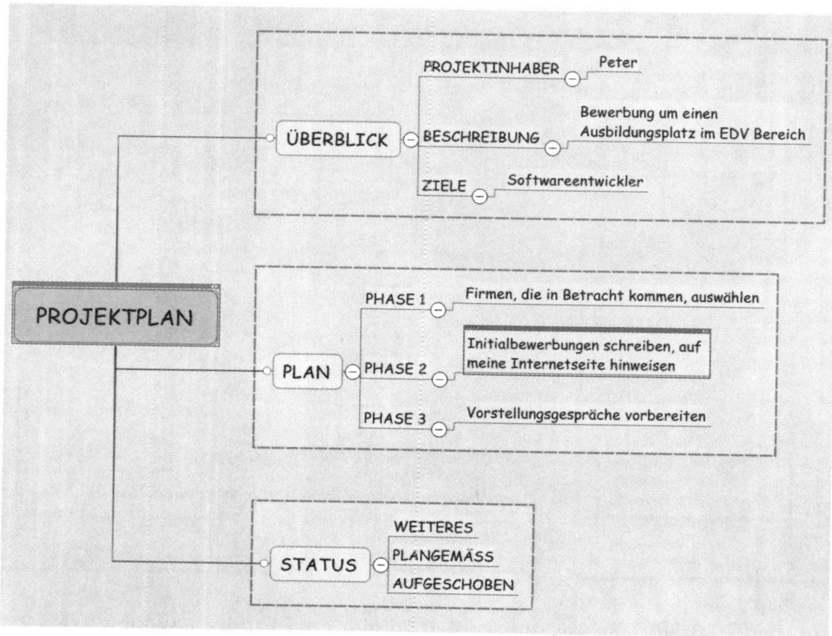

Jetzt müssen die Phasen deines Projekts mit Daten versehen werden. Sonst denkst du, du hast ewig Zeit.

Für diese Aufgabe bietet sich der Bereich *Aufgabeninfo* an. Versieh deine Phasen jetzt mit Daten. Besonders wichtig:

- Priorität
- Anfangsdatum
- Enddatum
- Fertig (%)

Mit diesen Daten kannst du später den Projektfortschritt kontrollieren.

Und du siehst auch, wenn es irgendwo zeitkritisch wird. Dann musst du in die Hufe kommen.

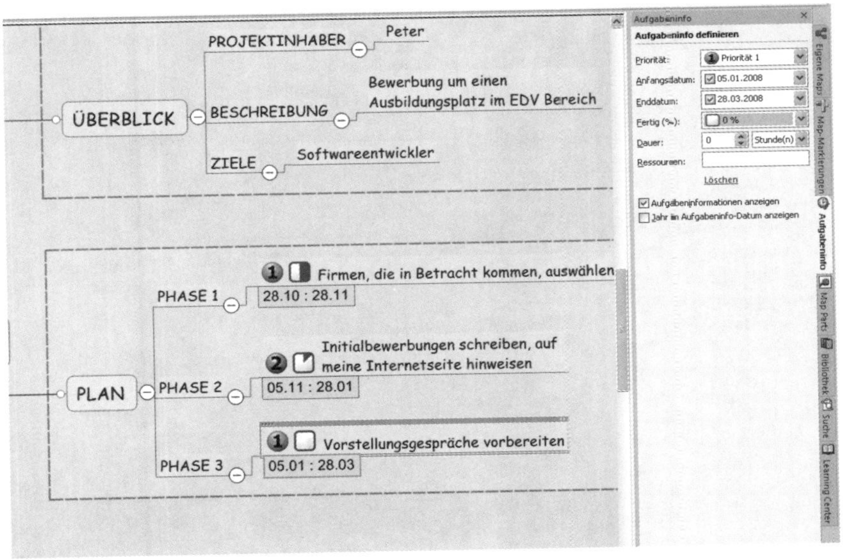

Speichere deinen Projektplan an dieser Stelle ab. Die wichtigsten Daten sind enthalten, und es geht an die Projektkontrolle.

Das Projekt verwalten

Wenn du mit einem Projekt arbeitest, musst du auch ein guter Projektleiter sein und dein Projekt verfolgen. Dazu gehört das Aktualisieren von Daten. Immer wenn du etwas erreicht hast, trage es in deine Projektmap ein.

Wenn es zu Verzögerungen kommt, musst du besondere Maßnahmen ergreifen, damit du deine Termine wieder einhalten kannst.

Wenn das nicht geht, musst du dein Projektende verschieben.

Er reicht also nicht aus, einen Projektplan zu erstellen, du musst ihn auch regelmäßig pflegen.

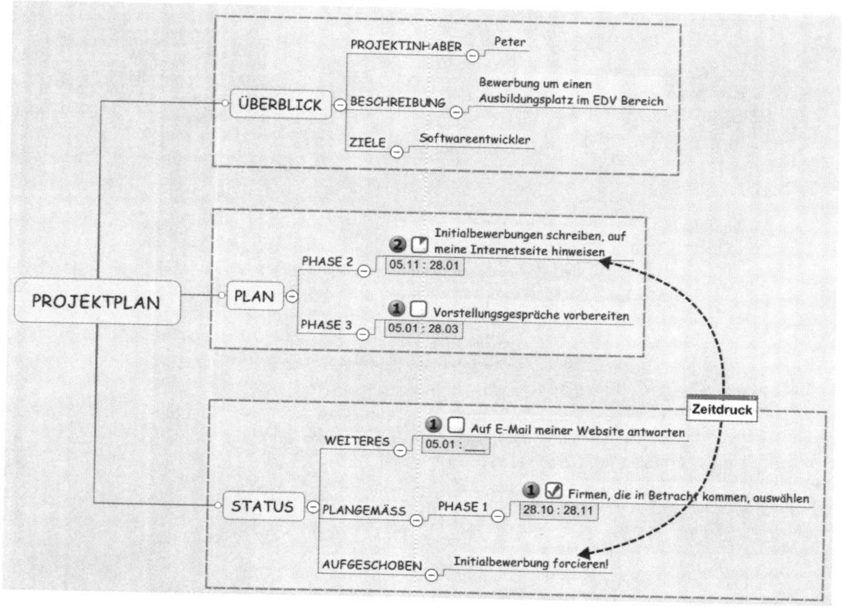

Du erkennst sofort, wann irgendwo etwas zeitkritisch wird.

Bei der Projektplanung sind eine eindeutige Markierung und die Zuteilung von Prioritäten wichtig. Dadurch erkennst du sofort, wo es brenzlig werden könnte.

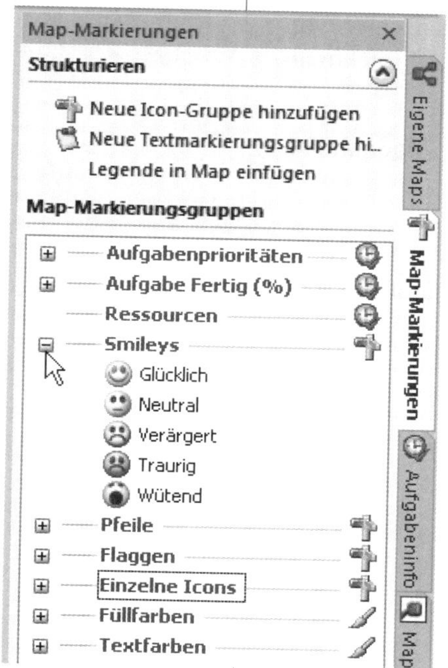

Bei den Map-Markierungen hast du die Freiheit, zu den vorhandenen Markierungen eigene Map-Markierungen hinzuzufügen.

- Öffne das Registerblatt MAP-MARKIERUNGEN auf der rechten Seite deines Bildschirms. Alle vorhandenen Map-Markierungen werden angezeigt.
- Falls du auf den ersten Blick noch nicht allzu viel siehst, öffne die einzelnen Eintragungen mit einem Klick auf das PLUS-Zeichen vor den Markierungsgruppen.
- Um eine Markierung hinzuzufügen, klicke auf den Hyperlink NEUE ICON-GRUPPE HINZUFÜGEN. In den *Map-Markierungsgruppen* wird ein neuer Eintrag mit dem Namen GRUPPENNAME eingetragen.
- Tippe hier ein: `Projekticons`.

- Klicke jetzt mit der rechten Maustaste auf deine neue Gruppe. Das *Kontextmenü* wird eingeblendet. Wähle hier den Befehl NEUE ICON-MARKIERUNG aus. Das gleichnamige Dialogfenster wird eingeblendet.
- Tippe einen Namen für die neue Markierung ein, zum Beispiel `Kritischer Pfad`.
- Wähle mit dem Auswahlfenster ICON ein passendes Icon hierzu aus.
- Klicke auf die Schaltfläche HINZUFÜGEN.

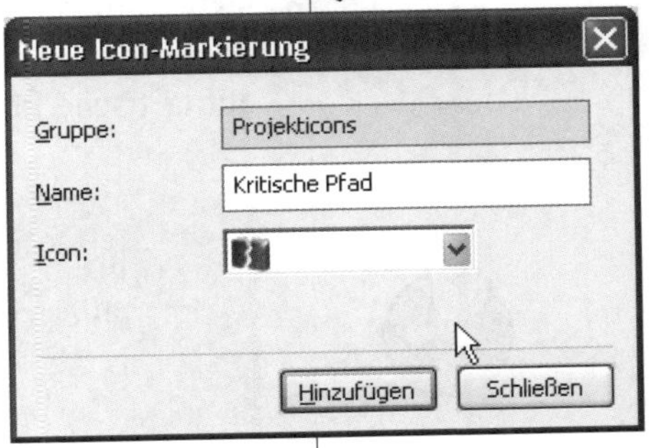

- Jetzt kannst du noch weitere Icon-Markierungen zu deiner Gruppe hinzufügen. Wenn du fertig mit der Zuweisung bist, klickst du auf die Schaltfläche SCHLIESSEN. Schon hast du eine eigene Icon-Markierung erzeugt, die dir zur Benutzung zur Verfügung stehen.

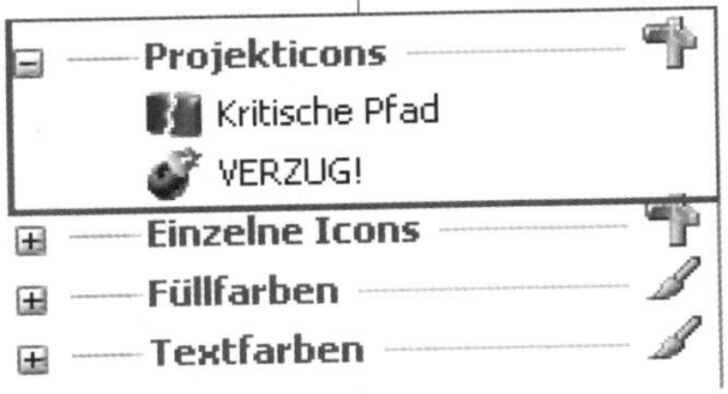

Denke daran, dass du alle benutzten Icons als Legende in deine Mindmap einfügen kannst. Klicke dazu einfach auf den Hyperlink LEGENDE IN MAP EINFÜGEN.

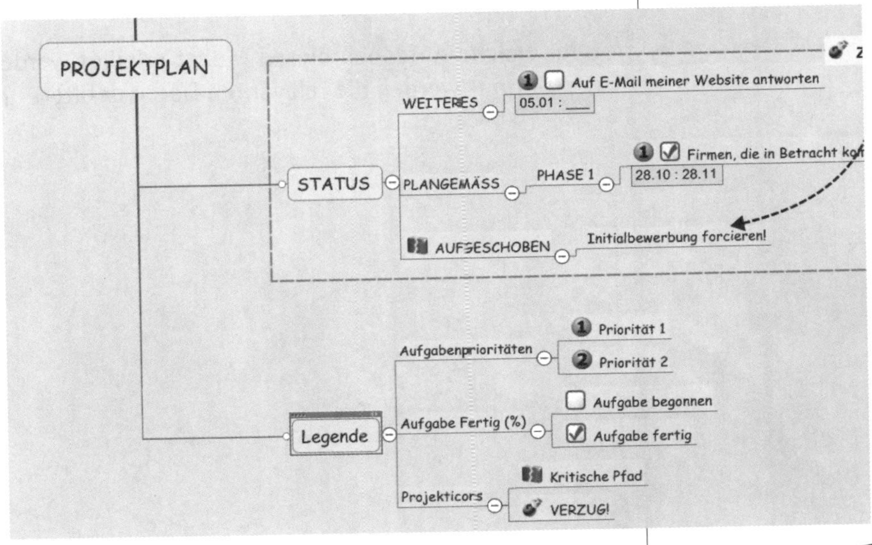

Terminüberwachung mit dem Power-Filter

Die beste Planung hilft dir nicht weiter, wenn die *Termine* nicht überwacht werden. Terminüberschreitungen, die bereits am Anfang des Projektes auftreten, ziehen sich im ganzen Projekt durch und können den Endtermin gefährden. Um das zu vermeiden, setze deine Konzentration auf kritische Pfade.

Kontrolliere laufend die Termine.

Die Filterfunktionen des MindManagers helfen dir hier weiter. Diese findest du in der Multifunktionsleiste unter dem Register ANSICHT.

Klicke dort auf das Symbol FILTER und im *Untermenü* auf den Befehl POWER-FILTER.

Die Einstellungen mit den Map-Markierungen kennst du schon aus der Wochenplanung.

Jetzt aktiviere den Eintrag AUFGABENINFO.

In diesem Fenster kannst du wunderbar nach dem Anfangs- und dem Enddatum filtern. Was dir das bringt?

Du hast hier zum Beispiel die Möglichkeit festzustellen, welche Aufgaben diese Woche oder diesen Monat starten müssen.

Oder welche Aufgaben diesen Monat erledigt werden müssen. Auf Basis des *Datums* werden die relevanten Daten gefiltert und dargestellt.

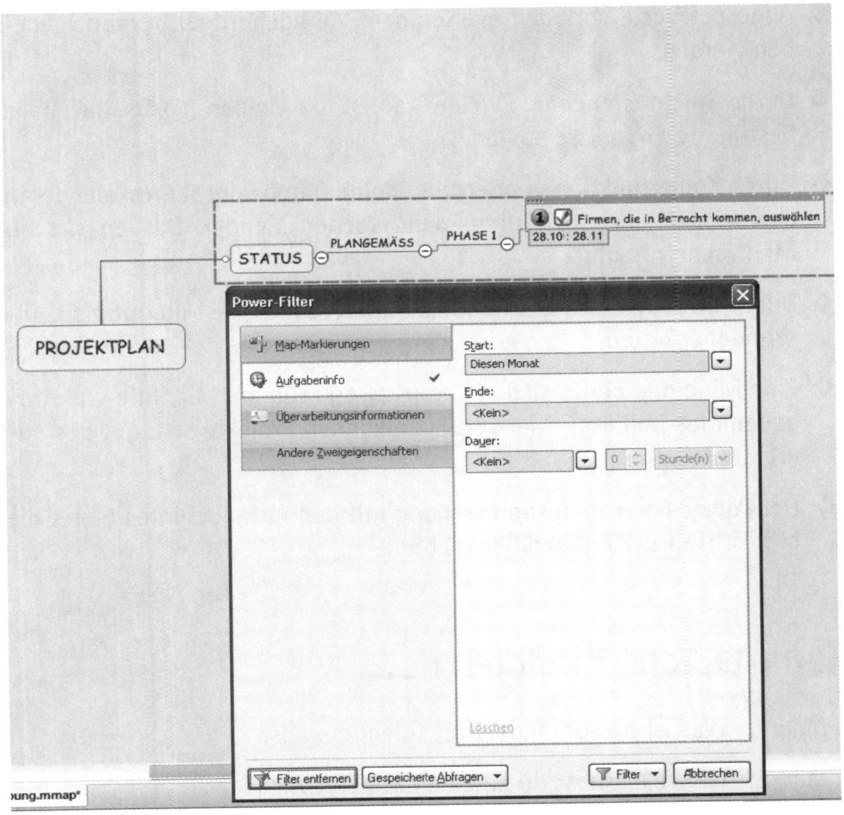

Jetzt werden in der Mindmap nur noch die ausgewählten Verzweigungen dargestellt und du kannst diese überwachen und bei Bedarf ändern oder ergänzen.

Um alle Aufgaben wieder sichtbar zu machen, klicke auf das Symbol FILTER ENTFERNEN. Schon stehen dir wieder alle Aufgaben der Mindmap zur Verfügung.

Zusammenfassung

- Kalender und Stundenpläne lassen sich mit Mindmaps übersichtlich aufbauen. Durch diesen Aufbau in Verbindung mit visuellen Elementen kannst du dir Termine wesentlich besser merken.
- Mindmaps lassen sich zur Wiederverwendung als Vorlagen abspeichern.

- Abgespeicherte Vorlagen müssen dem Vorlagenordner bekannt gegeben werden.
- Durch allein stehende Zweige kannst du deinen Fokus auf ganz bestimmte Ereignisse stellen.
- Durch Kopierfunktionen pflegst du deine Daten vom Jahreskalender in den Monatskalender und in den Wochenkalender. Das erspart dir Mehrfacherfassung.
- Durch den Power-Filter und Map-Markierungen hast du optimale Filtermöglichkeiten.
- Eine Mindmap bietet sich als Projektwerkzeug an. Mit Hilfe von Aufgabeninfos und Map-Markierungen können Projekte sehr gut gesteuert werden.
- Der Power-Filter in Zusammenhang mit den Aufgabeninfos bietet die Möglichkeit der Projektüberwachung.

Ein paar Fragen ...

Frage 1: Was ist das Besondere an Kalendermaps?

Frage 2: Wie fokussierst du einen einzelnen Zweig?

Frage 3: Was ist der Sinn einer Map-Vorlage?

Frage 4: Wie erstellst du dir eigene Map-Markierungen?

Frage 5: Wozu dient der Power-Filter?

Frage 6: Was ist ein Projekt?

... und zwei Aufgaben

- Erstelle dir deine eigene Kalendervorlage.
- Arbeite mindestens vier Wochen mit einem Mindmap-Kalender und erstelle eine Mindmap mit den Erfahrungen, die du mit dem Mindmap-Kalender gemacht hast.

10

So wirst du kreativ

Wenn du mit der Strukturierung einer Sache beschäftigt bist, hält dich das vom kreativen Denken ab.

Um kreativ zu sein, solltest du zunächst erst einmal alle Strukturen und kritische Betrachtungen beiseitelassen. Erlaube zunächst *alle* Gedanken, die dir gerade in den Sinn kommen.

Ohne *Wenn* und *Aber.*

Du kannst zwar direkt mit einer Mindmap beginnen, das solltest du aber nur tun, wenn du deinen freien Gedankenfluss schon »freihändig«, das heißt im Gehirn vorgenommen hast. Sonst bietet sich in vielen Fällen die Technik des *Brainstormings* an.

Für den Aufbau einer Mindmap ist es daher oftmals sinnvoll, erst einmal *das Gehirn* einzuschalten und völlig frei von jeglichen Hemmnissen alle Ideen aufzuschreiben, die dir zum angesagten Thema durch den Kopf gehen.

Dabei geht es in dieser Phase ausdrücklich **nicht** um Wertungen und Strukturen. Schreibe einfach alles auf, was dir in den Sinn kommt. Streichen kannst du später immer noch.

Diese Technik nennt sich Brainstorming (Brain = Gehirn).

Brainstorming kannst du bei jeder Gelegenheit anwenden. Auf alle Fälle macht Brainstorming Sinn, wenn du dich mit einem Problem beschäftigst. Oder wenn du ein bestimmtes Ziel erreichen willst und noch nicht so genau weißt, wie du es erreichen kannst.

Die Gedankenspiele im Brainstorming werden so viele Ideen zum Vorschein bringen, dass du davon überrascht sein wirst.

In diesem Kapitel lernst du,

- wie die Technik des Brainstormings funktioniert
- wie du Brainstorming im MindManager anwenden kannst
- wie aus einem Brainstorm eine Mindmap wird
- wie du mit dem MindManager Gruppierungen erzeugst
- wozu Umrandungen gut sind
- was du vor dem Drucken deiner Mindmap beachten solltest

Problemlösungen

Wenn du dich mit einem Problem beschäftigst oder eine Entscheidung fällen musst, kann es in deinem Kopf ganz schön hoch hergehen. Du drehst dich gedanklich im Kreis, denkst immer wieder die gleichen Gedanken und kommst einer Lösung keinen Schritt näher.

Was dann in den meisten Fällen hilft, ist, zu schreiben, also *schriftlich zu denken* und alle Gedanken zu der augenblicklichen Fragestellung in einer Mindmap festzuhalten.

Das sollte im ersten Moment ganz *unsortiert* erfolgen.

Die Hauptsache ist, dass alle Gedanken auf dem Papier landen.

Dabei solltest du nicht nur die inhaltlichen Dinge aufschreiben, sondern auch deine eigenen *Gefühle* berücksichtigen und auch alle Zweifel, Sorgen und Ängste zu einer Situation zu Papier bringen.

Dann erkennst du ganz schnell, wo sich bei dir Blockaden und Hemmnisse aufbauen.

Sinn macht schriftliches Nachdenken zum Beispiel in den folgenden Situationen:

- Wenn du eine Entscheidung fällen musst und nicht weißt, wie du dich entscheiden sollst.
- Wenn du herausfinden willst, was mit dir los ist.
- Wenn du ein Problem lösen oder ein Ziel erreichen willst und nicht vorankommst.

Als Ausgangspunkt für dein Nachdenken in einer Mindmap kannst du *Fragen* wie zum Beispiel diese hier verwenden:

- Worum geht es hier eigentlich im Augenblick?
- Was ist mein Ziel in dieser Situation?
- Was will ich erreichen?
- Wie geht es mir?
- Was könnte mir schlimmstenfalls passieren und wie wahrscheinlich ist es, dass es so kommt?

Wichtig ist, dass du deinen Gedanken Ausdruck verleihst, indem du sie aufschreibst.

Denn damit endet meistens das ewige gedankliche Kreisen um immer die gleichen Themen und du machst damit in deinem Kopf Platz für neue Gedanken.

Bei mir persönlich gehört das schriftliche Nachdenken schon zu einer festen Angewohnheit.

Probiere es doch einfach einmal für ein paar Tage aus. Ich kann es dir nur empfehlen.

Brainstorming manuell

Der Grundgedanke beim Brainstorming liegt darin, alle Ideen und Assoziationen, die dir zu einem Thema in den Sinn kommen, zuzulassen. Später kannst du Ideen, die sich als nicht so gut entpuppen, streichen. Aber lasse zunächst alles zu.

Du wirst erstaunt sein, wie viele »unmögliche« Ideen sich bei näherer Betrachtung als sinnvoll herausstellen. Probiere es einfach einmal aus.

Du kannst dein erstes Brainstorming auf einem Stück Papier machen. Lege ein Stück DIN-A4-Papier dazu quer vor dich hin. Beginne jetzt, völlig unstrukturiert und ohne gedankliche Einschränkungen alles aufzuschreiben, was dir zu deinem Problem in den Sinn kommt.

Nehmen wir ganz einfach mal an, du hast noch keinen bestimmten Berufswunsch. Dann schreibe einfach mal darauf los.

Du solltest dabei keine Romane schreiben, sondern mit Schlüsselwörtern arbeiten.

Diese Technik kennst du ja schon von den Mindmaps.

Wenn es dir hilft, erstelle auch ruhig gleich ein paar visuelle Objekte. Das muss jetzt aber noch nicht unbedingt sein, sondern nur, wenn dir beim Aufschreiben deiner Gedanken gleich die entsprechenden Bilder einfallen.

Das Ergebnis deines Brainstormings könnte folgendermaßen aussehen:

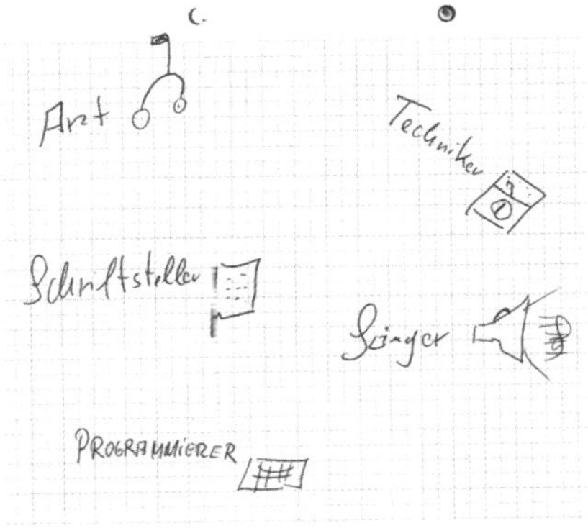

Bei dir sieht es anders aus? Davon gehe ich aus. Jeder Mensch hat schließlich seine eigenen Gedankengänge. Und es gibt hier kein Richtig oder Falsch.

Wenn alle Schlüsselwörter aufgeschrieben sind, geht es ans Streichen.

Aber bitte nicht sofort. Sinnvollerweise ist erst mal eine kleine Pause angesagt. Lege das Blatt Papier beiseite und beschäftige dich mit etwas ganz anderem.

Nachdem dein Kopf wieder frei ist, geht es dann tatsächlich ans Streichen. Sieh dir dein Brainstormingblatt noch einmal an. Nicht passende Schlüsselwörter und Ideen werden dann gestrichen.

Damit ist das Brainstorming fast beendet. Falls du Schlüsselwörter hast, die thematisch zusammenpassen, solltest du für diese eine Gruppierung durchführen.

Dadurch erhöhst du die Übersichtlichkeit.

Falls die Schlüsselwörter zu deinen Gruppierungen nicht direkt zusammenstehen (und das tun sie nach dem Gesetz der konstanten Gemeinheit nicht), ist es an der Zeit, die Schlüsselwörter, jetzt schon im Hinblick auf die Gruppierung, auf ein neues Blatt Papier zu übertragen.

Und das ist keine unnütze Arbeit, denn dabei handelt es sich schon um die Wiederholung der Schlüsselwörter. Dein Gehirn beschäftigt sich also intensiv damit.

Jetzt siehst du vielleicht schon etwas klarer? Bist du deiner Berufsauswahl schon etwas näher gekommen?

Auf alle Fälle kannst du dein Brainstorming jetzt in eine Mindmap umzeichnen und immer mal wieder einen Blick darauf riskieren. Dann wird dein Berufswunsch, oder deine Berufung, bestimmt in Kürze vor dir stehen.

Wenn du dir die Arbeit auf elektronischem Wege etwas vereinfachen willst, probiere das Brainstorming im MindManager aus. Das erspart dir das dauernde neue Aufzeichnen deiner Gedanken.

Brainstorming mit dem MindManager

Der MindManager unterstützt die Vorgehensweise des Brainstormings in idealer Weise. Der große Vorteil, wenn du mit dem Programm arbeitest:

> Du kannst das Ergebnis deines Brainstormings per Mausklick in eine Mindmap umwandeln.

Erstelle zunächst, wie gewohnt, eine neue Mindmap.

Aktiviere in der *Multifunktionsleiste* das Register EXTRAS und klicke dort auf das Symbol BRAINSTORMING STARTEN. Der Brainstorming-Modus wird aktiviert.

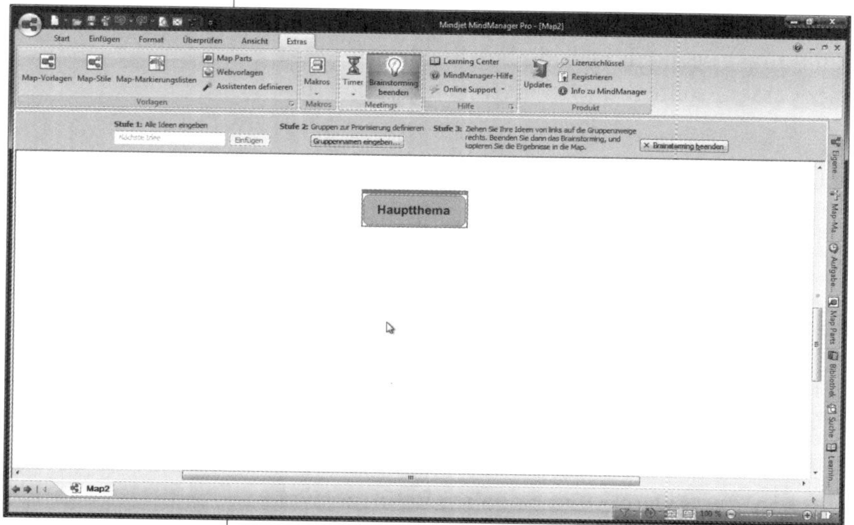

Der Brainstorming-Modus zeigt im oberen Fensterbereich des MindManagers drei Stufen an:

Stufe 1: Alle Ideen eingeben

Stufe 2: Gruppen zur Priorisierung definieren

Stufe 3: Die Ideen den Gruppen zuordnen

- Tippe also im ersten Schritt alle Gedanken, die dir zu deiner Berufswahl einfallen, ohne vorherige Auswahl in *gut* oder *schlecht* in das Eingabefenster der *Stufe 1* ein.
- Jede Idee überträgst du mit einem Klick auf die Schaltfläche EINFÜGEN oder durch einen Druck auf die `Enter`-Taste in die Mindmap ein.

Noch unstrukturierter geht es, wenn du die Idee direkt auf der Arbeitsfläche eingibst.

Klicke dazu auf eine beliebige Stelle der Mindmap. Eine grau hinterlegte Fläche mit einem blauen Pfeil wird dargestellt. Tippe hier dein Schlüsselwort ein.

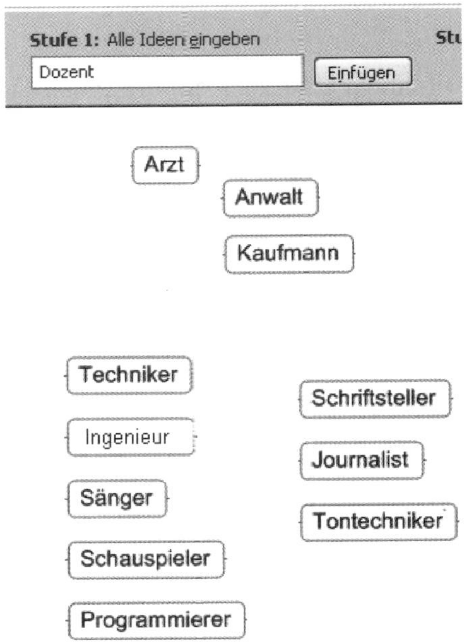

So gelangen deine Gedanken in die Brainstorming-Map.

Gruppierungen einfügen

Nachdem du deine Ideen und Gedanken auf der Map vermerkt hast, geht es an das *Gruppieren* der Schlüsselwörter.

Klicke dazu auf die Schaltfläche GRUPPENNAMEN EINGEBEN. Das Dialogfenster GRUPPENNAMEN FÜR BRAINSTORMING wird eingeblendet.

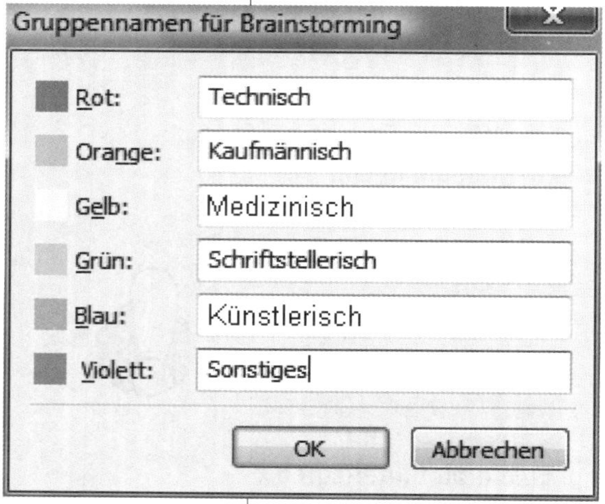

Du kannst in diesem Dialogfenster bis zu sechs Gruppen definieren. Gib in die Gruppenfelder die Gruppierungsnamen zu deinen Berufswünschen ein.

Mit einem Mausklick auf die Schaltfläche OK werden die Gruppen in das Brainstorming eingefügt.

Struktur in das Brainstorming bringen

Jetzt ziehe deine Berufswünsche mit gedrückter linker Maustaste auf die entsprechenden Gruppen in der Brainstorming-Map. Es werden Verbindungslinien von den Gruppen zu den jeweiligen Berufswünschen erstellt.

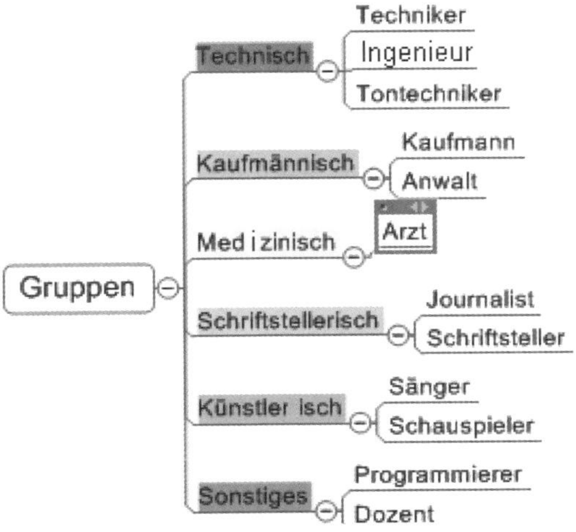

Du könntest zu den einzelnen Berufswünschen noch jeweils ein Schlüsselwort einbeziehen, das deine Gefühle beschreibt, wenn du an diesen Beruf denkst.

Oder noch besser, vielleicht ein Icon.

Damit ist bereits ein Großteil der Arbeit getan.

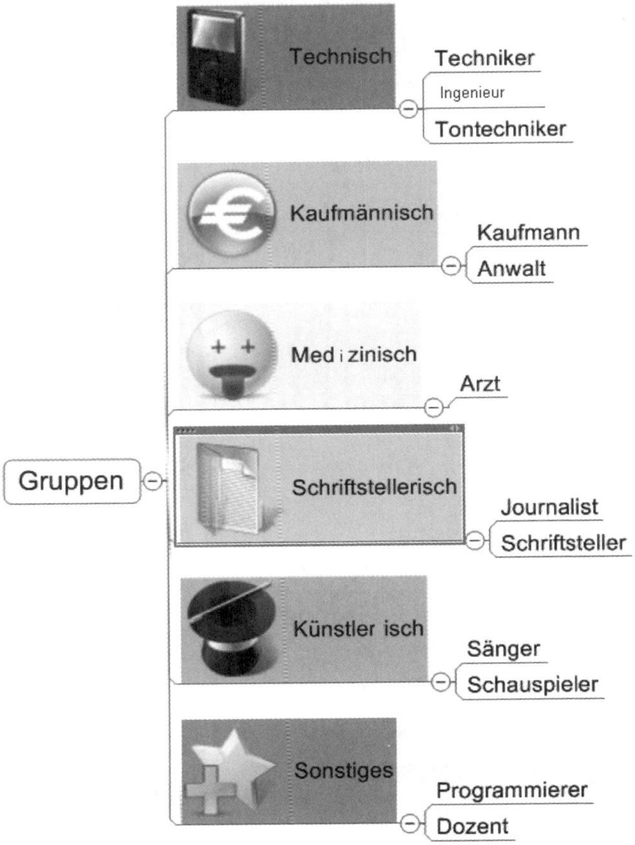

Vom Brainstorm zur Mindmap

Der Rest wird im *Mindmap-Modus* erledigt. Klicke deshalb auf die Schaltfläche BRAINSTORMING BEENDEN. Die Mapansicht des MindManagers wird angezeigt.

Benenne den Hauptzweig in `Berufsziele` um.

Du kannst jetzt alle Zweige an das Hauptthema ziehen und den Zweig GRUPPEN löschen.

Es geht aber auch noch einfacher.

- Ziehe den Zweig GRUPPEN auf das Hauptthema.
- Achte darauf, dass der Zweig GRUPPEN noch markiert ist, und betätige die Tastenkombination `Strg` + `Shift` + `Entf`. Dadurch wird der Zweig GRUPPEN gelöscht und alle Zweige, die an der Gruppe hingen, direkt mit dem Hauptthema verbunden.

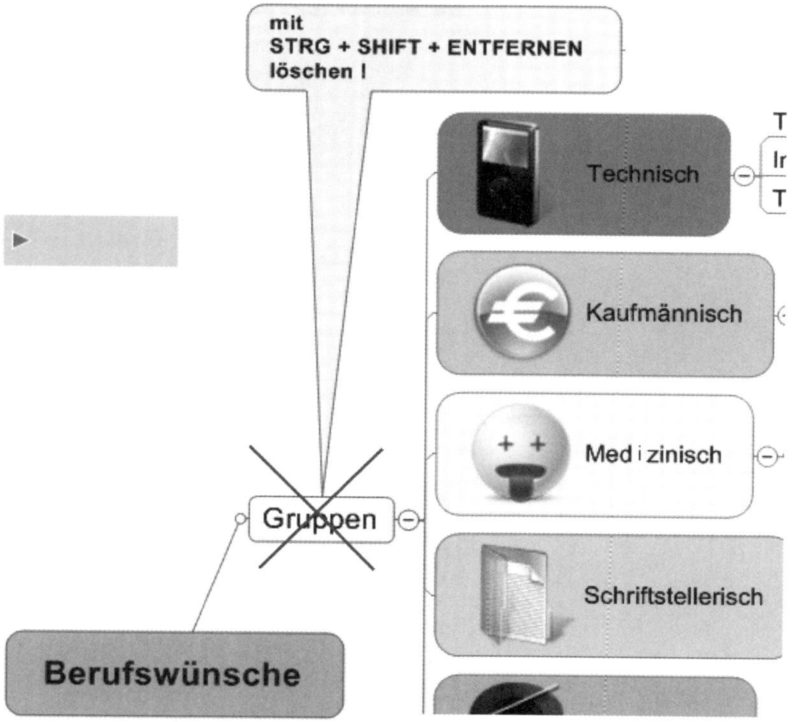

Wenn du möchtest, darfst du deine Mindmap jetzt gleich einer ersten Überarbeitung unterziehen.

Das muss aber nicht unbedingt sein. In der Praxis hat sich an dieser Stelle eine *Erholungsphase* als sehr gut bewährt.

Schalte deinen PC aus und mache zum Beispiel einen schönen Spaziergang. Dabei können deine Gedanken sich wundervoll auslüften.

Du hast deine Gedanken ja deiner Mindmap anvertraut, also kann mit ihnen nichts passieren.

Denke an ganz was anderes.

Wenn du nach dem Spaziergang wieder Lust verspürst, an deiner Mindmap weiterzuarbeiten, nur zu.

Starte die erste oder zweite Überarbeitungsphase. Jetzt kannst du deinen kritischen Filter einschalten und unsinnige oder nicht erreichbare Berufswünsche löschen.

Oder du ordnest Berufswünschen, die zurzeit realistisch sind, eine hohe Priorität zu und anderen eine geringere Priorität. Du weißt ja, das geht über die *Aufgabeninfo*.

Übersichtlicher mit Umrandungen

Wenn die Auswahl deiner Berufswünsche jetzt ein übersichtliches Ausmaß angenommen hat, kannst du deine Gruppen mit Umrandungen versehen. Dadurch werden deine Berufswünsche noch deutlicher dargestellt.

Klicke dazu auf den entsprechenden *Gruppenzweig* und klicke dann auf das Symbol UMRANDUNG. Wähle dann per Mausklick eine passende Umrandung aus.

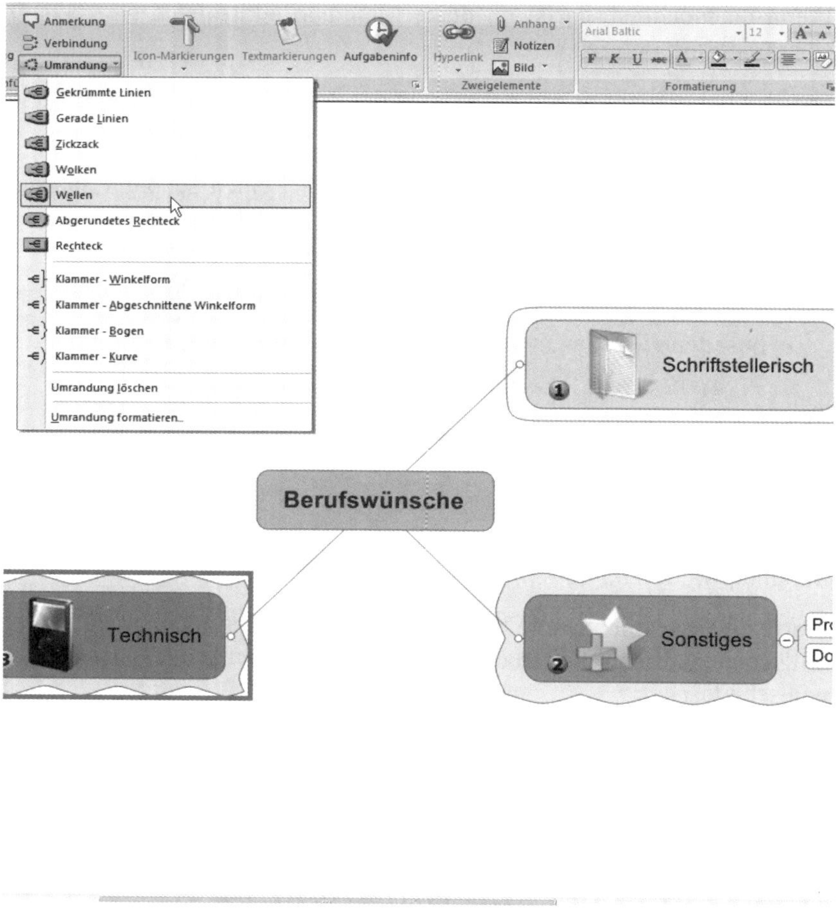

Wenn du mit deiner Mindmap zufrieden bist, speichere sie ab und drucke sie aus.

Vor dem Drucken

Bevor du deine Mindmap zu Papier bringst, solltest du die Seite einrichten. Dann bleiben dir unliebsame Überraschungen erspart.

Standardmäßig werden aus den Eigenschaften einige Informationen mit in deiner Mindmap gedruckt. Deshalb solltest du zunächst die Eigenschaften auf deine persönlichen Daten umändern.

➢ Klicke auf die Schaltfläche MINDMANAGER.

- Ziehe den Cursor auf den Eintrag VORBEREITEN. Klicke im dann eingeblendeten Fenster auf das Symbol EIGENSCHAFTEN. Das gleichnamige Dialogfenster wird eingeblendet.
- Ändere die Einträge *Autor, E-Mail* und *Kommentare* auf deine persönlichen Angaben um.
- Klicke anschließend auf die Schaltfläche OK.

Ändere die Eigenschaften auf deine persönlichen Daten ab.

Jetzt hast du dafür gesorgt, dass nur Informationen von dir im Ausdruck erscheinen, und du kannst dich beruhigt an die Einstellung deiner Seite machen.

- Aktiviere die Schaltfläche MINDMANAGER.
- Ziehe den Cursor auf das Symbol DRUCKEN.

- Klicke im jetzt angezeigten Fenster auf das Symbol SEITE EINRICHTEN. Das gleichnamige Dialogfenster wird eingeblendet.
- Wenn dein Ausdruck flott abgehen soll, entferne die Haken aus den Kontrollkästchen HINTERGRUND und RAND. Hintergründe können den Druck verzögern, da unnötig viel Grafik in den Druckerspeicher übertragen werden muss. Und was soll ein Trauerrand um deiner Mindmap?

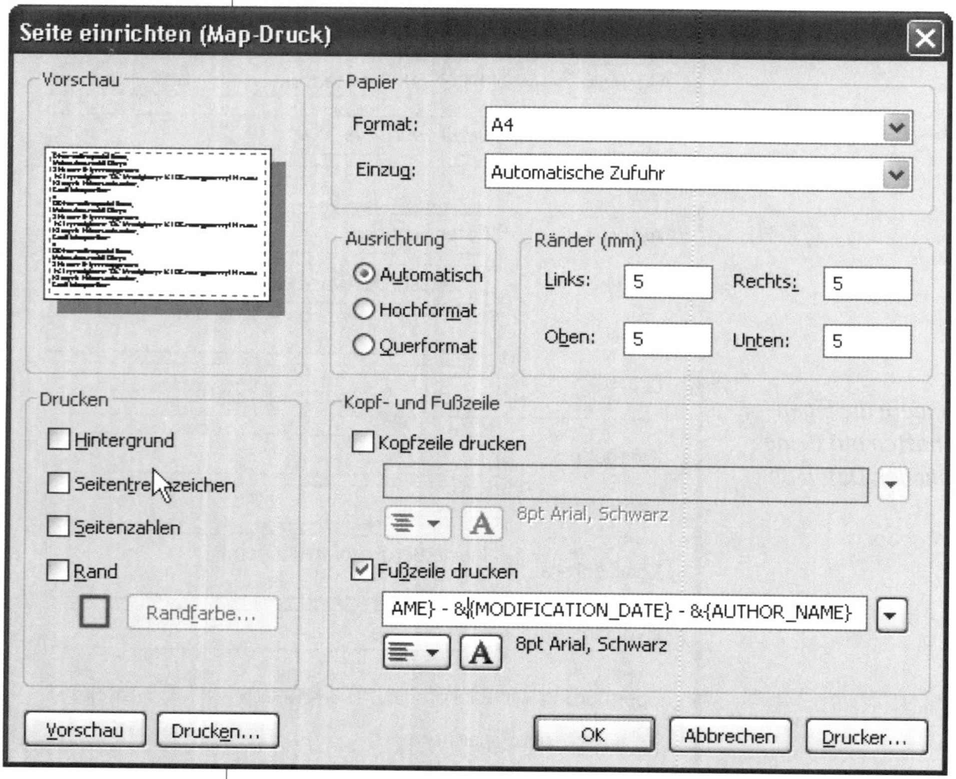

- Das Häkchen im Kontrollkästchen FUSSZEILE DRUCKEN ist standardmäßig gesetzt. Als Auswahl sind in der Fußzeile bereits vorgegeben: der *Map-Name*, das *Änderungsdatum* und der *Name des Autors* (aus dem Eigenschaftsfenster). Mit einem Klick auf den Auswahlpfeil neben dem Fenster kannst du weitere Informationen auswählen, die in der Fußzeile gedruckt werden sollen.

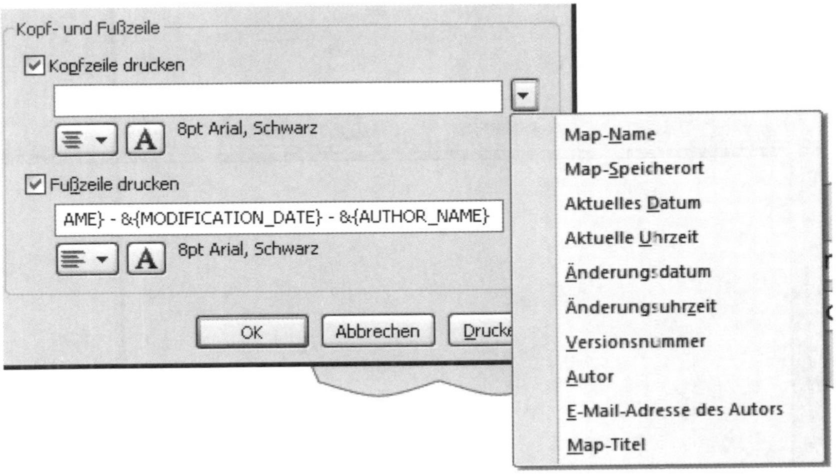

➢ Die gleichen Einstellungen kannst du auch für die KOPFZEILE vornehmen. Du musst diese nur mit einem Haken in dem Kontrollkästchen KOPFZEILE DRUCKEN versehen.

Kopf- und Fußzeilen haben den Vorteil, dass sie auch bei mehrseitigen Mindmaps auf jeder Seite wieder gedruckt werden.

➢ Mit einem Mausklick auf die Schaltfläche OK werden deine Einstellungen gespeichert.

Über die Befehle SCHALTFLÄCHE MINDMANAGER, DRUCKEN, SEITENANSICHT kannst du dir die Seite vor dem Ausdruck noch einmal ansehen.

Per Mausklick auf die Schaltfläche DRUCKEN gelangt deine Mindmap auf das Papier.

Mit einem Klick auf die Schaltfläche SEITENANSICHT SCHLIESSEN gelangst du wieder in die gewohnte Mapansicht.

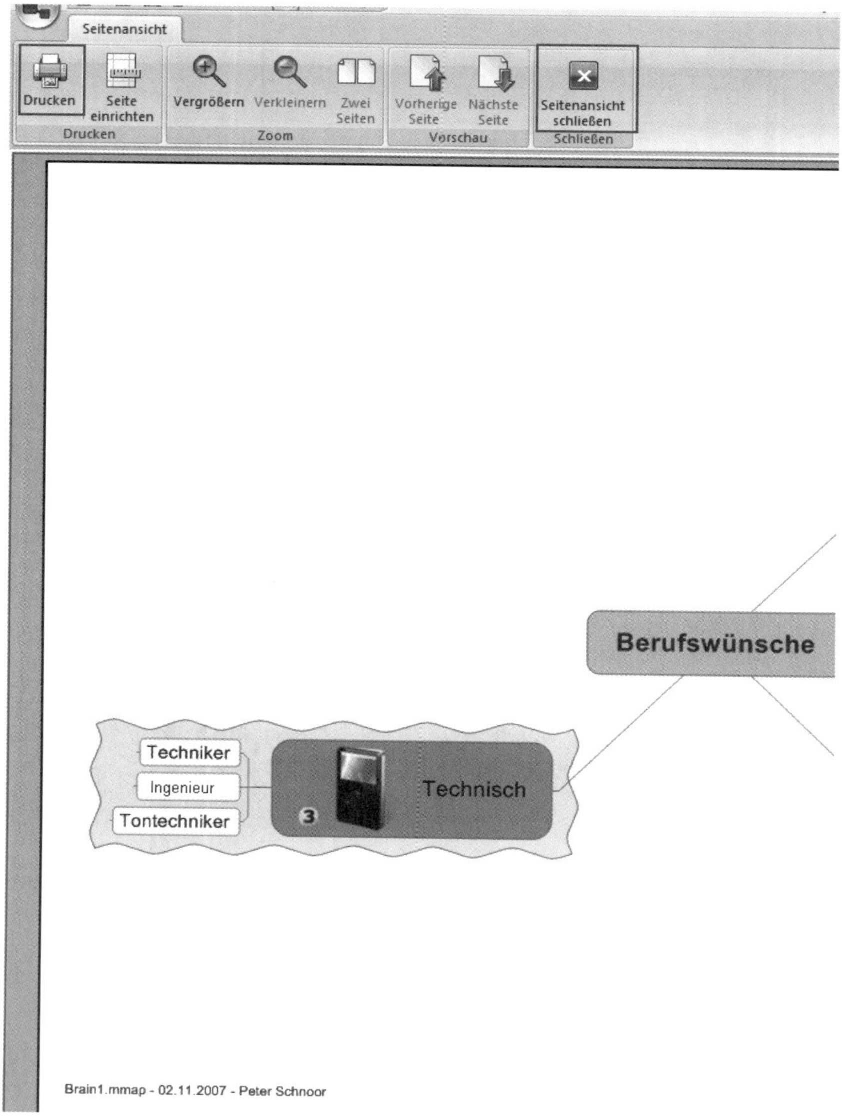

Zusammenfassung

- Bei der Methode des Brainstormings werden alle Gedanken unzensiert aufgeschrieben. Danach kann eine Gruppierung thematisch zusammenhängender Begriffe erfolgen. Nach einer Inkubationsphase werden dann unsinnige oder nicht realisierbare Begriffe gestrichen.

- Brainstorming kann bei jeder Gelegenheit angewendet werden. Besonders geeignet ist der Einsatz von Brainstorming bei Problemlösungen.
- Zum Brainstorming braucht man nicht unbedingt ein Programm, der MindManager unterstützt es allerdings ideal.
- Zusätzlich zu Gruppierungen kannst du auch Umrandungen anwenden. Dadurch werden Maps noch übersichtlicher.
- Der MindManager erlaubt das einfache Umsetzen eines Brainstorm-Maps in eine Mindmap.
- Im Bereich der Eigenschaften legst du Informationen zur Mindmap und weitere Informationen wie zum Beispiel den Autor und die E-Mail-Adresse ab.
- Vor dem Ausdrucken einer Mindmap solltest du die Seite einrichten.

Ein paar Fragen ...

Frage 1: Was verstehst du unter Brainstorming?

Frage 2: Wie funktioniert Brainstorming?

Frage 3: Bei welchen Anlässen solltest du Brainstorming einsetzen?

Frage 4: Wozu dienen im Brainstorming Gruppierungen?

Frage 5: Wann wandelst du ein Brainstorming in eine Mindmap um?

Frage 6: Warum solltest du das Ergebnis deines Brainstormings nicht sofort bearbeiten?

... und zwei Aufgaben

- Führe zu einem Problem, das dich gerade beschäftigt, ein Brainstorming durch.
- Bearbeite das Ergebnis deines Brainstormings so lange, bis du eine Mindmap daraus erstellen kannst.

11

Mindmaps im praktischen Einsatz

In diesem Kapitel wollen wir unter die Lupe nehmen, was du mit Mindmaps im täglichen Gebrauch so alles machen kannst.

Die Einsatzgebiete sind schier unbegrenzt. Also picken wir ein paar besonders spannende Themen heraus.

Wie wäre es mit einem *Spickzettel*? Das ist eine tolle Sache. Vor allem deshalb, weil du mit dem hier vorgestellten Spickzettel *nicht erwischt werden kannst.*

Wie das geht? Das wirst du gleich lesen.

Was würdest du davon halten, *Gelesenes* auf das Wesentliche zu *reduzieren* und im Gedächtnis zu behalten? Auch das ist mit einer Mindmap nicht problematisch. Lass dich überraschen.

Ein weiteres tolles Einsatzgebiet von Mindmaps liegt beim *Mitschreiben* im Unterricht. Du kannst Mindmaps hervorragend dazu einsetzen, um bei *Vorlesungen*, *Seminaren* und *Besprechungen* mitzuschreiben.

Auch das Erstellen von *Gliederungen* wird mit Mindmaps vereinfacht.

Selbst, *während du einen Text schreibst*, kannst du eine Mindmap verwenden.

Außerdem lernst du in diesem Kapitel noch, wie du mit *Nummerierungen* Ordnung in deine Mindmaps bekommst und wie du mit deiner Mindmap *auf Zeit* arbeiten kannst.

Hier noch mal als Übersicht, was dich in diesem Kapitel erwartet:

- Spickzettel
- Schnell lesen und trotzdem die Inhalte im Gedächtnis behalten
- Im Unterricht mitschreiben per Mindmap
- Gliederung
- Unterstützung beim Schreiben
- Nummerierung
- Zeit mitplotten

Ohne Gefahr, erwischt zu werden: Ein Mindmap-Spickzettel

Der Begriff *Spickzettel* stammt aus dem Lateinischen *spicere*, was so viel wie *sehen, schauen* heißt.

Am gängigsten sind wohl die winzigen, eng beschriebenen Zettelchen, die in der Hosen-, Mantel- oder Stifttasche verstaut und im richtigen Moment herausgezogen werden. Die Tradition der Spickzettel ist lang, es gibt sie, *seit der Mensch seinem Gedächtnis misstraut.*

Der Spickzettel wird auch *Schummelzettel* genannt. Dabei handelt es sich ursprünglich um einen kleinen Zettel, der bei einer Prüfung, Abfrage oder einem Test von dem Prüfling in meist verbotener Weise benutzt wird, um die Fragen oder Aufgaben besser beantworten zu können.

Ein Spickzettel wird in den meisten Fällen als *Betrug* gewertet. Pech für dich, wenn man dich mit einem Spickzettel erwischt.

Und ganz schön dumm. Denn du kennst dich doch jetzt mit Mindmaps aus. Baue dir deinen Spickzettel als Mindmap auf, dann brauchst du ihn zur Prüfung nicht mitzunehmen. Denn du hast deine Mindmap, und damit deinen Spickzettel, im Kopf.

Und da kann keiner reingucken. Ist das nicht genial?

Anstatt in klitzekleiner Schrift etwas an unmögliche Stellen zu schreiben, schreib deine Spickwörter direkt in eine Mindmap.

Binde noch ein paar passende Bilder ein und schon hast du die wichtigsten Dinge im Gedächtnis.

Hin und wieder noch einen Blick auf diese Mindmap riskiert, und du bist fit.

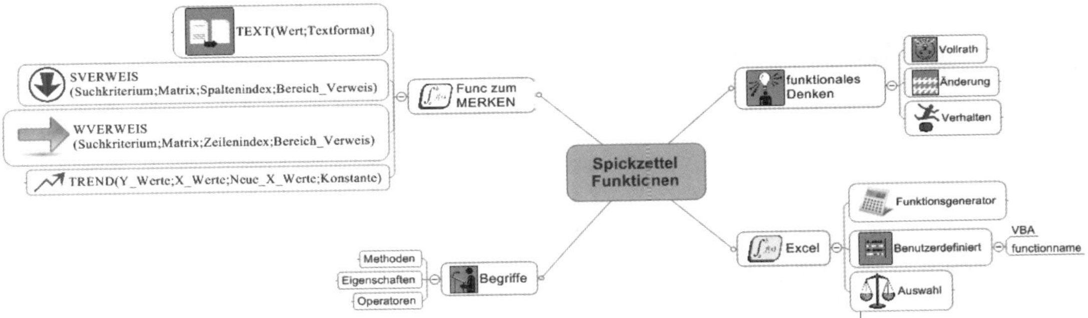

Du brauchst deinen Spickzettel nicht zu verkleinern, denn er bleibt bei Prüfungen zu Hause. Den Inhalt hast du bis zur Prüfung im Kopf.

Mit dem Spickzettel den Stoff beherrschen

Schon allein dadurch, dass du deinen Lernstoff durch das Erstellen einer Mindmap so übersichtlich darstellst, lernst du eine Menge.

Gute Spickzettel können nur diejenigen schreiben, die sich mit dem Stoff so auseinandergesetzt haben, dass sie das Wesentliche erkennen.

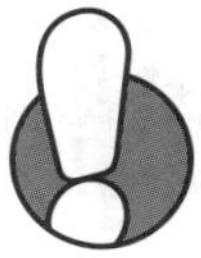

Den Lernstoff mit Mindmaps aufzubereiten, ist also ein optimaler erster Schritt beim Lernen.

Lernen mit dem Spickzettel

Du kannst nun direkt von deiner Mindmap die Fakten auswendig lernen. Und das geht so:

- Decke die äußeren Zweige ab. Oder in der elektronischen Mindmap: Blende sie aus.
- Jetzt kannst du die Oberbegriffe als Stichwörter nehmen, zu denen du dein Wissen prüfst.
- Offene Fragen kannst du direkt in die Mindmap schreiben, damit diese nicht vergessen werden. Du kannst die Antworten recherchieren und dann stichpunktartig gleich in die Mindmap schreiben.

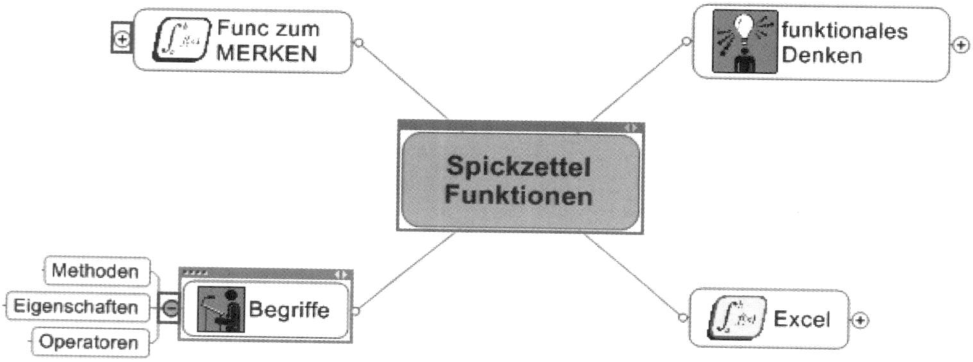

Per Mausklick auf ein Pluszeichen werden Unterzweige eingeblendet. Wenn du auf das Minuszeichen bei eingeblendeten Unterzweigen klickst, werden diese wieder ausgeblendet.

Es kommt gelegentlich sogar vor, dass Schüler von Lehrern angehalten werden, Spickzettel zu erstellen, um diese als Lernhilfe zu verwenden.

Denn pfiffige Lehrer haben erkannt: Durch das Erstellen eines solchen Zettels kann man sich häufig Lerninhalte besser merken.

Allein das Anfertigen des Spickzettels ist sicherlich eine pädagogisch sehr positiv zu bewertende Tatsache, geht es doch dabei darum, aus dem gesamten Stoff einer Unterrichtseinheit für sich herauszufiltern, was denn wohl die wesentlichen Erkenntnisse waren.

Aber:

Bei jeder Klassenarbeit, die in der Schule geschrieben wird, steht das wechselseitige Vertrauen von Schülern und Lehrern auf dem Spiel. Dabei konzentriert sich alles um den gewagten Einsatz des Mogelzettels. Wagen oder nicht wagen?

Durch den Einsatz einer Mindmap, die sich in deinem Gedächtnis befindet, in das Wagnis gleich null.

So bleibt das Wissen in deinem Gedächtnis

Wie das Wissen in deinem Gedächtnis bleibt? Arbeite mit deinem Mindmap-Spicker so:

- Stelle den benötigten Stoff in der Mindmap zusammen – das ist schon einmal beste Gehirnarbeit, denn du musst dich auf Wesentliches beschränken: Schlüsselwörter, keine Romane.
- Beim Bearbeiten der Mindmap: Durch das immer wieder Durchblättern – Zudecken – Memorieren – nochmals Angucken hast du jede Menge weitere Gehirnarbeit.
- Die Zusammenfassungen für die Abschlussarbeiten oder Diplomprüfung am Ende aller Semester sind dann schon mehr oder weniger gemacht. Sie müssen nur noch kurz aufgefrischt werden.

Denke daran: den Spickzettel in der Prüfung dann bitte zu Hause lassen.

Mit dem MindManager könntest du beispielsweise in dieser Form arbeiten:

Setze Map-Markierungen, zum Beispiel:

Prios setzen für richtig gewusste Antworten.
Prio 9 = noch zu lernen
Prio 1 = erstes Mal richtig gewusst
Prio 2 = zweites Mal richtig gewusst und so weiter.

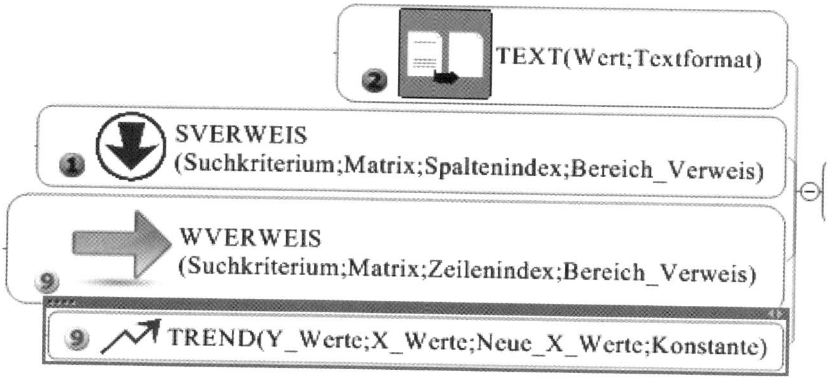

Mittels der *Power-Filter-Funktion* kannst du dann filtern, welcher Stoff gelernt werden soll. Prio 9 wäre dann noch zu lernen.

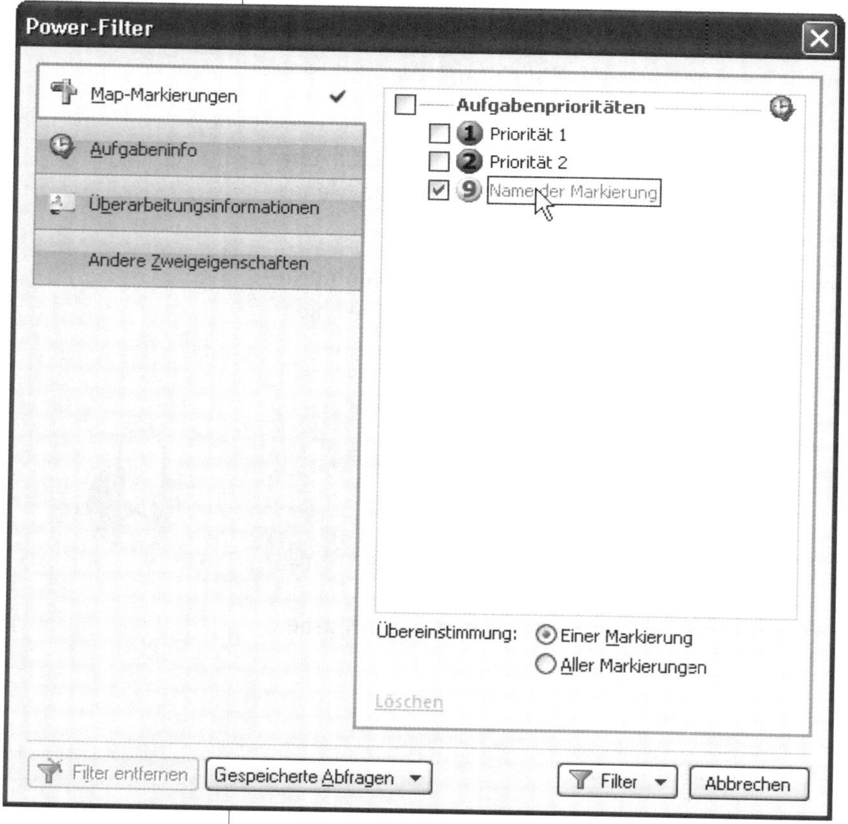

Zusätzliche Markierungen machen Sinn, um einen Lernstoff weiter einzugrenzen, wie zum Beispiel prüfungsrelevante Fragen. Dazu setzt du eine eigene Markierung.

Map-Markierungen beschriften

Du kannst die Map-Markierungen selbst beschriften:

- Aktiviere das Register MAP-MARKIERUNGEN.
- Klicke mit der rechten Maustaste auf die Map-Markierung, deren Namen du ändern möchtest.
- Im jetzt eingeblendeten Kontextmenü führst du einen Mausklick auf den Befehl UMBENENNEN aus. Jetzt kannst du den Namen der Markierung ändern.

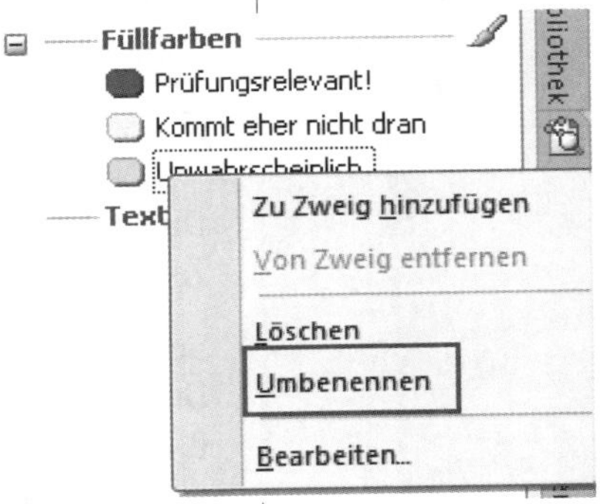

Mit diesen Markierungen kannst du dann nach Belieben deinen Spickzettel filtern. So bringt das Spicken richtig Spaß.

Wenn du die Markierungen nach deinen Anforderungen umbenannt hast, kannst du sie dir als Legende mit in deine Mindmap einfügen.

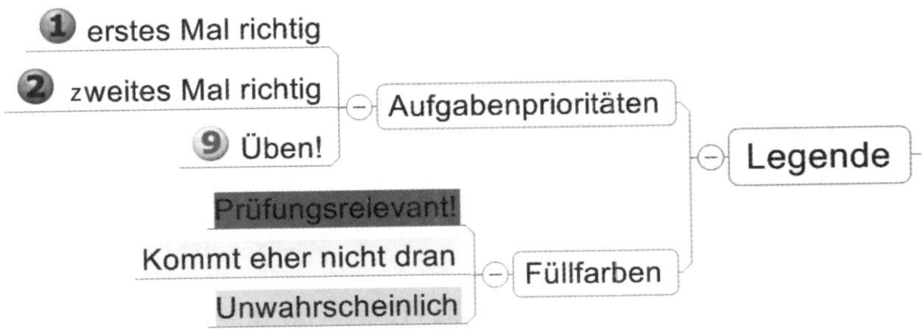

Wenn dann die Stunde schlägt und du mit dem Üben fertig bist, kannst du die Legende wieder ausblenden. Dann präge dir diese Mindmap noch ein letztes Mal ein, und ab geht es in die Prüfung. Dein *Gedankenspickzettel* wird seine Dienste tun und niemand kann ihn entdecken.

Schnell lesen und das Wesentliche behalten

Wenn du mit der Mindmap-Technik liest, geht das wesentlich schneller und die wichtigen Schlüsselwörter hast du sofort notiert.

> *Schnelllesen* steht für die Fähigkeit, überdurchschnittlich schnell zu lesen und dennoch zu verstehen.

Du hast es sicher schon geahnt: Es gibt unzählige, aber alles sehr ähnliche Techniken, mit denen du das Schnelllesen lernen kannst.

Schnelllesen kannst du trainieren. Dazu dienen zum Beispiel gezielte Übungen zur Verbreiterung der Blickspanne. Dabei trainierst du, deine Blickspanne in möglichst gleichmäßigen und präzise gesetzten Sprüngen zu bewegen.

Schnelllesen ist also, zumindest vordergründig, eine Sache, die rein mechanisch zu üben ist. Schnelllesen kann jeder lernen und nützt auch jedem. Es gehört zu den Grundfertigkeiten der Arbeitsmethodik.

> Die Technik des schnellen Lesens eignet sich für Sachbücher, Zeitschriften und Zeitungen.

Verdirb dir nicht mit dieser Technik das Lesen von Unterhaltungsliteratur.

> Harry Potter im Schnellleseverfahren ist mit Sicherheit nicht der Hit.

Wie du sicher schon ahnst, gibt es auch beim Mindmapping eine Methode zum schnellen Lesen.

Schneller lesen und besser behalten mit Mindmaps

Zunächst wirst du wahrscheinlich denken, dass diese Lesetechnik Mehrarbeit bedeutet. Das sieht wirklich so aus. Aber probiere diese Technik selbst einmal aus, und du wirst überrascht sein, wie schnell du den Inhalt von Fachbüchern begreifst. Du sparst dir mit dieser Technik eine Menge Zeit, die du besser mit anderen Dingen verbringen kannst.

Der Leseprozess beim Mindmapping besteht aus mehreren Durchgängen, in deren Verlauf du dein Fachbuch mehrmals bearbeiten wirst.

> Trotzdem sparst du dir viel Zeit!

Insgesamt werden drei Mindmaps (Hintergrundwissen-Map, Ziele-Map und Lese-Map) angefertigt.

Das Prinzip

Die Mindmapping-Lesetechnik hilft beim Bearbeiten und Exzerpieren (Mitschriften anfertigen) umfangreicherer Sachtexte. Egal ob bei der Arbeit oder im Studium, oft musst du Fach- und Sachbücher mit für dich wichtigen Informationen lesen und verarbeiten.

Es geht hier also ganz explizit nicht um Literatur, die du zum Genuss liest, sondern um eine Vorgehensweise, möglichst effizient relevante Informationen aus Sachtexten zu erhalten.

Die Technik ist vom Vorgehen her wie die russischen Matroschka-Schachtelpuppen aufgebaut. Vom Äußeren des Textes dringst du in immer kleineren Schritten nach innen vor. Je nach Text und Leseziel kannst du die komplette Modulpalette einsetzen oder lediglich die ersten Schritte anwenden.

Das Vorgehen

Das Vorgehen untergliedert sich zunächst in zwei Schritte:

- Vorbereitung
- Lesen

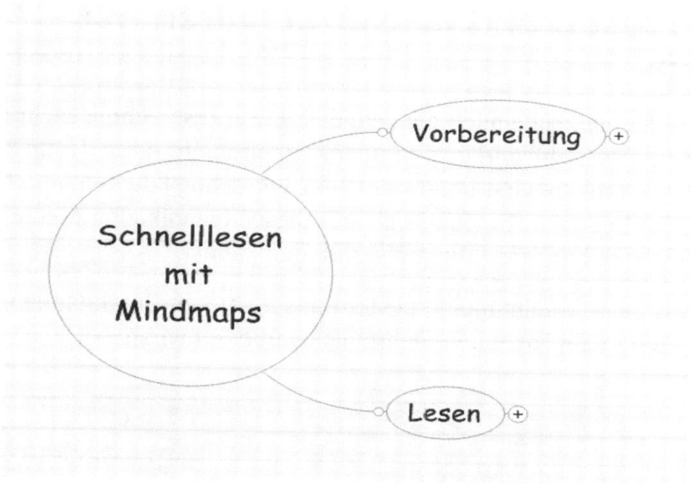

Die Vorbereitung hilft dir dabei, dich auf das Buch einzustimmen. Das zu lesende Buch wird zunächst einmal *überflogen*. Ziel ist es, einen Grundeindruck und einen grundlegenden Überblick über die *Struktur* des Buches zu erhalten.

Bei diesem ersten Überfliegen wird nicht gelesen, sondern jede Seite des Buches lediglich ein bis zwei Sekunden angesehen. Nach diesem Überfliegen hast du einen Eindruck von der Schwierigkeit und der Struktur des Buches und weißt möglicherweise schon genauer, welche Abschnitte du davon wirklich lesen musst.

Bei einem Sachbuch wirst du in den seltensten Fällen wirklich alles lesen müssen.

Es ist wichtig, dass du dir einen realistischen *Bearbeitungszeitraum* überlegst, in dem du das Buch lesen möchtest.

Dieser persönliche Stichtag wird dich immer wieder antreiben!

Wer meint, alle Zeit der Welt für ein Buch zu haben, der wird wahrscheinlich auch alle Zeit der Welt brauchen!

Wichtig ist, dass der von dir festgelegte Zeitraum realistisch ist, sonst entsteht eher Frustration anstatt Motivation.

Besonders beim Lesen von Sachbüchern zu einem bestimmten Thema ist es in den wenigsten Fällen so, dass du als Leser zu diesem Thema noch überhaupt nichts weißt. Meistens hast du irgendeine Art von Vorwissen.

Bevor du also anfängst zu lesen, ist es hilfreich, ein wenig Zeit aufzuwenden, um bereits vorhandenes Wissen noch einmal präsent zu machen.

Dies geschieht in Form eines *Brainstormings* mit Hilfe von Mindmapping. Es wird eine erste Mindmap (Hintergrundwissen-Map) angefertigt.

Bevor du mit dem Lesen anfängst, solltest du dir konkrete Fragen und Ziele festlegen:

»Was möchte ich wissen?«

»Wann weiß ich, dass ich alles Notwendige gelesen habe und das Buch weglegen kann?«

Das Gehirn braucht einen Fokus, mit dem es den Text bearbeitet.

Je genauer du weißt, was du eigentlich benötigst, desto konzentrierter wirst du an das Buch herangehen.

Die Fragen und Ziele kann man mit Hilfe einer zweiten Mindmap (*Ziele-Map*) visualisieren oder sich in einer anderen Form aufschreiben.

> Die Fragen und Ziele sollten beim Lesen in Sichtweite sein!

Bis jetzt hast du noch nichts gelesen, nun wird zum ersten Mal richtig gelesen.

Dabei arbeitest du dich in *mehreren Durchgängen* vom Äußeren immer tiefer in die Details vor.

- Als Erstes liest du die Einleitung.
- Dann liest du die Zusammenfassung.
- Die hieraus entnommenen Informationen trägst du in eine Lese-Mindmap ein.
- Diese Lese-Mindmap erweiterst du beim fortschreitenden Leseprozess laufend.

Oft ist es so, dass Einleitung und Zusammenfassung bereits einen Großteil der im Kapitel stehenden Informationen enthalten. Möglicherweise sind die dort stehenden Informationen schon ausreichend, um die gestellten Fragen zu beantworten und die Leseziele zu erreichen.

> Für diesen Fall kannst du das Buch zur Seite legen.

Es besteht kein Grund, noch weitere Zeit aufzuwenden.

Ist das Ziel allerdings noch nicht erreicht, so erleichterst du dir durch das *Überblickslesen* auf alle Fälle die weitere Lesearbeit, da du nun die Grobstruktur des zu lesenden Kapitels kennst.

Im nächsten Schritt solltest du *Zwischenüberschriften*, *Tabellen*, *Bilder* und so weiter betrachten und etwaige Informationen in deine Mindmap eintragen.

Je nach Struktur des Buches liest du dann die jeweils *ersten* und *letzten Absätze* eines jeden Kapitelabschnitts und trägst die daraus gewonnenen Informationen in die Lese-Map ein.

Wie du vorgehst, hängt immer mit der Art und der Struktur des Buches zusammen.

Manchmal ist es sinnvoll, die ersten und letzten Absätze zu lesen, manchmal kann es auch sinnvoll sein, die ersten und letzten Sätze eines jeden Absatzes zu lesen.

Wenn du jetzt noch immer nicht genug vom Stoff weißt, geht es an die Vertiefung des Inhalts.

Lies alle Absätze im Detail. Die Lese-Map wird um alle neuen Informationen erweitert.

Besonders schwierige Stellen, die auch nach mehrmaligem Lesen nicht verständlich sind, kannst du vorerst einmal zurückstellen. Zum Schluss werden diese Stellen noch einmal vertieft bearbeitet. Markiere diese Stellen dazu. Möglicherweise klärt sich deren Bedeutung im weiteren Verlauf des Buches.

Sollten die schwierigen Stellen am Schluss des Buches weiterhin unklar sein, liest du die vorher markierten schwierigen Stellen noch einmal. Die bis hierher angefertigte Lese-Map hilft vielleicht dabei, den Sinn der Stellen im Hinblick auf das Ganze zu klären.

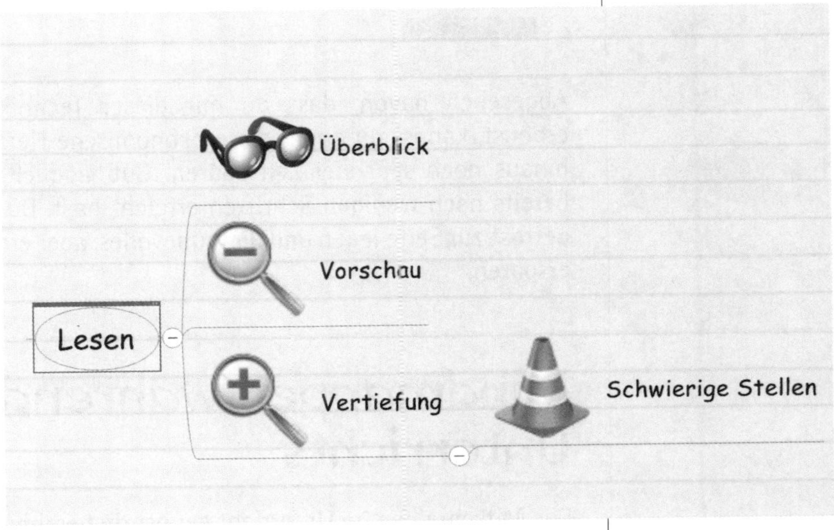

Die hier vorgestellte Lesetechnik ist ideal für die Mindmap-Technik geeignet. Zuerst befindest du dich auf der Stufe der Hauptäste, dann arbeitest du dich immer weiter ins Detail vor.

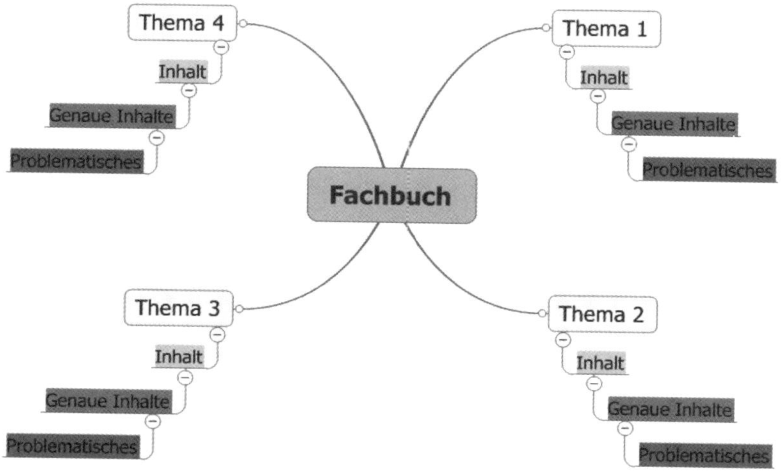

Abgesehen davon, dass du mit dieser Technik dein Textverständnis erhöhst, kannst du durch diese ökonomische Herangehensweise darüber hinaus noch sehr viel Zeit sparen. Gut möglich, dass du dein Leseziel bereits nach wenigen Schritten erreicht hast. Du kannst das Buch dann getrost zur Seite legen und dir mühevolles, aber ergebnisloses Weiterlesen ersparen.

Mindmappen während des Unterrichts

Das Mitschreiben im Unterricht kennst du bestimmt. Dabei wirst du nicht alles Gesagte aufschreiben, sondern nur das Wesentliche.

Wenn du es schaffst, das Wesentliche in Schlüsselwörtern zu erfassen, bist du schon wieder bei der Mindmap-Methode.

Anstatt linear die Schlüsselwörter aufzuschreiben, bediene dich besser einer Mindmap.

Struktur des Themas erkennen

Zeichne das zentrale Thema wie gewohnt in die Mitte des Blattes und zeichne dann einige Hauptäste an das Thema. Besonders schön muss das Ganze noch nicht aussehen.

Überlege dir dann, welche Oberbegriffe für das Thema relevant sein könnten und wie es sinnvoll zu strukturieren ist.

Dann beschriftest du die Hauptäste deiner Mindmap mit den entsprechenden Oberbegriffen.

Wenn du Glück hast, gibt dir der Lehrer oder der Vortragende einen Überblick über das, was Inhalt der Unterrichtsstunde oder der Vorlesung sein wird, so dass du damit deine Mindmap aufbauen kannst.

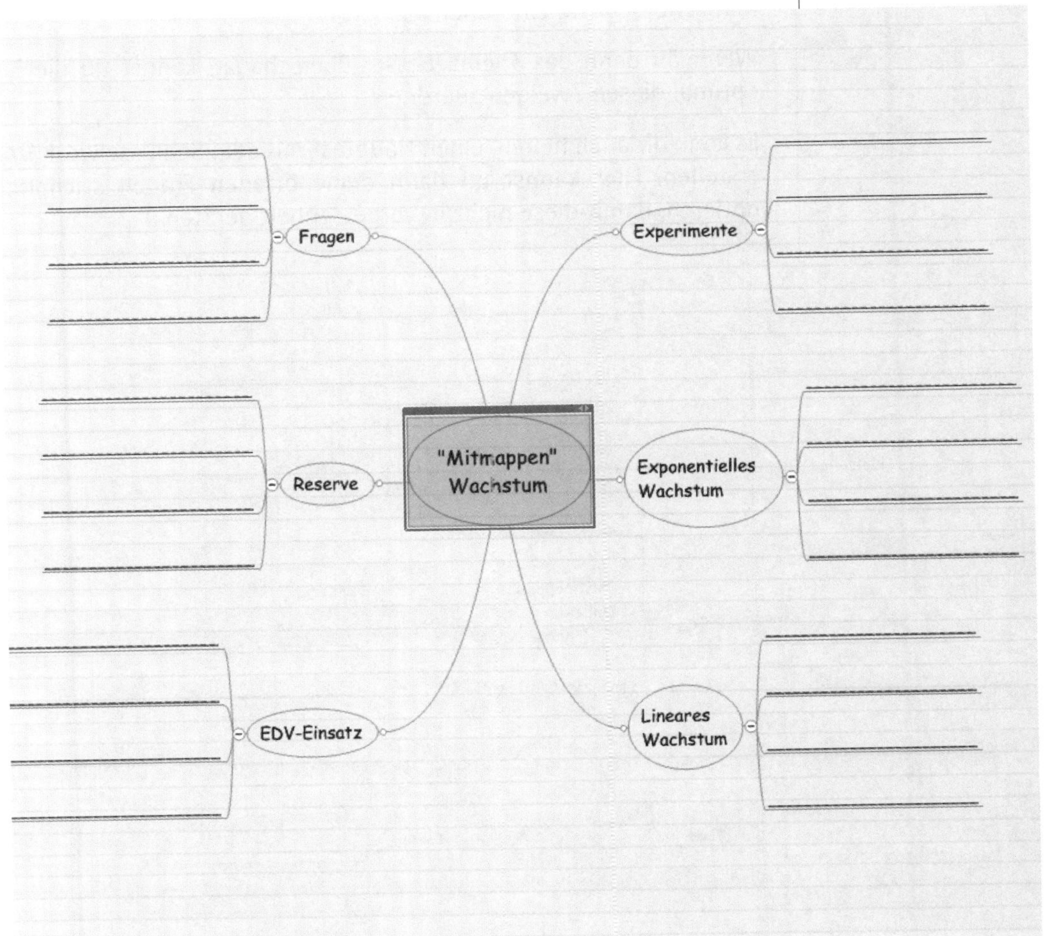

Mögliche Hauptäste

Für Unterrichtsstunden und Seminare bieten sich neben thematischen Oberbegriffen für die Hauptäste auch folgende Begriffe an:

- Prinzipien
- Regeln
- Fakten
- Tipps
- Zusammenhänge

Unter diesen Hauptästen lassen sich dann vor allem bei eher unstrukturierten Vorträgen schnell Notizen machen, die du später dann unter thematische Begriffe einordnen kannst.

Wenn du dann das Thema besser überschaust, kannst du die Einträge optimal diesen Zweigen zuordnen.

Es kann dir auch helfen, einen Hauptast mit dem Schlüsselwort *Fragen* zu erstellen. Hier kannst du dann deine offenen Fragen stichpunktartig notieren, damit diese nicht in Vergessenheit geraten.

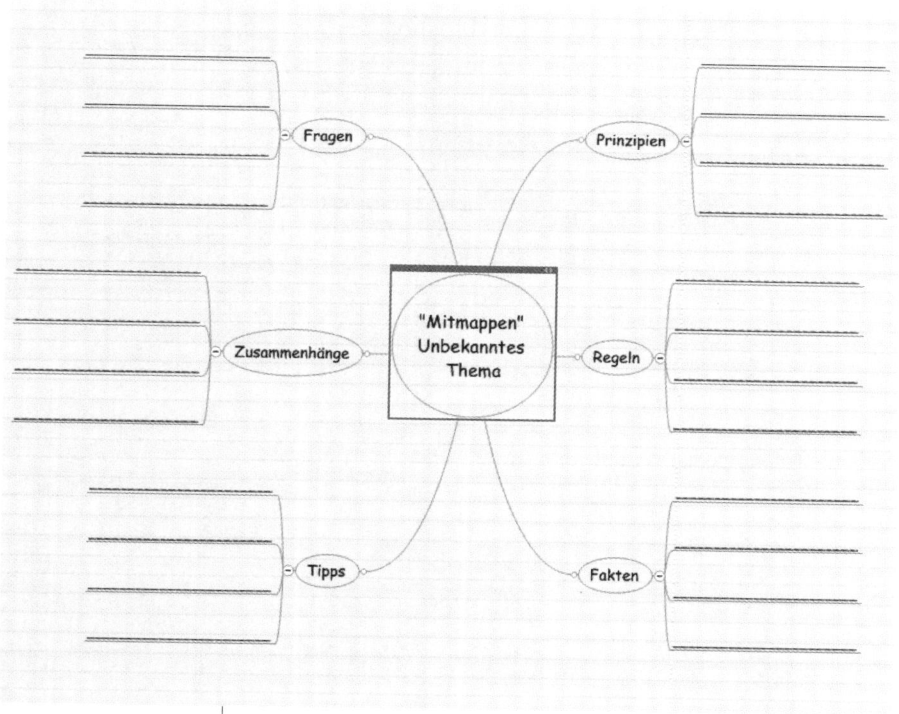

Wenn du die Mindmap aus dem Unterricht zu Hause noch einmal überarbeitest, dient das schon dem Wiederholen und Üben. Im Endeffekt sparst du also auch hier wieder Zeit ein.

Mit Mind-Maps kannst du viel einfacher eine gute Gliederung erstellen

Das Erstellen einer klaren Gliederung ist oft schwierig und mühsam. Aber nicht für dich. Denn du bist jetzt schon Meister im Mindmappen.

Das Mindmapping unterstützt dich, wie sollte es anders sein, dabei, deine Texte klar und übersichtlich zu gliedern.

Die Technik des Mindmappings ist, Informationen zu strukturieren. Und was ist eine Struktur anderes als eine Gliederung?

Zeichne also wieder das zentrale Thema in die Mitte des Blattes und erstelle dann einige leere Hauptäste an das Thema.

Sammle dann zunächst mögliche Oberbegriffe für dein Thema.

Beispiel einer Gliederung für einen Vortrag

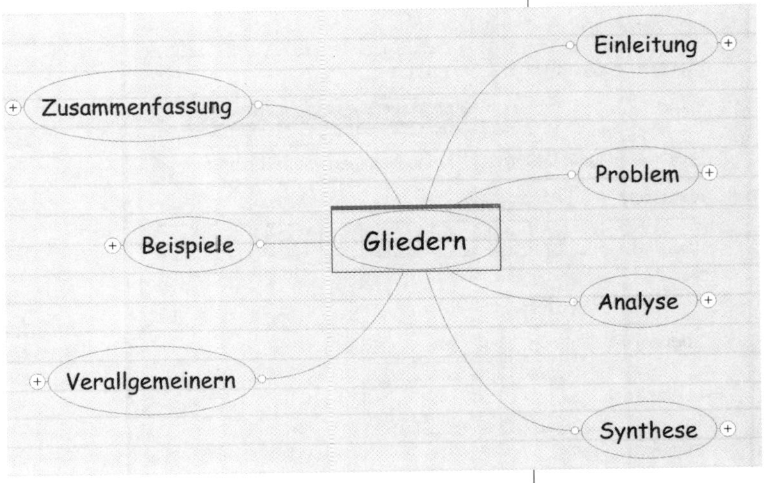

Nachdem du die Oberbegriffe für deine Hauptäste gefunden hast, sammle nun wie gewohnt die Schlüsselwörter und schreibe diese in deine Mindmap.

Wenn dir weitere Oberbegriffe einfallen, füge weitere Hauptäste ein. Schiebe nun die Schlüsselwörter von einem Oberbegriff so lange zum anderen, bis die Struktur stimmt.

Wenn du die Mindmap fertiggestellt hast, hast du damit auch automatisch deine Gliederung.

Du kannst deine Zweige auch nummerieren. Dadurch wird die Gliederung noch deutlicher.

Die Mindmap durchnummerieren

Im MindManager gibt es eine einfache Funktion zum Nummerieren der Zweige.

- Markiere das THEMA.
- Aktiviere in der Multifunktionsleiste das Register FORMAT.
- Klicke auf den Auswahlpfeil unterhalb des Symbols NUMMERIERUNG.
- Im jetzt eingeblendeten Untermenü wählst du den Befehl NUMMERIERUNGSOPTIONEN aus. Das Dialogfenster *Nummerierung* wird eingeblendet.
- In diesem Dialogfenster stellst du die gewünschten Optionen ein und klickst anschließend auf die Schaltfläche OK.

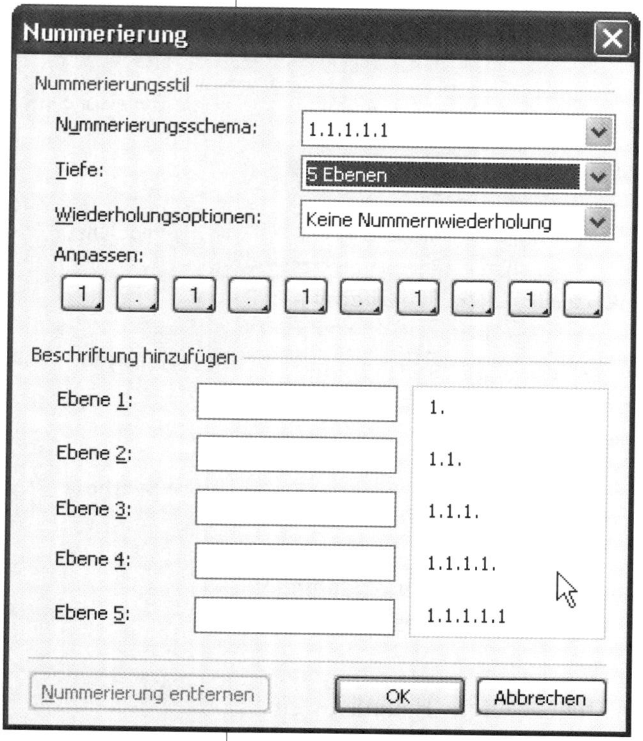

Nummerierungsoptionen mit dem MindManager

Überblick in der Gliederungsansicht

Im MindManager kannst du dir dann in der Gliederungsansicht das Ergebnis deiner Gliederung in Ruhe betrachten und bei Bedarf noch ändern (Multifunktionsleiste Register ANSICHT, Symbol GLIEDERUNGSANSICHT).

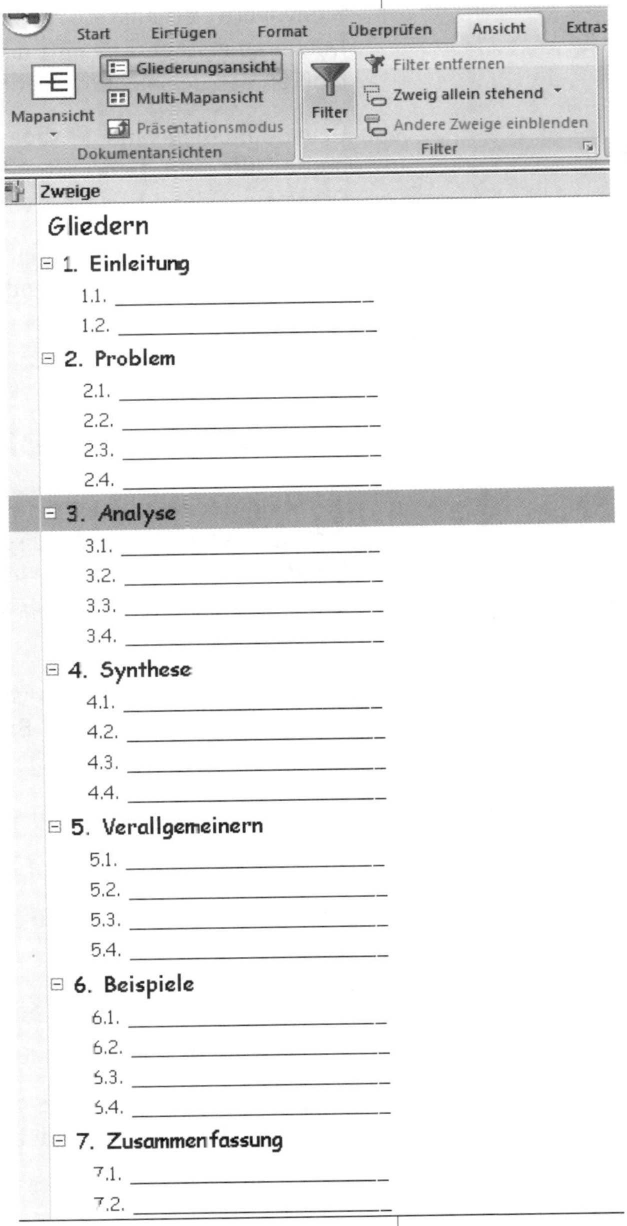

Die Gliederungsansicht zeigt das Ergebnis deiner Strukturierung an.

Mindmap während des Schreibens eines Textes verwenden

Sinnvollerweise hast du vor dem Schreiben eines längeren Textes eine Mindmap erstellt. Das hilft dir beim Schreiben dann weiter. Denke dabei bloß an das Beispiel der Gliederung von Texten.

Deine Mindmap kann dir sogar während des Schreibens eines Textes eine große Hilfe sein. Denn oftmals fallen einem beim Schreiben noch neue Dinge ein. Oder du siehst etwas in einem völlig neuen Zusammenhang.

Dann offenbaren sich schnell strukturelle Schwächen in deinen Texten. Aktualisiere deshalb während des Schreibens deine Mindmap laufend. Dadurch behältst du den Überblick.

Auf Zeit arbeiten

Der MindManager bietet dir einen Timer an. Wozu der gut sein soll? Du hast wahrscheinlich schon selbst gemerkt, wie schnell die Zeit beim Arbeiten mit Mindmaps verfliegt. Mit Hilfe des Timers kannst du dich selbst disziplinieren und dir eine feste Zeit zum Arbeiten an deiner Mindmap vorgeben.

Mit der Timer-Funktion kannst du auch einen Countdown für die Länge deiner Präsentation, deiner Brainstorming-Sitzung oder eines Meetings definieren.

Auf der Timer-Uhr kannst du sehen, wie viel Zeit noch verbleibt.

Vom Ablauf der eingestellten Zeit wirst du optisch in Kenntnis gesetzt.

Die Timer-Anzeige kannst du an eine passende Stelle auf dem Bildschirm verschieben.

- Aktiviere in der Multifunktionsleiste das Register EXTRAS.
- Klicke auf das Symbol TIMER.
- Wähle im Untermenü die gewünschte ZEIT aus. Der Timer wird in deiner Mindmap eingeblendet.

Mit einem Mausklick auf das Symbol START läuft der Countdown.

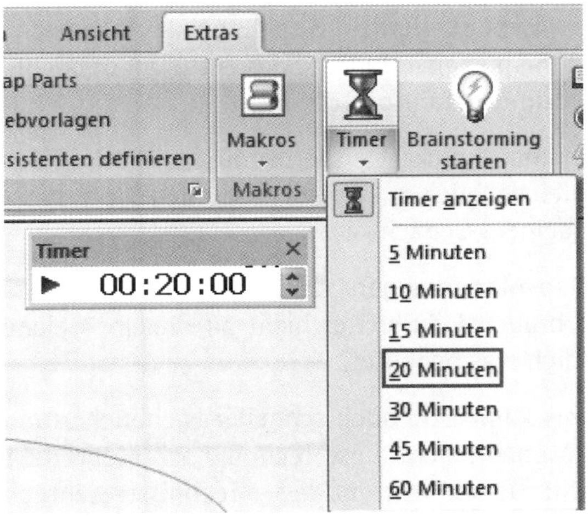

Möchtest du weitere Einstellungen zum Timer vornehmen, klicke ihn mit der rechten Maustaste an. Im *Kontextmenü* stehen dir dann weitere Möglichkeiten zur Verfügung.

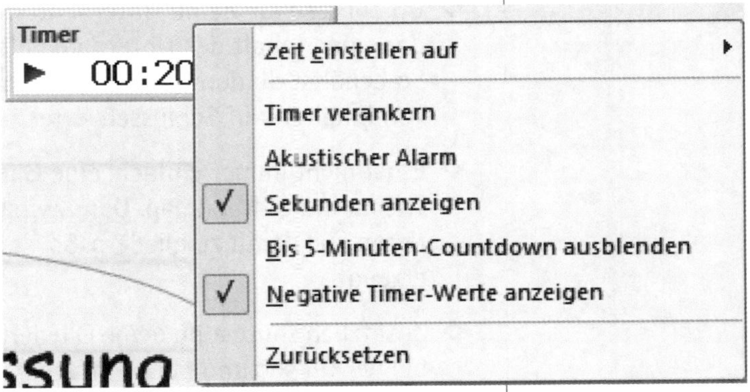

Besonders interessant sind die Möglichkeiten, den Timer bis fünf Minuten vor dem Countdown auszublenden und einen *akustischen* Alarm anzulegen.

Zusammenfassung

- Mit einem Spickzettel erwischt zu werden, ist eine heikle Angelegenheit. Mit Hilfe einer Mindmap kannst du den Spickzettel im Gedächtnis behalten. Eine Entdeckungsgefahr besteht nicht.
- Beim Anfertigen des Mindmap-Spickzettels lernst du automatisch den Stoff. Beim Bearbeiten deines Spickers verfeinerst du den Stoff dann. So bleibt das Wissen in deinem Gedächtnis.
- Wenn du dir eigene Map-Markierungen schaffst, solltest du diese auch beschriften. Dann brauchst du später nicht zu rätseln, welche Markierung denn eigentlich was bedeutet.
- Mit der Mindmap-Technik kannst du auch schneller Fachbücher und Artikel lesen. Im ersten Moment sieht diese Technik nach Mehrarbeit aus. Aber der Schein trügt. Du kommst mit dieser Technik wesentlich schneller zum Ziel.
- Beim Schnelllesen arbeitest du dich von außen nach innen vor. Wie bei einer Zwiebel. Das Schöne ist, dass du vielleicht gar nicht bis zum Kern vordringen musst.
- Du solltest für deine Unterrichtsstunden Mindmaps vorbereiten und dann den Inhalt des Unterrichts gleich in die Mindmap mitschreiben. So behältst du den Überblick und trainierst gleichzeitig die Reduktion von Inhalten auf Schlüsselwörter.
- Es ist nicht immer einfach, eine Gliederung zu erstellen. Bearbeite das Thema in der Mindmap. Dann wirst du quasi gezwungen, zu strukturieren und damit zu gliedern. So ist eine Gliederung im Handumdrehen erzeugt.
- Zusätzlich solltest du deine Gliederung nummerieren. Dann hast du es bei der Umsetzung noch einfacher.
- Du solltest deine Mindmap auch beim Schreiben von Texten benutzen. Dann erkennst du sofort strukturelle Schwachstellen und kannst diese beheben.
- Ein Timer ermöglicht dir, die Zeit beim Arbeiten mit Mindmaps zu kontrollieren.

Ein paar Fragen ...

Frage 1: Warum solltest du deine Spickzettel bei Prüfungen zu Hause lassen?

Frage 2: Was ist der Vorteil eines Mindmap-Spickers?

Frage 3: Wie lernst du am effektivsten mit dem Mindmap-Spickzettel?

Frage 4: Warum unterstützt dich eine Mindmap beim Schelllesen?

Frage 5: Wie bereitest du eine Mindmap zum Mitschreiben während des Unterrichts vor?

Frage 6: Wie gliederst du in einer Mindmap?

Frage 7: Wie kannst du deine Mindmap beim Schreiben nutzen?

... und ein paar Aufgaben

- Bereite deine nächste Unterrichtsstunde mit einer Mindmap zum Mitschreiben vor.
- Erstelle für die nächste Prüfung einen Spickzettel mit der Mindmap. Lerne den Inhalt und gehe dann ohne Spickzettel in die Prüfung.
- Lese ein Kapitel eines deiner Schulbücher mit der Mindmap-Technik.
- Erstelle für deine Hausaufgaben eine Gliederung als Mindmap.

12

So bereitest du dich optimal vor

Du bereitetest dich auf Klassenarbeiten, Prüfungen und Vorträge am besten mit Mindmaps vor.

Durch das Reduzieren des Stoffes auf Schlüsselwörter und die Visualisierung der einzelnen Zweige kannst du optimale Lernerfolge erreichen.

Von der Stoffsammlung über die Vorbereitung bis zu den abschließenden Übungsphasen begleitet deine Mindmap dich.

Für die Prüfungsvorbereitung ist das Mindmapping gut geeignet, da in kreativen Schritten eine möglichst griffige Darstellung des Lernstoffes erarbeitet wird.

Diese Darstellung wird anschließend weiter durch systematisch wiederholte Beschäftigung mit dem Inhalt zur Festigung des gelernten Stoffes benutzt.

Eine solche übersichtliche Anordnung der Struktur des Wissens fördert dein Gedächtnis über lange Zeiträume.

Vertraue deinem Gedächtnis.

Sobald du dich an die Struktur deiner Mindmap erinnerst, fallen dir auch die einzelnen Schlüsselwörter wieder ein. Und damit auch der Inhalt des Themas.

In diesem Kapitel erfährst du,

- wie du am besten bei der Stoffsammlung vorgehst
- wie du dich optimal vorbereitest
- wie du Prüfungsängste reduzierst
- wie du mit deiner Mindmap am sinnvollsten übst
- wie du deine Mindmap in ein PDF-Dokument verwandelst und dadurch anderen zugänglich machst

Stoffsammlung

Zunächst musst du in Erfahrung bringen, welche Anforderungen an dich gestellt werden.

Wenn es sich um eine mündliche Prüfung handelt, sind die Anforderungen anders als bei einer schriftlichen Prüfung.

Mündliche Prüfungen verlangen eine gute Redefähigkeit. Aber du hast ja schon gelesen, dass Mindmaps sich prächtig für Präsentationen eignen. Also auch dazu, reden zu lernen.

> Dabei geht es nicht nur um das Auswendiglernen des Stoffes (das reicht bei schriftlichen Prüfungen aus), sondern auch um das freie »Rüberbringen« der Fakten.

Dabei spielt dein gesamtes Auftreten eine große Rolle. Und deine Gesichtsmimik.

Und alle diese Aspekte kannst du in deine Mindmap für die mündliche Prüfung mit einbauen.

Erfolg und Misserfolg in mündlichen Prüfungen hängen stark von deinem Auftreten ab. Eine gute Redefähigkeit und Übung darin, Sachverhalte

mündlich anschaulich darzustellen, sind ein wichtiger Gesichtspunkt, aber dabei sollst du natürlich das Sachwissen nicht vergessen.

> Ein erfolgreicher mündlicher Vortrag steigert dein Selbstbewusstsein.

Das macht schon die halbe Miete bei einer Prüfung aus.

Nutze deshalb die Möglichkeit, mit anderen in deiner Klasse die Fakten zu erörtern, um ein bisschen Übung im Darstellen von abstrakten Themen zu erlangen.

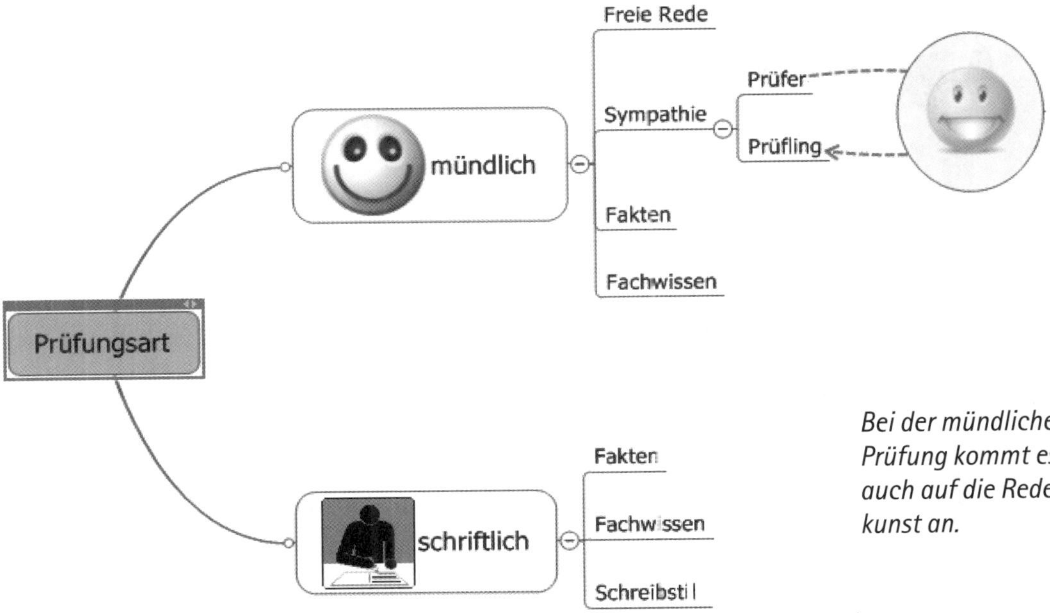

Bei der mündlichen Prüfung kommt es auch auf die Redekunst an.

Die Anforderungen bezüglich der Fragestellungen und Inhalt können von Prüfer zu Prüfer variieren.

Versuche deshalb unbedingt, Einsichtnahme in Prüfungsprotokolle höherer Klassen zu bekommen. Und befrage auf alle Fälle deine Bekannten aus den höheren Klassen. Die können dir sicherlich viele Tipps mit auf dem Weg geben.

Hast du dir aus diesen Quellen erst einmal ein Bild davon gemacht, worauf du bei der Prüfung achten musst, bist du schon ein ganzes Stück weiter.

Nachdem die Randbedingungen verarbeitet sind, geht es um die Fakten.

Sammle alles an Informationen, was du zu deiner Prüfung benötigst. Und noch mehr. Sammle, wenn möglich, auch Hintergrundwissen und Wissen aus verwandten Themenbereichen. Das alles kann dir bei deiner Prüfung von Nutzen sein.

Schreibe alle Informationen als Schlüsselwörter in deine Mindmap. Wenn ein Schlüsselwort mal nicht ausreicht, kann es auch ein kurzer Satz, eine Formel oder Ähnliches sein. Aber fasse dich kurz.

> Erstelle lieber einen visuellen Bezug. Den kannst du dir später viel besser merken als langen Text.

Verschaffe dir dann einen Überblick über den gesammelten Stoff:

- Bilde übergeordnete Kategorien, die den Inhalt der Teilgebiete wiedergeben.
- Sammle (erst) dann Detailwissen.
- Füge dieses Detailwissen immer wieder in den Gesamtkontext ein, indem du dir die Bedeutung jedes Schlüsselwortes in Relation zum Gesamtstoff und zu den Teilgebieten klarmachst.
- Decke unter den einzelnen Fragmenten Verwandtschaften auf.
- Formuliere, wo es geht, eigene Ansichten. Das bringt dir Freude am Stoff und dadurch eine enorm erhöhte Gedächtnisleistung.

Versuche, dein Bild von der Materie, das jetzt als Mindmap vor dir liegt, in eigenen Worten in einem Vortrag dir selbst oder geneigten Zuhörern vorzustellen.

Dadurch festigt sich deine Redefähigkeit und deine Vorstellung von der Materie.

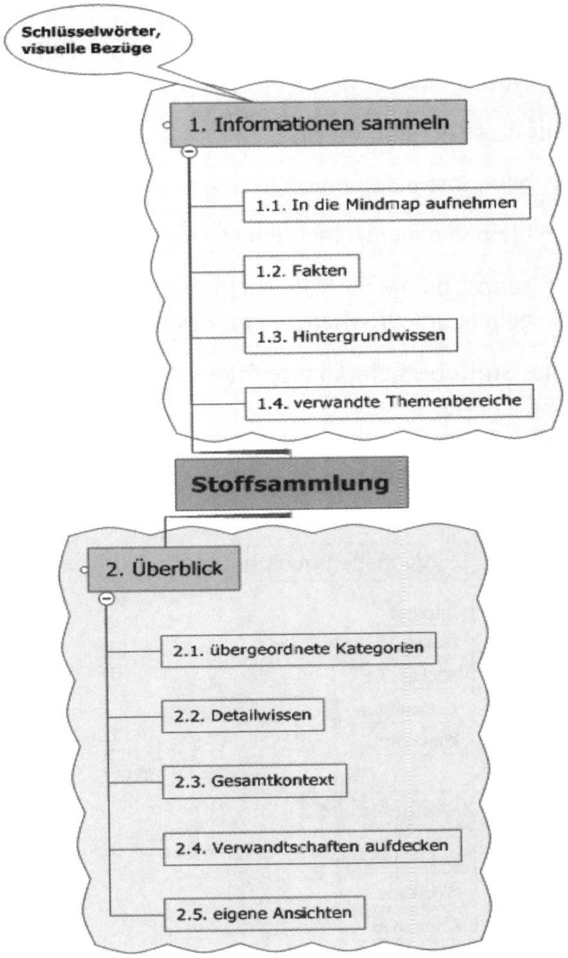

Informationen sammeln und sich dann einen Überblick verschaffen

Stoffübersichten

Nachdem du dir einen Überblick verschafft hast, *strukturiere* deine Mindmap neu. Damit erhältst du eine kompakte Darstellung des Wissens zu deinem Thema.

Bei dieser Arbeit

- setzt du dich mit dem Thema auseinander
- entwickelst du eine Gliederung

- findest du neue Kategorien und Zusammenhänge
- überprüfst und vervollständigst du mit Hilfe der Lehrmaterialien und Notizen deine Mindmap

Auf diese Art und Weise

- gewinnst du einen Überblick
- bleiben die einzelnen Punkte leichter in deinem Gedächtnis haften
- kannst du die Stoffübersicht immer wieder wie eine Checkliste durchgehen, um zu sehen, wo du besser noch einmal üben solltest

Eine Stoffübersicht könnte folgendermaßen aussehen:

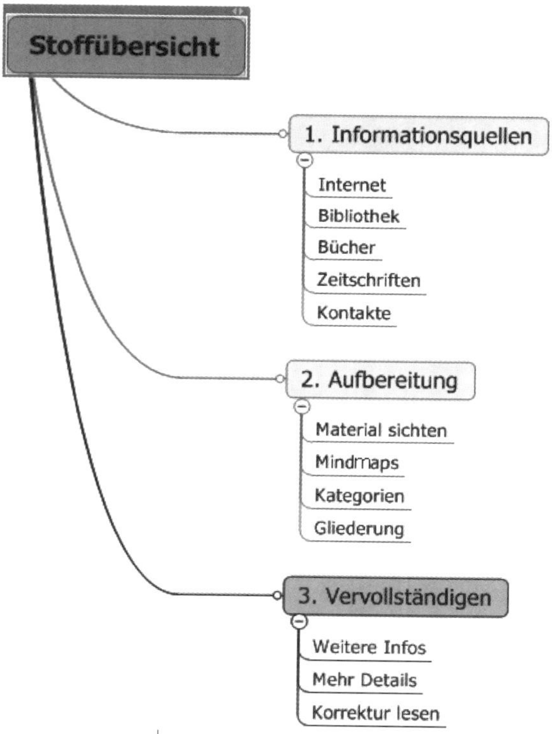

Vorbereitung

Nachdem du deine Stoffsammlung fertiggestellt hast, kannst du dich intensiv auf deine Prüfung vorbereiten. Dazu solltest du zunächst deine Mindmap noch einmal auf Vollständigkeit und gute Lesbarkeit prüfen.

Wenn du deine Mindmap manuell erstellt hast, solltest du sie jetzt noch einmal komplett sauber aufzeichnen. Du weißt ja, das übt.

Auch wenn du deine Mindmap mit einem Programm erstellt hast, kann eine Überprüfung der Aufteilung und Reihenfolge der Schlüsselwörter sinnvoll sein.

Wann beginnen?

Du kennst die gängige Antwort? Gestern.

An dieser Antwort ist etwas Wahres dran. Aber nur etwas. Es nützt dir nichts, dich zu früh vorzubereiten. Dann besteht die Gefahr, dass der Zeitabstand zwischen dem Höchststand deines Wissens bis zur Anwendung in der Prüfung zu groß ist.

Du solltest ungefähr drei Tage vor der Prüfung deine Stoffsammlung komplementiert haben und mit dem Wiederholen/Üben beginnen. In dieser Zeit solltest du, wenn möglich, auch keinen neuen Stoff mehr in deine Mindmap aufnehmen.

Motiviere dich beim Lernen.

Gönne dir genügend Pausen und Schlaf.

Diese Vorschläge können je nach Art der Prüfung oder Klassenarbeit variieren.

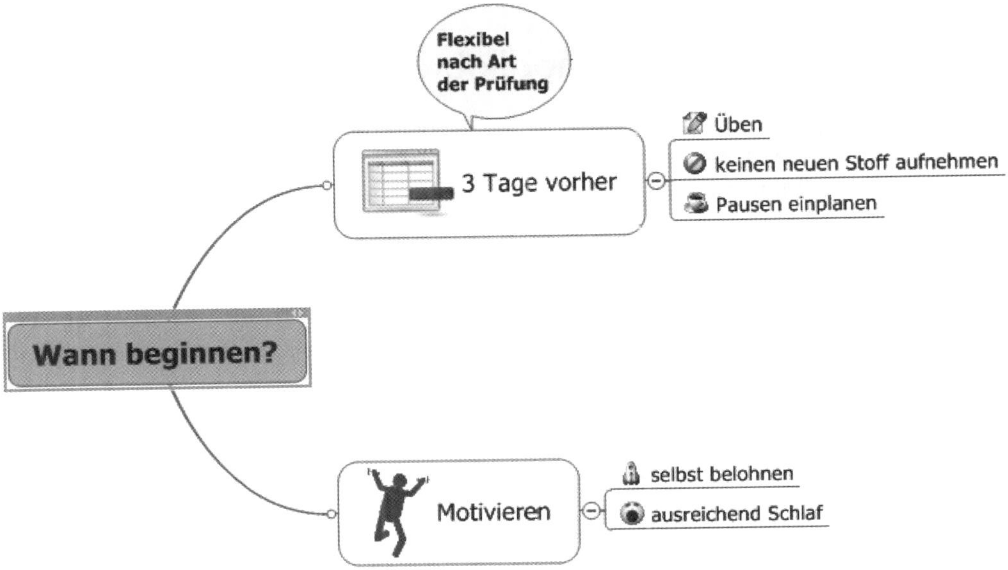

Prüfungsangst

Wenn du dich gut vorbereitet hast, sollte es eigentlich keine Prüfungsangst mehr geben. Je besser du deinen Stoff beherrscht, desto selbstsicherer kannst du in die Prüfung gehen. Etwas Lampenfieber ist normal, schadet aber deinem Gedächtnis nicht, sondern kann eher anregend wirken.

Wenn sich trotzdem Prüfungsangst bei dir einstellt, denke daran, dass die Prüfung nicht sooooo wichtig ist. Es gibt auch noch andere Dinge.

Male dir nicht aus, was in der Prüfung alles schiefgehen kann, sondern denke daran, dass du gut vorbereitet bist und was alles gut gehen wird.

Üben

Auch das Lernen will gelernt sein. Im Normalfall hast du nach 24 Stunden 80 Prozent von dem Gelernten vergessen. Aber nur, wenn du dich nicht wieder mit der Thematik beschäftigst.

Mit einer Mindmap lernst du praktisch dauernd. Durch die Darstellung und klare Gliederung kannst du dein Gedächtnis immer wieder auffrischen.

Die Mindmap ermöglicht dir, Zusammenhänge klar zu erkennen. Und das hilft dir beim Lernen.

Übungsmethodik beim Mindmapping

Viele Übungsmethoden hast du schon im Kapitel der Spickzettel gelesen. Denn was sind deine Prüfungsvorbereitungen anders als Spickzettel in Mindmapping-Form?

Verwende in deiner Mindmap so viel Visualisierung wie erdenklich. Du solltest die Schlüsselwörter und die Hintergründe sofort parat haben, wenn du die Visualisierung siehst. Sobald du das schaffst, ist der zu lernende Stoff in dein Langzeitgedächtnis gelangt und du kannst mit dem Üben aufhören.

Die letzte Sichtung

Bei der letzten Sichtung sollte ein Blick auf deine Mindmap reichen, um alles benötigte Wissen parat zu haben. Es nützt dir nichts, kurz vor der Prüfung noch einmal alles nachlesen zu wollen. Das verunsichert dich nur.

Also ein letzter Blick auf die Mindmap, und nun toi, toi, toi bei der Prüfung.

Eine Mindmap als PDF erstellen

Wenn deine Prüfung gut gelaufen ist, kannst du dir deine Mindmap zwar nicht patentieren lassen, aber immerhin deinen Freunden und jüngeren Jahrgangsklassen zur Verfügung stellen.

Der beste Weg zur Verbreitung einer Mindmap unabhängig vom Betriebssystem und eingesetzter Software ist ein PDF-Dokument. Das kannst du mit dem kostenlosen PDF-Reader überall lesen.

Wenn du deine Mindmap auf Papier erstellt hast, musst du sie zunächst in deinen PC einscannen.

Der MindManager bietet eine Exportmöglichkeit zum PDF-Format.

- Klicke auf die Schaltfläche MINDMANAGER.
- Ziehe den Cursor im Menü auf den Befehl EXPORTIEREN.
- Klicke im jetzt eingeblendeten Menü auf den Befehl ALS PDF EXPORTIEREN.

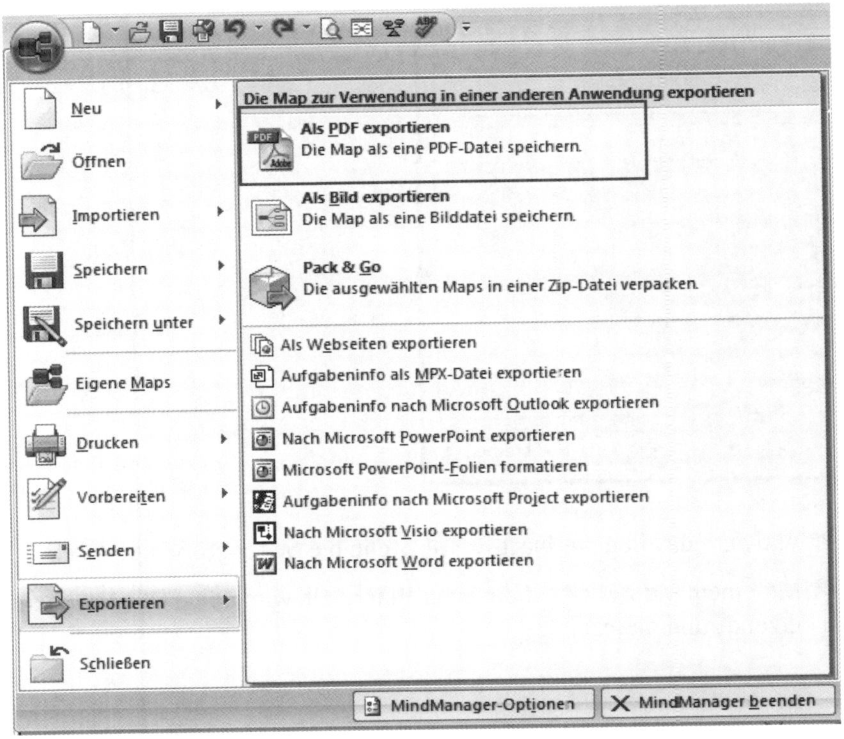

- Das Dialogfenster SPEICHERN UNTER wird eingeblendet. Der Name deiner Mindmap wird als Dateiname vorgeschlagen. Behalte diesen Dateinamen bei oder gib einen eigenen Dateinamen ein. Klicke dann auf die Schaltfläche SPEICHERN.
- Das Dialogfenster EINSTELLUNGEN FÜR PDF EXPORT wird eingeblendet. In dieses Fenster kannst du weitere Eigenschaftsinformationen zu deinem Dokument eingeben. Und du kannst die PDF-SPEZIFIKATIONEN eingeben. Wähle immer eine Version, die älter ist als die aktuellste Version. Dadurch stellst du sicher, dass möglichst viele Interessierte dein Dokument lesen können. Denn nicht jeder Anwender hat immer die aktuellste Version eines Programms. Wenn du neugierig auf das Ergebnis deines Exports bist, setze ein Häkchen in das Kontrollkästchen NACH EXPORT PDF-ANSICHT ÖFFNEN.

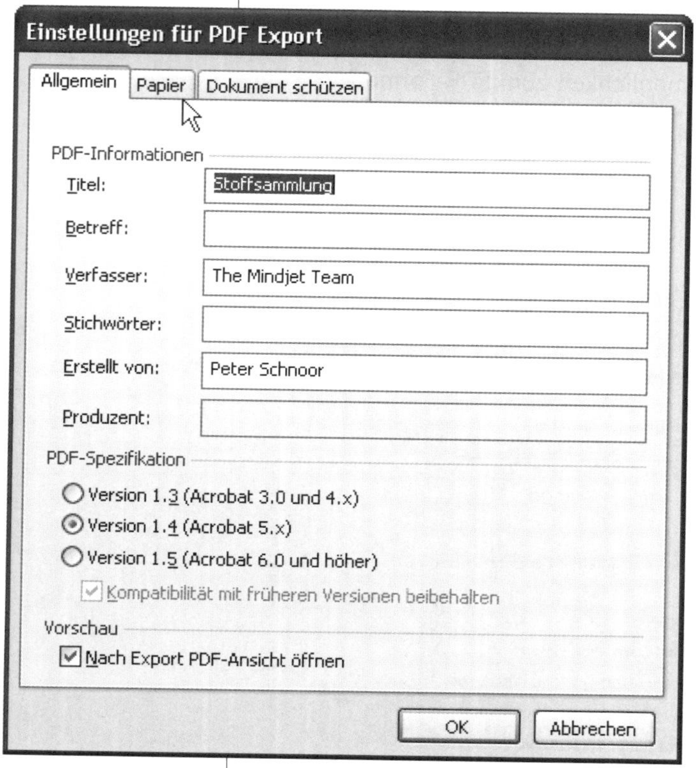

- Aktiviere das Registerblatt PAPIER. Stelle die Seitengröße auf *A4* ein.
- Mit einem Mausklick auf die Schaltfläche OK wird dein PDF-Dokument erzeugt und angezeigt.

Wenn auf einem PC selbst ein PDF-Dokument nicht gelesen werden kann, kannst du deine Mindmap immer noch als Bild abspeichern.

Der Weg ist der gleiche wie beim Erstellen eines PDF-Dokuments. Du musst beim Exportieren dann den Befehl ALS BILD EXPORTIEREN auswählen.

Zusammenfassung

- Stelle fest, welchen Stoff du für die Prüfung oder Klassenarbeit benötigst, trage die Fakten dann in eine Stoffsammlung ein. Idealerweise machst du das gleich in einer Mindmap.
- Bei mündlichen Prüfungen reicht es nicht aus, den Stoff zu beherrschen. Du musst auch das Reden und die Gesichtsmimik lernen. Auch dabei hilft dir deine Mindmap weiter.
- Versuche, Informationen aus höheren Jahrgängen zu erhalten, was bei denen als Prüfungsstoff drangekommen ist.
- Verschaffe dir eine Übersicht deines gesammelten Stoffes. Bilde dazu Kategorien und Gliederungen.
- Wenn du alle Fakten und Details zusammenhast, bereite den Stoff übersichtlich auf und versieh ihn mit visuellen Zusätzen.
- Beginne rechtzeitig mit dem Üben.
- Wenn deine Arbeit oder Prüfung erfolgreich abgeschlossen ist, kannst du sie als PDF-Datei oder als Bild anderen zur Verfügung stellen.

Ein paar Fragen ...

Frage 1: Aus welchen Quellen beschaffst du dir Informationen?

Frage 2: Wozu dient die Stoffsammlung?

Frage 3: Wann bereitest du dich auf deine Prüfung vor?

Frage 4: Wie lernst du am einfachsten?

Frage 5: Ab wann solltest du keine neuen Informationen in deine Mindmap aufnehmen?

Frage 6: Wie erstellst du eine PDF-Datei?

... und zwei Aufgaben

- Bereite deine nächste Klassenarbeit oder Prüfung mit einer Mindmap vor.
- Halte die Ergebnisse in einer Mindmap fest. Erstelle dazu Kategorien, was gut geklappt hat und was nicht so prickelnd war.

13 Mindmap persönlich

Du kannst deine Mindmap auch für persönliche Zwecke einsetzen. Es muss nicht immer die Schule sein, für die du Mindmaps verwendest.

Wenn du ganz persönliche Dinge in ein Tagebuch schreibst, kannst du es auch mit einer Mindmap probieren. Dann hast du deine Tageserlebnisse gleich in strukturierter Form vor dir liegen.

Falls du kein Fan von Tagebüchern bist, solltest du es mal mit einem Erfolgsjournal probieren. Das motiviert unwahrscheinlich.

Du hast nicht nur Erfolge aufzuweisen? Wenn du auch andere Dinge festhalten willst, bietet sich eine Mindmap zur Tagesbesinnung an. Hier kannst du alles vermerken, was dich am Tag beschäftigt hat. Dadurch kannst du nächtliches Grübeln vermeiden.

Auch Strategien und Lebensplanungen lassen sich hervorragend mit einer Mindmap darstellen.

Auch eine Mindmap mit der Aufstellung von Tätigkeiten, die angenehme Gefühle in dir erzeugen, ist nicht zu verachten.

Du hast eine Liste deiner Freunde erstellt? Das macht sich ebenfalls in einer Mindmap gut. Wenn du dann noch die Bilder deiner Freunde mit darstellst, hast du eine optimale Übersicht deiner Freunde und Bekannten.

Selbst deinen Urlaub kannst du als Mindmap darstellen. Dann kannst du dich immer lebhaft an »die schönsten Tage des Jahres« erinnern.

In diesem Kapitel geht es um Mindmaps für

- ein Tagebuch
- ein Erfolgsjournal
- Tagesbesinnung
- persönliche Strategien
- angenehme Gefühle
- das Verzeichnis deiner Freunde
- einen Urlaubsbericht

Tagebuch

Ein Tagebuch zu führen, ist eine schöne Sache. Wenn du ein Tagebuch mit Hilfe von Mindmaps erstellst, wird es noch viel übersichtlicher. Du kannst dann Kategorien und Gliederungen erstellen.

Aufteilung

Je nachdem, wie umfangreich du dein Tagebuch führst, bietet es sich an,

- eine Map pro Tag (umfangreich)
- eine Map pro Woche
- eine Map pro Monat

zu erstellen.

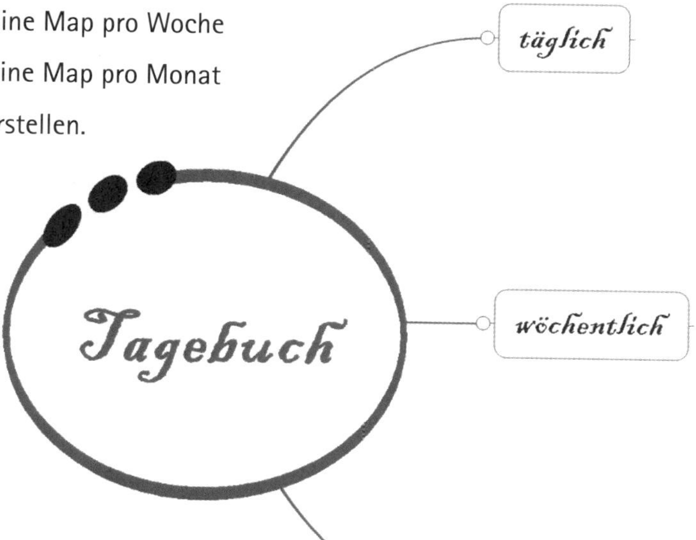

Erstelle deine Mindmaps zum Tagebuch in einer gefälligen Aufmachung. Nutze dazu die zur Verfügung stehenden Formatierungen.

Du kannst dir dann überlegen, ob du deine Mindmaps nur am PC erstellen und bearbeiten willst. Dann bietet sich die Nutzung eines Programms an. Wenn du die Map-Tagebücher auch ausdrucken willst, besorge dir einen hübschen Ringordner, in dem du die Mindmaps dann ablegst.

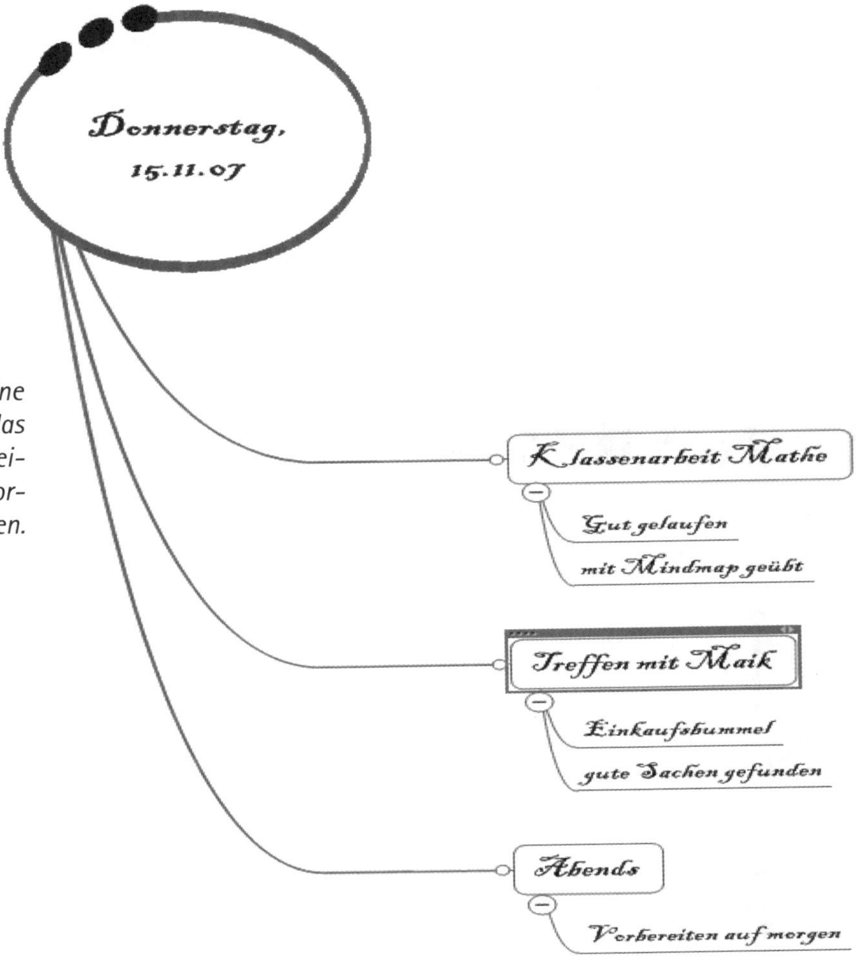

Gestalte deine Mindmaps für das Tagebuch nach deinen eigenen Vorstellungen.

Wenn du deine Mindmaps lieber manuell erstellst, machst du das direkt in deinem Papiertagebuch.

Auch in diesem Fall ist es sinnvoll, die Mindmaps im Querformat zu erstellen. Du hast dadurch mehr Platz zur Verfügung und die Ansicht der Mindmap wird übersichtlicher.

MultiMaps

Solltest du mit dem MindManager arbeiten, stehen dir auch so genannte *MultiMaps* zur Verfügung. Mit Hilfe dieser MultiMaps bleiben die einzelnen Blätter deines Tagebuchs in Verbindung.

Zum Erzeugen von MultiMaps fügst du Hyperlinks zum jeweiligen Folgetag, zur Folgewoche oder zum Folgemonat hinzu.

- Markiere das *Hauptthema* und klicke dann mit der rechten Maustaste. Das *Kontextmenü* wird eingeblendet.
- Klicke im Kontextmenü auf den Befehl HYPERLINK HINZUFÜGEN. Das gleichnamige Dialogfenster wird eingeblendet.
- Wähle die entsprechende Datei aus und klicke dann auf die Schaltfläche OK.

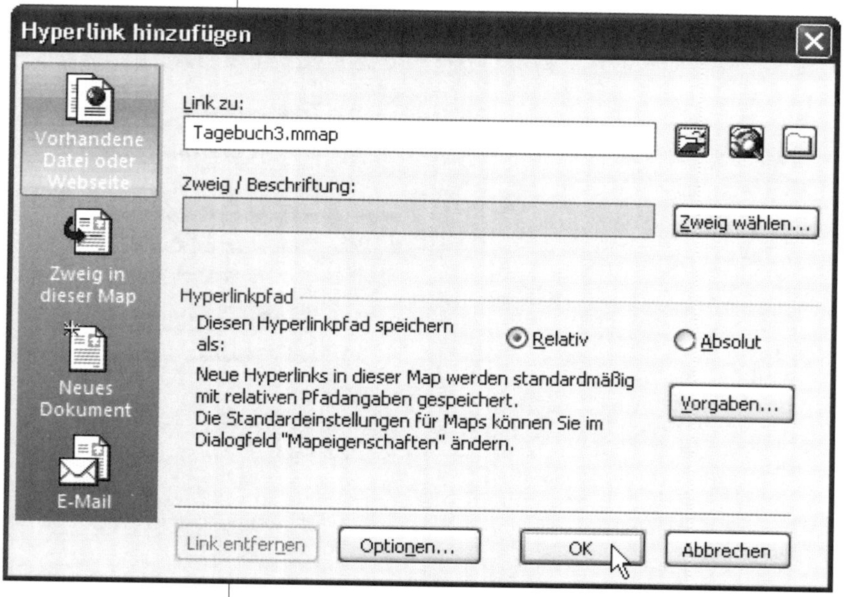

Baue dir per Hyperlink die Basis zu MultiMaps auf.

Das war es schon. So kannst du alle Blätter deines Tagebuchs miteinander verbinden.

Jetzt musst du nur noch die richtige Ansicht wählen, damit du alle verknüpften Tagebuch-Mindmaps siehst. Und das ist die *Multi-Mapansicht*.

> Die Multi-Mapansicht dient der Anzeige von Mindmaps, die über Hyperlinks miteinander verknüpft sind.

In der Multi-Mapansicht werden *Vorschaubilder* der aktuellen Map und aller mit ihr verknüpften Maps angezeigt.

Und so gelangst du in die Multi-Mapansicht:

- Klicke in der Multifunktionsleiste auf die Registerkarte ANSICHT.
- Klicke anschließend in der Gruppe *Dokumentansichten* auf das Symbol MULTI-MAPANSICHT.

Es erscheint ein neues Arbeitsmappen-Register mit dem Namen *Multi-Mapansicht*.

In dieser Ansicht kannst du Befehle für alle Maps beziehungsweise einer ausgewählten Teilmenge dieser Maps aktivieren.

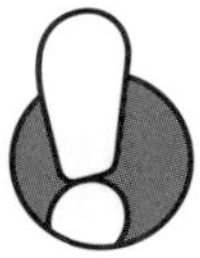

> Diese Maps werden nur in Form von Vorschaubildern angezeigt.

Lediglich die erste Map ist dabei tatsächlich geöffnet, sofern du die anderen Maps nicht auch öffnest.

Damit du die Maps aller Ebenen siehst, wähle im Bereich *Ansicht* das Symbol MAPEBENEN aus und klicke im Untermenü auf den Befehl ALLE EBENEN ANZEIGEN.

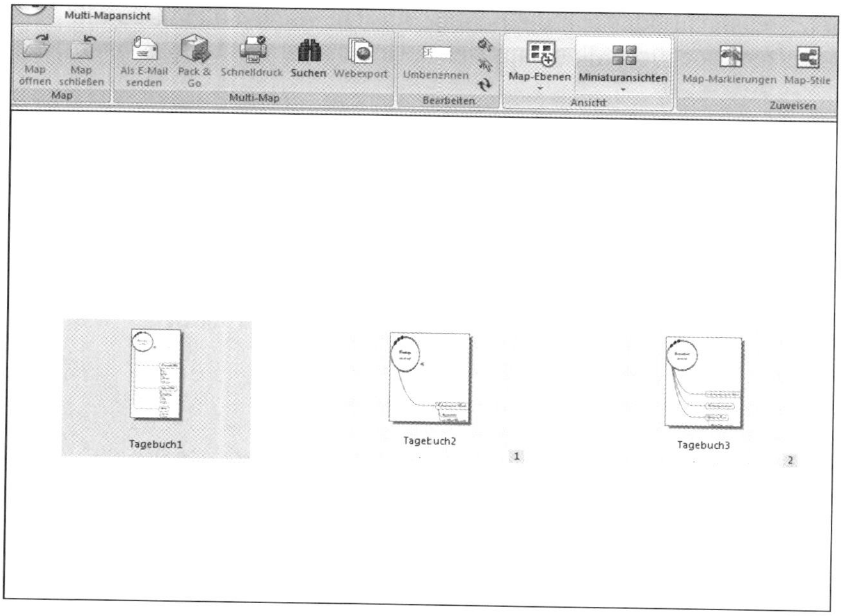

In der Multi-Mapansicht werden Vorschaubilder aller verknüpften Maps angezeigt.

Mit einem Doppelklick auf eines der *Vorschaubilder* wird diese Mindmap geöffnet und seitenfüllend dargestellt.

Um die Multi-Mapansicht zu verlassen, klicke auf das Symbol MULTI-MAPANSICHT SCHLIESSEN.

Erfolgsjournal

Nicht ist motivierender, als sich seine täglichen Erfolge vor Augen zu führen. Und dafür eignet sich vorzüglich eine Mindmap. Denn hier kannst du deine Erfolge visualisieren.

Anstatt dich von Misserfolgen niederdrücken zu lassen, denke lieber an deine Erfolge.

Schreibe täglich auf, was du als Erfolg wertest:

- für Klassenarbeit geübt
- Mindmaps angewandt
- gutes Ergebnis erzielt

◇ von Oma 100 € geschenkt bekommen

Das Ganze macht sich noch besser in einer Mindmap.

Dann kannst du auch gleich Assoziationen erstellen, wie du deinen Erfolg ausbauen kannst.

Gewöhne dir an, täglich in deinem Erfolgsjournal zu schreiben. Gönne dir auch, mal ein paar Tage zurückzublättern. Du wirst erstaunt sein, wie viele Erfolge du zu verbuchen hast.

Im normalen Alltag und ohne Notizen hältst du schnell für selbstverständlich, was nicht selbstverständlich ist.

Bewahre dir deine Sensibilität für Erfolge. Und erfreue dich daran.

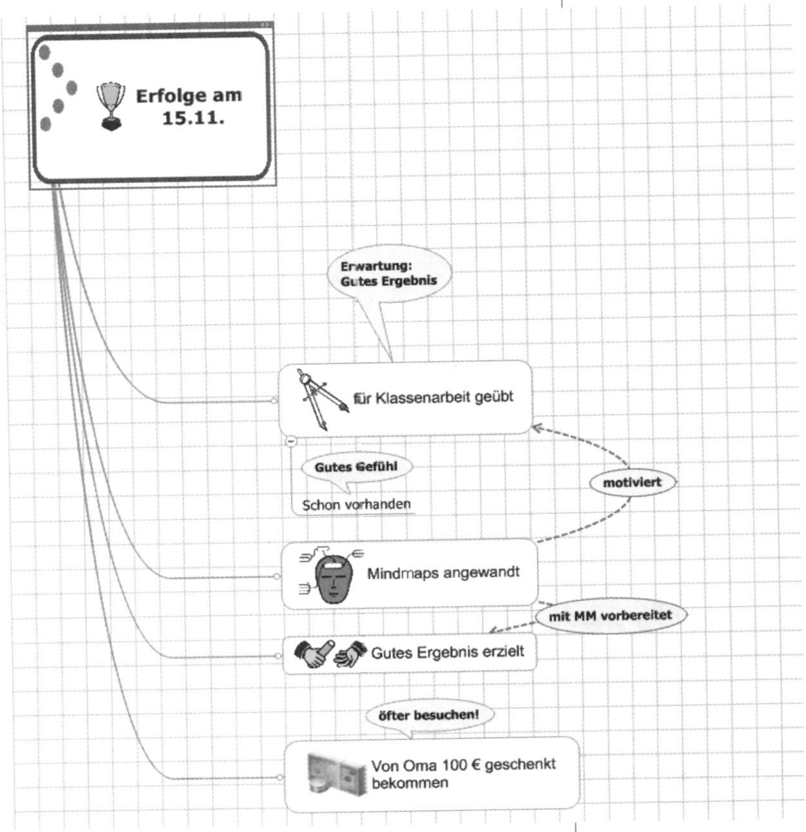

Dein Erfolgsjournal wird dich motivieren.

Tagesbesinnung

Wenn es dir zu einseitig ist, nur deine Erfolge zu verbuchen, erstelle Mindmaps zur Besinnung an den Tag.

Was war positiv, was war negativ? Schon hast du zwei hervorragende Kategorien für deine Schlüsselwörter gefunden.

Spiele dabei nicht den Buchhalter, es ist **deine** Tagesbesinnung. Mache also auch ein paar persönliche Bemerkungen.

Wenn es dir gelingt, kannst du auch gleich deine Gefühle in bestimmten Situationen mit aufschreiben oder als Grafik kenntlich machen.

Du wirst dabei einiges über dich kennen lernen.

Mit einer Tagesreflexion als Mindmap kannst du alles, was dich vielleicht noch beschäftigt oder bedrückt, leichter loslassen. Denn du hast es ja aufgeschrieben und brauchst nicht mehr daran zu denken.

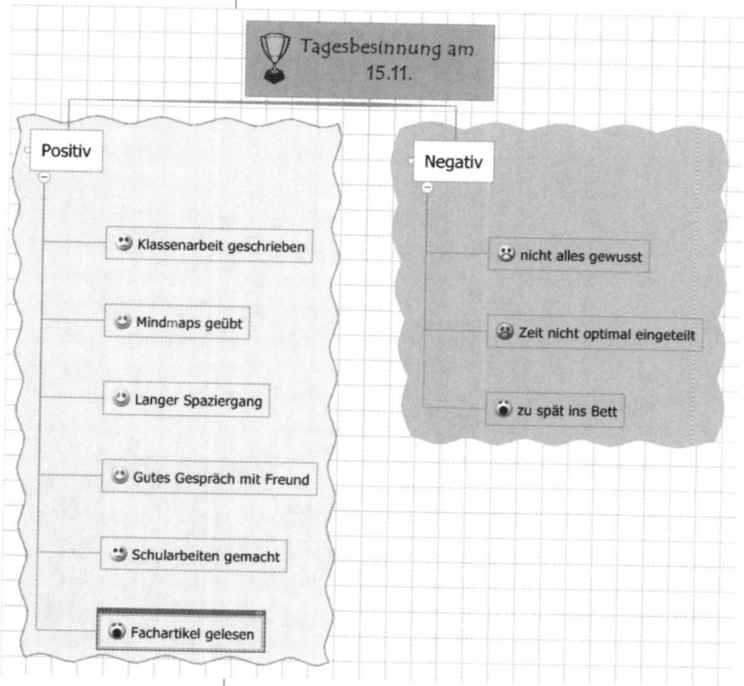

Die Tagesbesinnung wird dir einiges verdeutlichen.

Persönliche Strategien

Deine Zukunftspläne solltest du strategisch planen. Mit einer Mindmap ist das kein Problem. Lass deine Gedanken in deine Mindmap einfließen. Folgende Kategorien könnten deine Strategie beeinflussen:

- Das finde ich gut
- Das möchte ich ändern
- Das möchte ich erreichen
- In folgendem Zeitrahmen
- Das hat mir geholfen
- Das hat mich behindert

Entwirf deine eigenen Strategien.

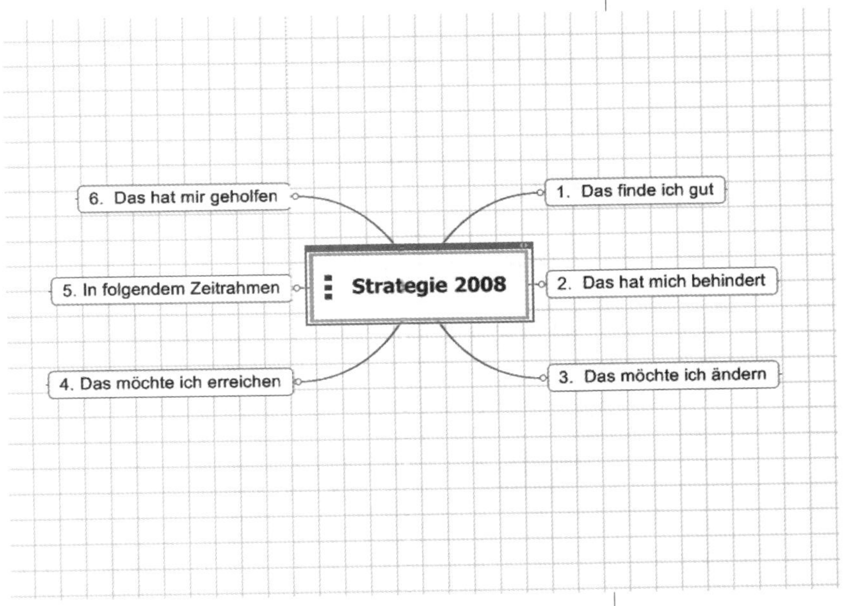

Angenehme Gefühle

Es ist auch äußerst hilfreich, seine Gefühle für bestimmte Tätigkeiten aufzuschreiben. Dann kannst du Dinge, die dir Spaß machen, häufiger ausnutzen. Oftmals reicht schon ein kleines Lächeln aus, damit du dich besser fühlst.

Schreibe jeweils die Tätigkeit auf, die dir angenehme Gefühle bereitet. Und bewerte sie mit Prioritäten.

Die Priorität 1 erzeugt bei dir ein sehr angenehmes Gefühl, die Priorität 2 ein angenehmes Gefühl und so weiter.

Du kannst deine Mindmap bei Bedarf natürlich auch um unangenehme Tätigkeiten/Gefühle erweitern. Experimentiere mit dieser Mindmap, bis sie dir gefällt.

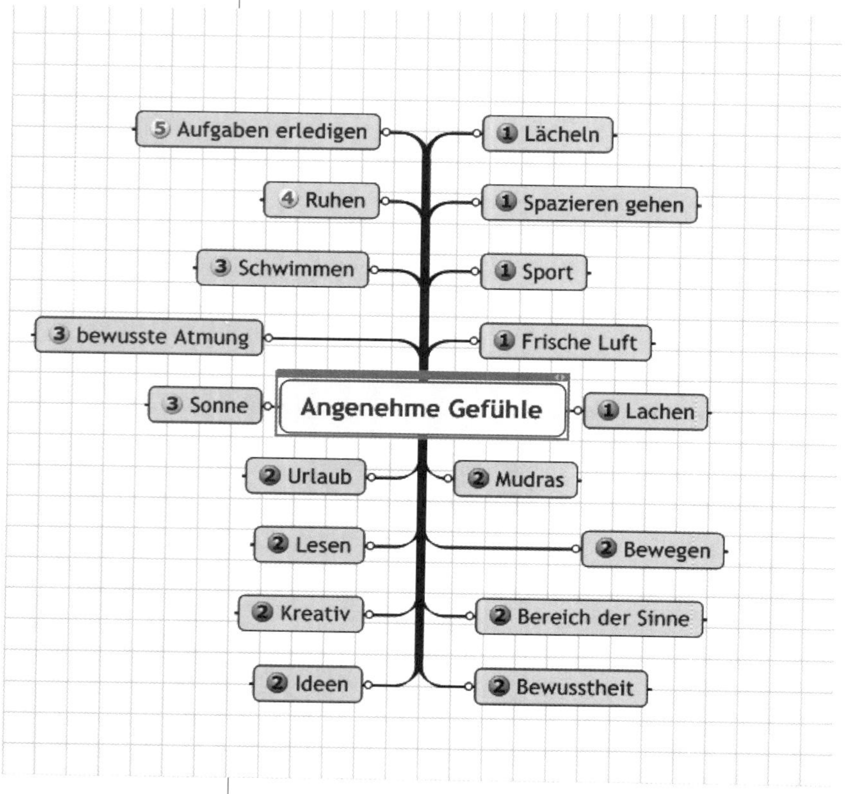

So könnte deine Mindmap mit den angenehmen Gefühlen aussehen.

Freundeverzeichnis mit persönlichen Anmerkungen

Eine Liste deiner Freunde und Bekannten hast du sicherlich. Du kannst diese Liste auch als Mindmap aufbauen. Dann kannst du neben der Adresse auch noch ein Bild einfügen.

So weißt du auch bei Bekannten, die du nicht so häufig triffst, sofort, wie sie aussehen.

So bleiben deine Bekannten in bleibender Erinnerung.

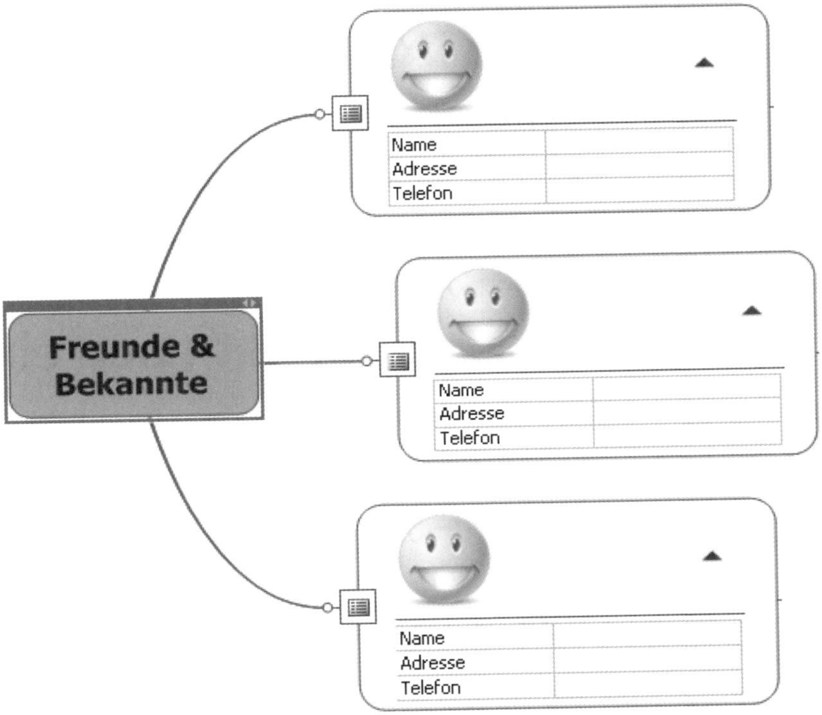

Urlaubsbericht

Ein Urlaubsbericht als Mindmap hält die Erinnerung an »die schönsten Tage im Jahr« im Gedächtnis. Du kannst dich dann viel leichter an schöne Urlaubstage erinnern.

Du könntest deine Mindmap folgendermaßen gliedern:

- Aufteilung in Urlaubstagen
- Was habe ich unternommen/erlebt
- Mit Urlaubsbildern hinterlegen

Wenn du deine Mindmap in einem Programm erstellst, kannst du sie anschließend auch zu Präsentationszwecken benutzen.

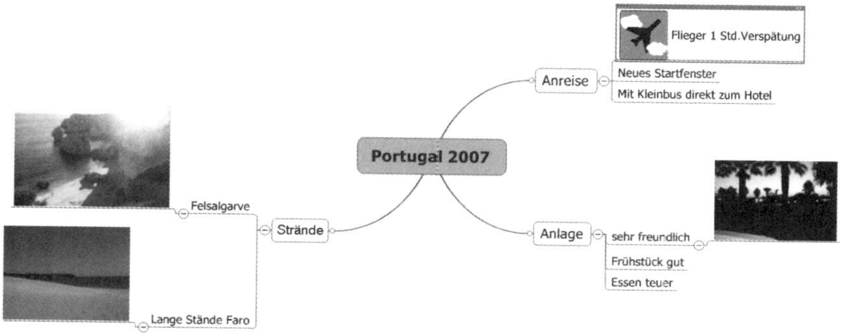

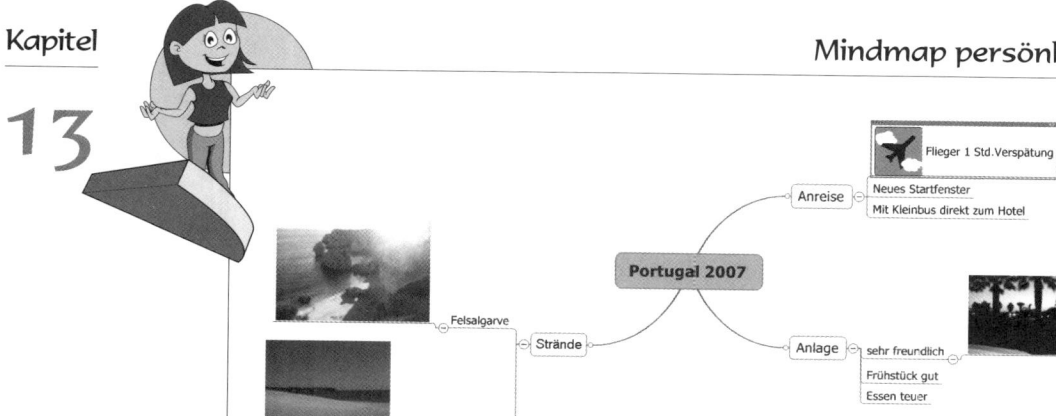

Eine Mindmap zum Urlaub

Was dir sonst noch einfällt

Du hast jetzt ein paar Ideen kennen gelernt, mit denen du deine Mindmap-Technik auch im privaten Bereich einsetzen kannst. Dir fallen dazu bestimmt noch ein paar eigene Geistesblitze ein. Immer zu, schöpfe die Vorteile von Mindmaps in allen Bereichen aus.

Zusammenfassung

- Du kannst Mindmaps auch hervorragend in deinem privaten Bereich einsetzen.
- Dein Tagebuch als Mindmap bringt einige Vorteile. Du kannst deine Einträge kategorisieren und gliedern. Außerdem bringt es Spaß, passende Bilder zu den Einträgen zu hinterlegen.
- Wenn du dein Tagebuch durch die richtigen Formatierungen schön gestaltest, hast du noch einmal so viel Spaß daran.
- Der MindManager bietet dir die Möglichkeit, Multi-Mindmaps zu erstellen. Dabei werden die einzelnen Mindmaps per Hyperlink miteinander verbunden und in der Multi-Mapansicht dargestellt.
- Ein weiteres Einsatzgebiet ist das Erfolgsjournal. Es soll dich motivieren.
- Mit Hilfe der Tagesbesinnung pegelst du deine Gefühle aus. Das Aufschreiben hilft dir dabei, den Geist freizubekommen.

- Überlass deine Zukunft nicht dem Zufall. Mit der richtigen Strategie erreichst du das, was du erreichen willst.
- Deine Gefühle kannst du mit einer Mindmap analysieren.
- Anstatt einer trockenen Adressenliste benutze lieber eine visuelle Adress-Mindmap.
- Mit einer Mindmap wird dein Urlaub noch einmal lebendig.

Ein paar Fragen ...

Frage 1: In welchem Format bekommst du am meisten Informationen in deiner Mindmap unter?

Frage 2: Was sind MultiMaps?

Frage 3: Wozu dient ein Erfolgsjournal?

Frage 4: Welche Kategorien würdest du in eine Tagesbesinnung aufnehmen?

Frage 5: Wie vermeidest du es, alles dem Zufall zu überlassen?

Frage 6: Was ist das Gute an einem Urlaubsbericht als Mindmap?

... und zwei Aufgaben

- Setze mindestens eines der Beispiele in die Praxis um.
- Überlege dir weitere Einsatzgebiete von Mindmaps.

14 Clustering

Jetzt hast du alles über Mindmaps und Brainstorming gelesen.

Es gibt noch eine weitere Technik, die dem Mindmappen sehr ähnlich ist. Diese Methode passt gut zum Mindmapping und du solltest sie einmal ausprobieren.

Diese Technik ist für das freie Assoziieren gedacht.

Gabriele L. Rico entwickelte diese Methode. Sie dient dem *freien, assoziativen Schreiben.*

Diese Technik wird als **Cluster-Methode** bezeichnet und ist inzwischen sehr verbreitet.

Das Clustering schöpft die unterschiedlichen Funktionen der Hirnhemisphären für das Schreiben aus.

In diesem Kapitel lernst du,

- was Clustering ist
- wie sich Clustering vom Mindmapping unterscheidet
- wozu du Clustering besonders gut einsetzen kannst

Clustering

Das *Clustering* schöpft die unterschiedlichen Funktionen der Hirnhemisphären für das Schreiben aus. Ähnlich wie beim Mindmapping werden *Schlüsselbegriffe* erstellt.

Cluster kommt aus dem Englischen und heißt sinngemäß Büschel, Gruppe, Anhäufung.

> Im Clustering werden Informationen, Vorstellungen und Gefühle miteinander vernetzt.

Beim Suchen nach neuen Einfällen kümmerst du dich noch nicht um den Aufbau des Textes, um die Struktur der Erzählung oder die Argumentationsfolge, um Stil und orthografische Norm.

Du lässt die Assoziationen frei fließen, hältst sie in Schlüsselwörtern fest und skizzierst erste Zusammenhänge. In dieser Phase wird, ausgehend von einem *Kernwort*, das eigentliche Thema zuerst einmal frei assoziierend erschlossen.

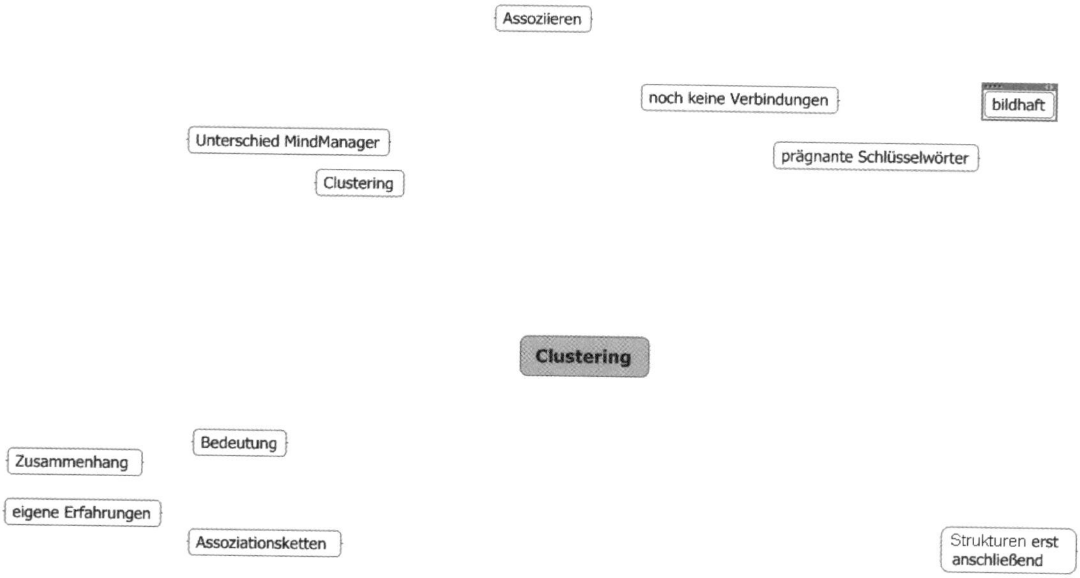

Zunächst werden keine Verbindungen erstellt.

Erst im Anschluss werden *Strukturen* erstellt.

Entscheidend ist die Wahl prägnanter Kernwörter, die deine Gedankengänge und Geistesblitze in Gang bringen.

Am besten eignen sich bildhafte, mit eigenen Erfahrungen und Gefühlen aufgeladene Wörter.

Erst im zweiten Schritt werden Strukturen erstellt.

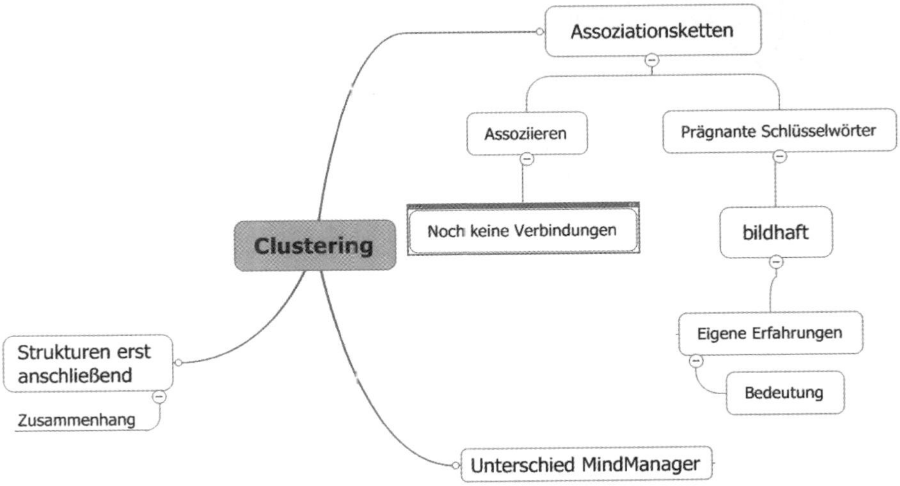

Das Clustering eignet sich hauptsächlich für die Erstellung auf Papier. Aber du kannst natürlich auch ein Mindmap-Programm hierfür benutzen. Der erste Schritt wäre praktisch das Brainstorming und der zweite Schritt die Mindmap-Erstellung.

Das wirft natürlich die berechtigte Frage auf, wo der Unterschied dieser beiden Techniken liegt.

Was unterscheidet Mindmapping vom Clustering?

- Beide Techniken haben das Ziel, dich zu spontanen Einfällen zu einem bestimmten Thema anzuregen und diese Einfälle dann aufzuzeichnen.

- Beide Techniken orientieren sich bei ihrer Konzeption an neueren Vorstellungen der Hirnforschung, insbesondere der Hemisphärentheorie, die von unterschiedlichen Leistungen der beiden Gehirnhälften ausgehen.
- Beide Techniken wollen durch die Aktivierung beider Gehirnhälften den Ideenfluss anregen und das Erinnern fördern.

Bisher also alles gleich.

Ein paar Unterschiede gibt es aber doch. Am besten stellst du diese selbst fest, indem du das Clustering ausprobierst und mit deinen Erfahrungen mit Mindmaps vergleichst.

Ich habe die Erfahrung gemacht, dass sich die Clustering-Methode besser dazu eignet, Ideen zu finden und Assoziationen frei fließen zu lassen.

Beim Clustering geht es um »die Kurzschrift des bildlichen Denkens«.

Nach Auffassung von Rico ist das Knüpfen von Ideennetzen der erste entscheidende Schritt, der dir hilft, dein logisches, auf Ordnung bedachtes begriffliches Denken zu umgehen und mit der Welt des ziellosen Denkens, der im Gedächtnis aufbewahrten Ereignisse, Bilder und Gefühle in Berührung zu kommen.

Die Vorzüge von Mindmaps liegen überwiegend auf dem Gebiet der *begrifflichen Ordnung* von Einfällen, die aber durch die Baumstruktur so offen angelegt ist, dass sie ständig mit weiteren Einfällen auf einer bestimmten Ebene ergänzt werden können.

Im Zuge seiner Erstellung kann eine Mindmap seine assoziative Dynamik entfalten, da sich deine Zweige und Unterzweige bei hinreichendem Platz leicht erweitern und ergänzen lassen.

Optimale Ergebnisse wirst du erzielen, wenn du Clustering und Mindmaps kombinierst. In den ersten Phasen der Ideenfindung ist Clustering sehr geeignet. Für die aufbauende Strukturierung sind allerdings Mindmaps die bessere Alternative.

Einsatzgebiet Schule

Clustering eignet sich besonders zur Stoffsammlung bei verschiedenen schulischen Schreibformen wie zum Beispiel *Aufsätzen* und *Problemerörterung.*

In der Schule kann Clustering in zahlreichen Unterrichtssituationen durchgeführt werden. Darüber hinaus ist es auch eine vorzügliche Methode, um Probleme und Sachverhalte, die auf Vorwissen beruhen und Lösungsansätze verlangen, selbstständig anzugehen.

Auch wenn du kreativ schreiben möchtest, kann Clustering das richtige Werkzeug für dich sein.

Vorgehen

Du schreibt ein Wort (Kernwort, Schlüsselbegriff) in das obere Drittel eines DIN-A4-Blattes und kreist es ein.

Die Wörter, Assoziationen, die dir spontan zu diesem Schlüsselbegriff einfallen, schreibst du um das Kernwort herum auf. Die neuen Wörter kreist du ebenfalls ein.

Jedes neue Wort ergibt wieder einen neuen Kern, der weitere Assoziationen auslöst. So können sich ganze Assoziationsketten bilden. Begriffe, die einem Zusammenhang stehen, verbindest du mit Linien.

Es entsteht eine *netzartige Skizze* der Ideen, die das Kernwort ausgelöst hat: das Cluster.

Beim Betrachten gewinnt ein Teil oder ein bestimmtes Wort an Bedeutung und eröffnet dir ein neues Thema.

Zusammenfassung

- Clustering ergänzt das Mindmapping.
- Die beiden Techniken sind sich sehr ähnlich.
- Clustering ist für alle kreativen Tätigkeiten gut geeignet.
- Die Kombination von Mindmapping und Clustering führt zur optimalen Kreativität.

Ein paar Fragen ...

Frage 1: Wodurch unterscheidet sich das Clustering vom Mindmapping?

Frage 2: Wozu ist Clustering besonders gut geeignet?

Frage 3: Wann beginnst du beim Clustering mit dem Ziehen von Linien?

Frage 4: In welcher Phase eignet sich Clustering gut und ab welcher Phase sind Mindmaps besser geeignet?

... und eine Aufgabe

➢ Pobiere Clustering bei mehreren Anlässen aus.

A

Tastenkürzel im MindManager und in FreeMind

Der MindManager und FreeMind lassen sich intuitiv bedienen. Das funktioniert bestens mit einer Maus.

> Hin und wieder ist es allerdings sinnvoll, die Tastatur nicht zu verlassen.

Wenn du gerade eine kreative Phase hast und die Ideen nur so sprudeln, möchtest du dich beim Schreiben der Schlüsselwörter nicht zwischendurch immer wieder auf die Maus konzentrieren.

Deshalb kannst du die meisten Befehle auch per *Tastenkombination* ausführen. In den folgenden Tabellen findest du die wichtigsten Tastenkombinationen.

Die wichtigsten Tastenkombinationen im MindManager

Map-Dokumente

Anlegen einer neuen Mindmap	Strg + N
Öffnen einer Mindmap	Strg + O
Speichern der aktuellen Mindmap	Strg + S
Speichern unter	F12
Die aktuelle Mindmap schließen	Strg + W
Seitenansicht	Strg + F2
Die aktuelle Mindmap drucken	Strg + P

Navigieren

Zweig darüber, darunter, links oder rechts auswählen	Pfeiltasten
Nächsten/vorherigen Zweig auswählen	Tabulator / Umschalt + Tabulator

Zum obersten Nebenzweig springen
Zum untersten Nebenzweig springen

Pos1

Ende

Anzeigen Map-Fenster

Vergrößern

Strg + =

Verkleinern

Strg + -

Bildlauf für deine Map in kleinen Schritten

Strg + Pfeiltasten

Bildlauf für deine Map in großen Schritten

(aufwärts und abwärts)

(rechts und links)

Bild-auf, Bild-ab

Strg + Bild-auf, Strg + Bild-ab

Map ans Fenster anpassen

Strg + F5

Map zentrieren und alle Zweige reduzieren

Strg + F3

Objekt zentrieren

Alt + F3

Map horizontal teilen

Strg + Alt + S

Map vertikal teilen

[Strg] + [Alt] + [V]

Teilung aufheben

[Strg] + [Alt] + [C]

Nächste Map anzeigen

[Strg] + [Tab]

Vorherige Map anzeigen

[Strg] + [Umschalt] + [Tab]

Map-Details und Filterung

Zweig fokussieren

[F3]

Nächste Detailebene anzeigen

[Strg] + [D]

1 Ebene anzeigen

[Umschalt] + [Alt] + [1]

2 Ebenen anzeigen

[Umschalt] + [Alt] + [2]

Ebenen 3 bis 9 anzeigen

[Umschalt] + [Alt] + [3] ... (bis Ebene 9)

Alle Ebenen anzeigen

[Umschalt] + [Alt] + [A]

Zweig reduzieren

[Umschalt] + [Alt] + [0]

Map reduzieren

[Strg] + [F3]

Filter entfernen

Strg + Umschalt + A

Zweig allein stehend

F4

Benutzeroberfläche

Textnotizen-Fenster ein-/ausblenden

Strg + T, F11

Nächste Zweignotiz anzeigen

Vorherige Zweignotiz anzeigen

Strg + Umschalt + Bild-auf

Strg + Umschalt + Bild-ab

Aufgabenbereiche ein-/ausblenden

Strg + Umschalt + F1

Multifunktionsleiste erweitern oder reduzieren

Strg + F1

Alt-Tastenkombinationen anzeigen

F10 oder ALT

Kontextmenü anzeigen

Umschalt + F10

Hinzufügen von Objekten: Zweige

Unterzweig hinzufügen

Einfg

Strg + Enter

Nebenzweig hinzufügen

Eingabetaste

Nebenzweig hinzufügen (als Nebenzweig davor)

Umschalt + Enter

Oberzweig hinzufügen

Strg + Umschalt + Einfg

Anmerkung hinzufügen

Strg + Umschalt + Enter

Hinzufügen von Objekten: Elemente

Hyperlink hinzufügen

Strg + K

Beschriftung hinzufügen

Strg + Umschalt + F5

Lesezeichen hinzufügen

Strg + Umschalt + K

Kommentare hinzufügen

Strg + F11

Notizen hinzufügen

Strg + T

Umrandung hinzufügen

Strg + Umschalt + B

Icon hinzufügen

Strg + 1, Strg + 2 usw.

Alle Icons entfernen

Strg + 0

Prioritäts-Icon hinzufügen (Priorität 1, 2 usw.)

Strg + Umschalt + 1; Strg + Umschalt + 2 usw.

Alle Prioritäten entfernen

Strg + Umschalt + 0

Map Parts hinzufügen

Strg + Umschalt + N

Map Part aktualisieren

F5

Alle Map Parts aktualisieren

Umschalt + F5

Bearbeiten

Letzten Bearbeitungsschritt rückgängig machen

Strg + Z, Alt + Rücktaste

Letzten Bearbeitungsschritt wiederholen

Strg + Y

Zweigtext

Zweigtext bearbeiten

F2

Zeilenumbruch in einem Zweig eingeben

Strg + Eingabetaste, Umschalt + Eingabetaste

An den Zeilenanfang springen

Pos1

An den Beginn des Zweigtextes springen

Strg + Pos1

An das Ende des Zweigtextes springen

Strg + Ende

Zweig aufteilen, um einen neuen Nebenzweig zu erstellen

Umschalt + Alt + Abwärtspfeil

Zweig aufteilen, um einen neuen Unterzweig zu erstellen

Umschalt + Alt + Rechtspfeil

Suchen

Strg + F

Ersetzen

Strg + H

Rechtschreibung

F7

Formatierung

Fett formatieren und Formatierung rückgängig machen

Strg + Umschalt + F

Kursiv formatieren und Formatierung rückgängig machen

Strg + Umschalt + K

Unterstreichen und Formatierung rückgängig machen

Strg + Umschalt + U

Schriftgrad erhöhen

Strg + Umschalt + >

Schriftgrad verringern

Strg + Umschalt + <

Durchgestrichener Text

Strg + Umschalt + S

Formatierung löschen

Strg + Leertaste

Füllfarbe

Strg + Umschalt + C

Farbe für Schrift / Freihandeingabe

Strg + Umschalt + F

Die wichtigsten Tastenkombination: FreeMind

Erstellen und Löschen von Zweigen

Zweig erstellen	Einfügen
Unterzweig erstellen	Enter
Zweig löschen	Entfernen
Zweig ausschneiden	Strg + X

Editieren von Schlüsselwörtern

In den Editiermodus gelangen	F2
Editieren beenden	Enter
Editor für Langtext starten	Alt + Eingabetaste
Neue Zeile erzeugen (funktioniert nur im Langtext-Editor)	Strg + Enter

Einen Zweig editieren

Fett	Strg + B
Kursiv	Strg + I
Textfarbe ändern	Alt + C
Schrift vergrößern	Strg + +
Schrift verkleinern	Strg + -
Format kopieren	Alt + C
Format einfügen	Alt + V

Umrandungen (Wolken) einfügen

Wolke einfügen	Strg + Umschalt + B

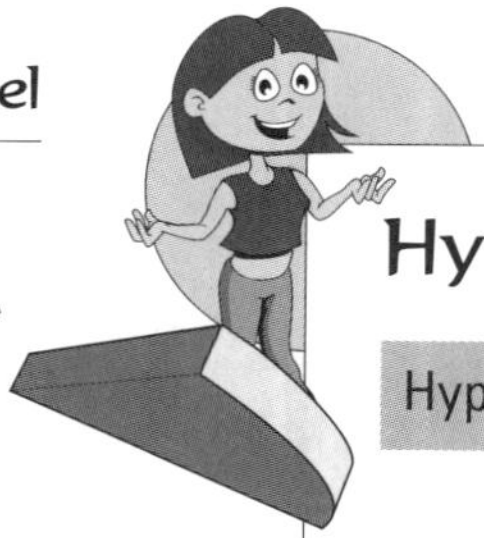

Hyperlink einfügen

Hyperlink einfügen	Strg + K

Suchfunktionen

Nach Schlüsselwörtern suchen	Strg + F
Nächstes Schlüsselwort suchen	Strg + G

Zoomfunktion

Zoom vergrößern	Strg + Taste + auf der Standardtatstatur
Zoom verkleinern	Strg + Taste - auf der Standardtatstatur

B

Optionseinstellungen MindManager

Der MindManager bietet die Möglichkeit, viele Optionen einzustellen. Leider sind diese Optionseinstellungen nicht so leicht zu finden.

In diesem Anhang stelle ich dir die wichtigsten Optionseinstellungen und deren Auswirkungen vor.

Mit den richtigen Optionseinstellungen wird das Programm noch komfortabler.

So kommst du zu den Optionseinstellungen

Damit du die Optionen im MindManager einstellen kannst, aktiviere zunächst die Schaltfläche MINDMANAGER. Klicke dann im unteren Bereich des eingeblendeten Fensters auf die Schaltfläche MINDMANAGER-OPTIONEN. Das gleichnamige Fenster wird geöffnet.

Einstellungen für die Ansicht

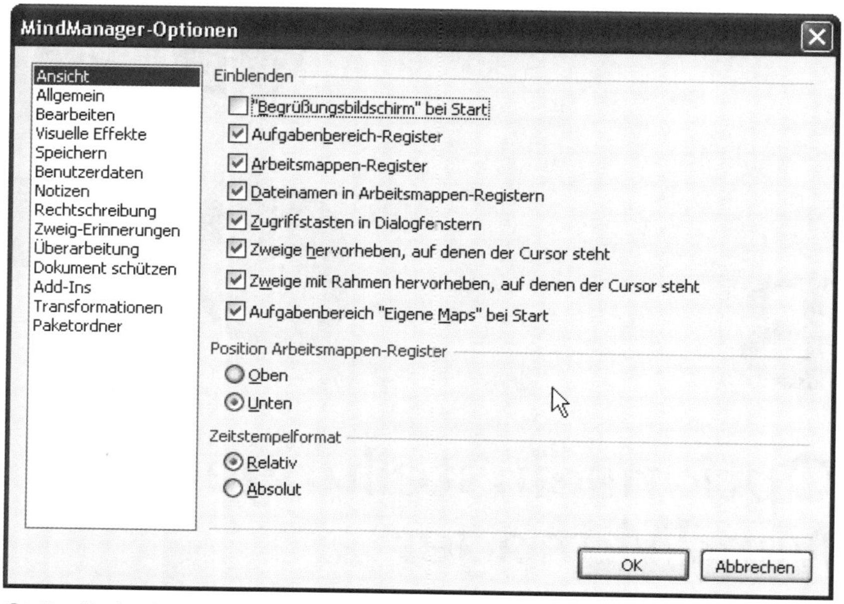

Stelle die Ansicht des MindManagers optimal ein.

Der *Begrüßungsbildschirm* beim Starten des Programms nervt mit der Zeit. Du solltest das Häkchen aus diesem Kontrollkästchen herausnehmen.

In allen anderen Kontrollkästchen ist das Häkchen sinnvoll. Du solltest sie aktiviert lassen.

Die Position der ARBEITSMAPPEN-REGISTER am *unteren* Bildschirmrand ist eine gute Wahl. Auch in Excel sind die Tabellen im unteren Bildschirmrand aufgebaut. So brauchst du dich nicht umzugewöhnen.

Der allgemeine Teil

Klicke im linken Auswahlfenster der MindManager-Optionen auf den Eintrag ALLGEMEIN.

Standardmäßig wird beim Start ein *neues Dokument* geöffnet. Du kannst in dieser Einstellung auch ein *bereits existierendes* Dokument öffnen.

Wenn du zum Beispiel über einen längeren Zeitraum an einem Dokument arbeitest und es beim Starten sofort wieder bearbeiten möchtest, ist diese Einstellung wichtig.

So kommst du zu den Optionseinstellungen

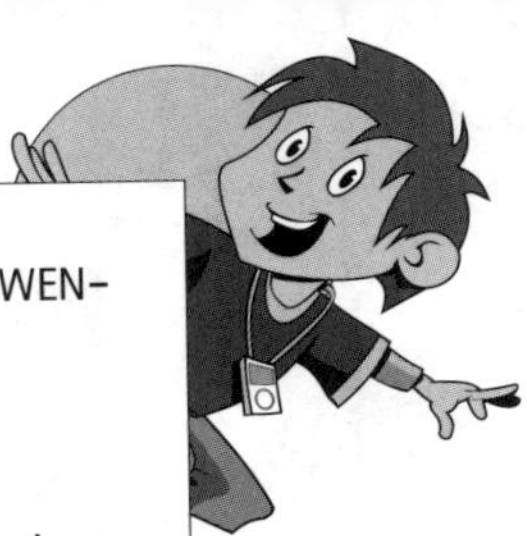

Arbeitest du mit vielen Dateien? Dann stelle die LISTE DER ZULETZT VERWENDETEN DATEIEN auf den Wert 9 ein.

Die MASSEINHEITEN stellst du auf MILLIMETER ein.

Da der *Aufgabenbereich* dir Platz von deiner Mindmap wegnimmt, lass diesen nach EINER MINUTE schließen.

Als Linkshänder aktivierst du die OBERFLÄCHE FÜR LINKSHÄNDER.

Damit der MindManager nicht bei jeder unpassenden Gelegenheit auf das Internet zugreift, entferne das Häkchen aus dem Kontrollkästchen ONLINE-HILFE AKTIVIEREN.

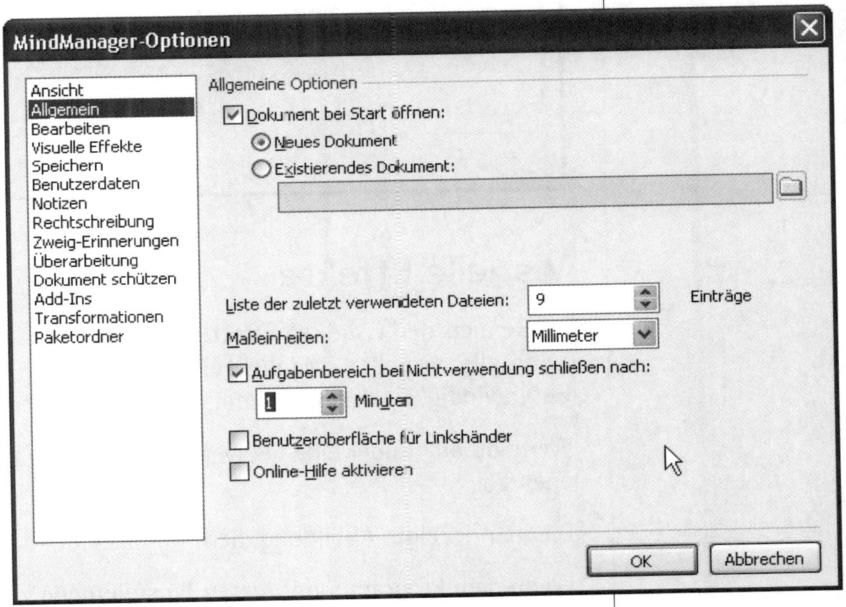

Es gibt was zu bearbeiten

Aktiviere den Eintrag BEARBEITEN.

Hier setzt du ein Häkchen in *alle vorhandenen Kontrollkästchen.* Das erleichtert die Arbeit mit dem MindManager.

Die MAXIMALE ANZAHL DER RÜCKGÄNGIG-AKTIONEN stellst du auf den Wert 10 ein. Dann verbraucht das Programm weniger Arbeitsspeicher.

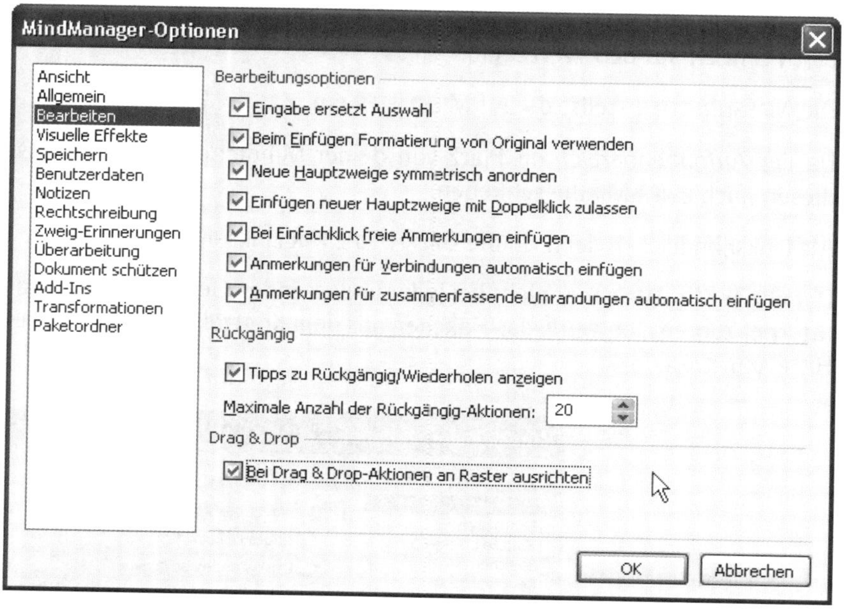

Visuelle Effekte

Im Bereich der *visuellen Effekte* ist etwas Vorsicht geboten. Du kannst zwar alle visuellen Möglichkeiten einschalten, doch das ist für die Geschwindigkeit des Programms nicht gerade förderlich.

Wenn du nicht über einen Power-PC verfügst, wähle lieber ein paar Optionen ab.

Die hier gezeigte Abbildung dient nur als eine Möglichkeit.

Wenn dein Programm mit diesen Einstellungen zu langsam läuft, deaktiviere ein paar Kontrollkästchen.

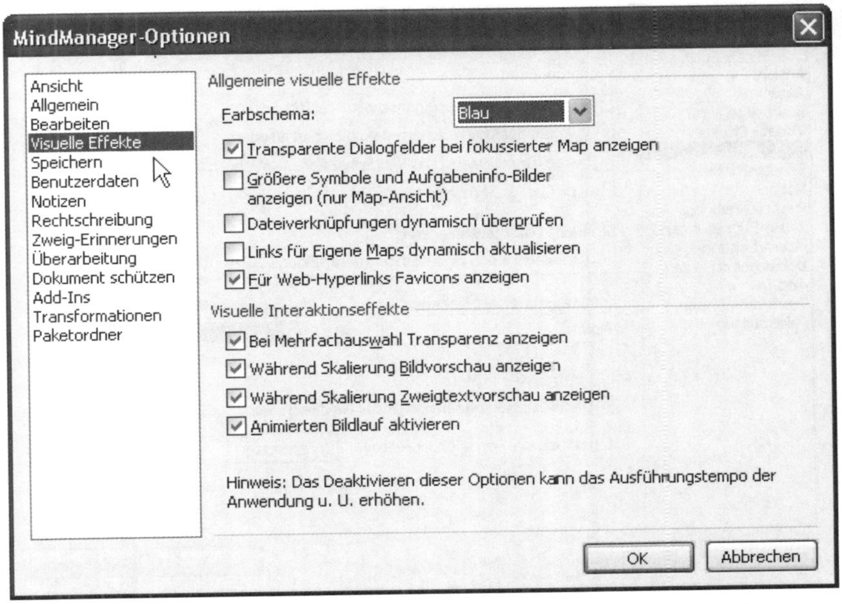

Weniger visuelle Effekte bedeutet größere Geschwindigkeit.

Bitte speichern

Der Bereich *Speichern* sorgt dafür, dass deine Mindmaps an der richtigen Stelle gespeichert werden. Du kannst den Standard-Speicherort ändern, indem du den Eintrag im Feld STANDARD-DOKUMENTABLAGEORT änderst.

Damit keine Daten verloren gehen, gebe in das Feld DATEN FÜR AUTOMATISCHES WIEDERHERSTELLEN SPEICHERN ALLE: den Wert 10 Minuten ein.

Eine tolle Möglichkeit, die letzten Dateien beim Programmstart sofort wieder zu öffnen, bietet der Bereich *Anwendungsstart*. Aktiviere hier das Kontrollkästchen BEI START ZULETZT GEÖFFNETE MAPS WIEDER ÖFFNEN. Dann kannst du sofort mit den letzten Mindmaps weiterarbeiten, ohne diese erst manuell öffnen zu müssen.

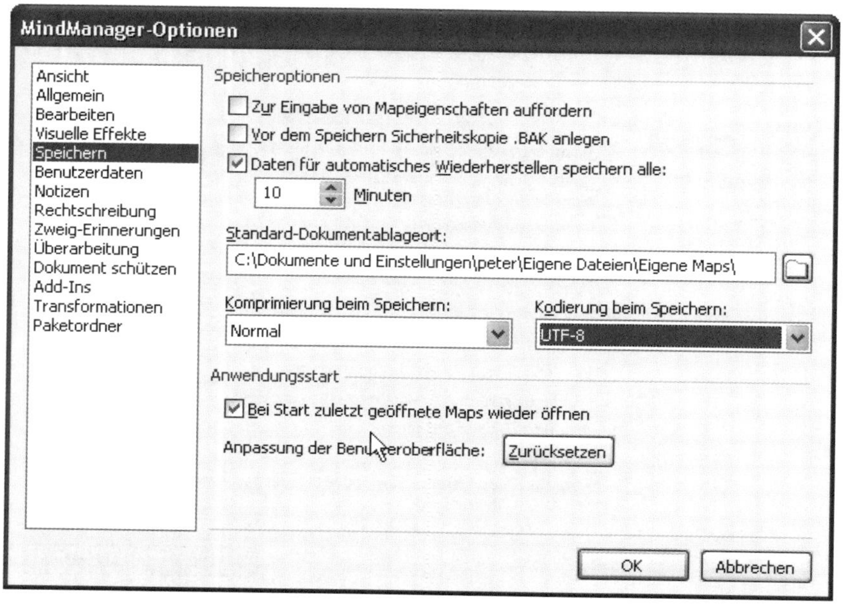

Wer bist du?

In den Bereich der *Benutzerdaten* kommen deine persönlichen Angaben. Auf diese Angaben wird auch beim Ausdruck deiner Mindmaps zugegriffen.

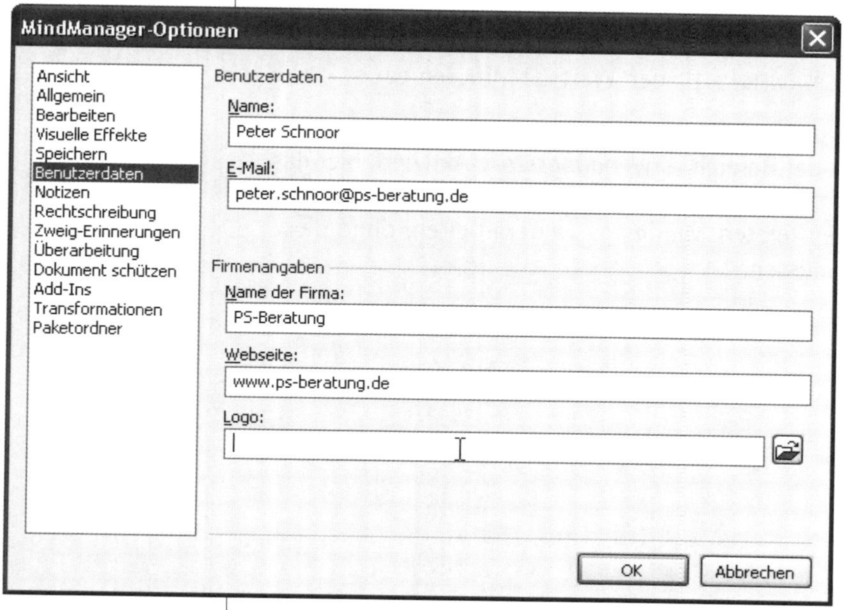

Deine Benutzerdaten sind auch für den Ausdruck wichtig.

In den Bereichen *Notizen, Rechtschreibung, Überarbeitung, Dokument schützen, Add-Ins, Transformation* und *Paketordner* kannst du die Einstellungen auf den voreingestellten Werten stehen lassen.

Erinnerung aktivieren

Wenn du dich auch dann an einen Zweigtermin erinnern lassen möchtest, wenn der MindManager nicht gestartet ist, musst du einen Blick in den Bereich ZWEIG-ERINNERUNGEN werfen.

Das Kontrollkästchen DIENST FÜR ZWEIG-ERINNERUNGEN MIT WINDOWS STARTEN solltest du unbedingt aktivieren.

Auch die AKUSTISCHE BENACHRICHTIGUNG ist dann sinnvoll.

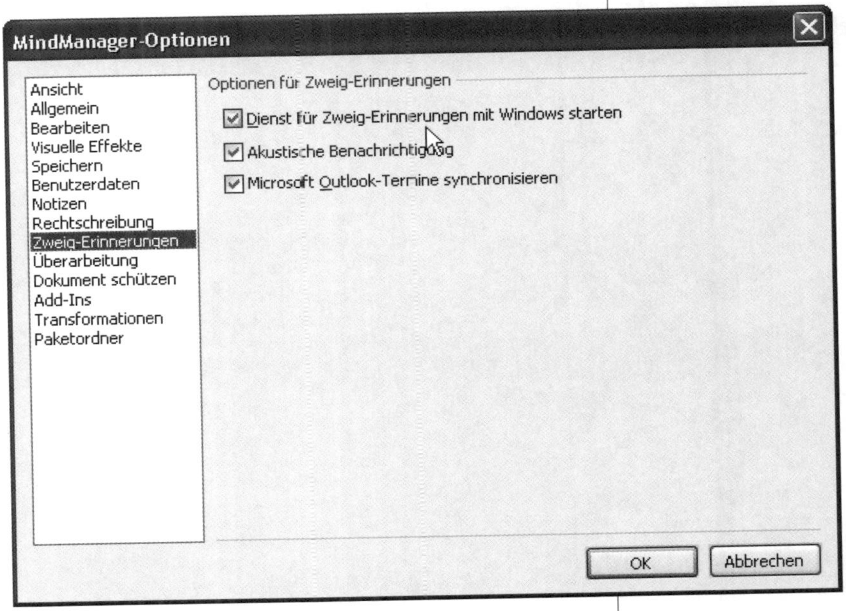

Stichwortverzeichnis

A

B

C

D

E

F

G

H

I

J

K

L

M

N

O

P

R

S

T